아날라요 비구(Bhikkhu Anālayo)

저자 아날라요 비구는 1962년 독일에서 태어났으며, 1995년 스리랑카에서 구족계를 받고, 2000년 스리랑카에 있는 페라데니야 대학에서 「마음챙김의 확립 경」에 관한 연구로 박사학위를 취득하였다. 이 논문은 2003년 윈도즈 퍼블리케이션즈에서 『마음챙김의 확립: 깨달음에 이르는 직접적인 길』이라는 제목으로 출판하였다.

아날라요 비구는 불교를 연구하는 교수로, 주된 연구 분야는 초기불교이며. 그중에서 특히 중국 아함경과 관련된 주제, 명상, 불교여성이다. 그는 학문적인 연구 외에도 정기적으로 명상수행 과정을 이끌고 있다. 그는 현재 미국 매사추세츠에 있는 바레 불교연구센터에 거주하며 수행하고 연구하고 있다.

아날라요 비구의

마음챙김 확립 수행

아날라요 비구(**Bhikkhu Anālayo**) 지음
김종수 옮김

아날라요 비구의
마음챙김 확립 수행

아날라요 비구(Bhikkhu Anālayo) 지음
김종수 옮김

불광출판사

목차

감사와 헌정   9
조셉 골드스타인의 서문   10
서론   16

제1장   마음챙김 ─────────────── **21**

마음챙김과 기억   22
마음챙김 계발하기   26
마음챙김과 개념   27
마음챙김과 수용성   30
몸의 자세들에 대한 마음챙김   34
몸의 활동들에 대한 마음챙김   39
몸에 대한 마음챙김의 이익들   43
요약   51

제2장   마음챙김의 확립 ─────────── **53**

네 가지 마음챙김의 확립   54
몸에 대한 명상   56
법들에 대한 명상   58
일곱 가지 명상   59
일상생활에서의 마음챙김   62
정의와 정형구   67
안으로 그리고 밖으로   69
일어나고 사라지는 성품   76
단지 마음챙김하기   79
의존하지 않고 머무는 것   82
요약   84

제3장   **해부학적인 구조** ————————— **87**

몸의 성품   88

감각적 욕망   90

비유   94

실제적인 단순화   96

상세한 접근법   100

균형을 주시하기   102

스캔에서 열린 수행으로   108

요약   111

제4장   **요소들** ————————————— **113**

자질로서의 요소들   114

실제적인 접근법   117

비유   120

물질의 공한 성품   122

요소들과 정신의 균형   130

공간의 요소   132

열린 수행   134

요약   136

제5장   **죽음** ——————————————— **139**

죽음에 대한 명상   142

실제적인 접근법   145

호흡과 무상   149

죽음에 직면하기   158

요소들과 죽음   163

열린 수행   164

요약   165

제6장 **느낌** ——————————————— **169**

느낌과 반응   171

실제적인 접근법   174

느낌의 추동(推動)   178

몸과 고통   182

마음과 기쁨   186

바른 견해   189

세속적인 느낌과 비세속적인 느낌   189

무상(無常)   196

열린 수행   200

요약   201

제7장 **마음** ——————————————— **205**

탐욕, 성냄, 미혹   207

오염원들의 부재   215

위축된 마음과 산란한 마음   219

보다 높은 마음의 상태들   220

마음 열기   225

능숙한 이름의 사용   228

열린 수행   231

무상   232

네 가지 성스러운 진리[四聖諦]   235

왜곡된 인식들   237

요약   238

제8장 **장애들**[蓋] ——————————————— **241**

조건   242

장애에 직면하기   245

감각적 욕망   248

성냄   253

해태와 혼침   255

들뜸과 후회   258

의심   260

장애들의 부재   263

열린 수행   266

요약   267

제9장   **깨달음** ———————————————— **271**

마음챙김   274

법의 조사[擇法]   277

에너지[精進]   279

희열[喜]   280

평안[輕安]   282

집중[定]   282

균형[捨]   285

깨달음의 요소들의 균형 잡기   287

개개의 깨달음의 요소 계발하기   292

마음을 깨달음을 향해 기울이기   297

열린 수행   302

요약   307

결론 ———————————————— **308**

균형   310

점차적인 진보   313

통찰   319

일상생활에서의 수행   324

수행을 조절하기   326

중요한 측면들   329

고요를 계발하기   331

의존하지 않고 살아가기   333

요약   334

역자후기   338

인용구 출처   342

참고문헌   346

찾아보기   348

먼저 이 책의 원고에 대해 논평해 준 아이린 범바처, 비구니 담나딘나(Bhikkhunī Dhammadinnā), 안 딜론, 린다 그레이스, 로버트 그로쉬, 헤드비히 케이렌, 유카 나카무라, 매트 웨인개스트의 노고에 감사드리고, 또한 내가 수행하고 글 쓰는 데 필요한 시설을 제공해 준 바레 불교연구센터의 직원들과 후원자들에게도 감사드린다.

특히 초기 법문들에서 다루는 심오한 구절들을 수행에 관련된 관점으로 탐구하는 데 지도와 영감을 준 비구 카투쿠룬데 냐나난다(Bhikkhu Kaṭukurunde Ñāṇananda, 1940~2018)에게 깊은 감사와 함께 그를 기억하며 이 책을 헌정하고 싶다.

아날라요 비구의 첫 번째 책, 『마음챙김의 확립, 깨달음에 이르는 직접적인 길』은 학문과 명상에 대한 엄격한 이해 및 실제 수행 사이의 경계를 연결하는 중요한 저작이었다. 훌륭한 학승이자 수행자의 전통을 따르는 아날라요는 이 중추적인 법문을 탐구하면서 나의 흥미를 고무시켰던 「마음챙김의 확립 경」의 심오한 세부사항들을 밝혔다. 아날라요를 직접 만난 사실과 후에 그가 통찰명상협회에서 주최한 집중수행 과정에서 배운 내용들은 그가 서양 다르마 수행자들에게 제공하고 있는 가르침에 대한 나의 최초의 열의에 확신을 주었다. 그의 놀라운 지혜의 폭넓음과 수행의 깊이는 붓다의 해탈에 대한 가르침들을 대단히 명료하게 밝혀 주었다.

이번의 책, 『마음챙김 확립 수행』에서 아날라요는 보다 학문적인 접근에서 시작하여 이 가르침들을 수행하는 방법에 대한 대단히 실용적인 토론으로 전개해 간다. 비록 빠알리 텍스트 버전과 중국 텍스트 버전에 대한 그의 비교연구가 이 책의 특징을 이루고 있지만, 이 책을 매우 강력한 지침서가 되도록 만드는 것은 바로 점진적인 수행의 길에 대한 명료한 표현이다. 아날라요는 궁극적 목표에 이르는 일관성 있고 종합적인 길에서 서로를 기반으로 하는 네 가지 모든 마음챙김의 확립 토대인 몸·느낌·마음·법(장애와 깨달음의 요소들)을 망라하는 가르침에 관해 단순하면서도 간단한 지도법을 개발했다.

　　이 책을 읽는 큰 기쁨 중 하나는 그것들의 실제적인 적용을 강조하는 방법으로 초기불교의 가르침들을 제시하는 데 있어서 아날라요의 창조성이다. 이에 대한 많은 예들 가운데 몇 가지를 들면, 첫 번째 장에서는 마음챙김이 실제로 무엇인지, 기억과 개념들 양자와 그것의 관계, 열린 수용성과 부드러운 각성(빠알리 단어 사띠sati 는 여성형이다), 그리고 체화된 알아차림의 근본적인 중요성에 대해 명료하게 설명하고 있다. 마음챙김에 대한 현재의 광범위한 인기를 고려해볼 때, 그 용어가 무엇을 의미하는지에 대한 뉘앙스를 탐구하는 것은 그것을 계발할 때 우리에게 더 큰 깊이의 가능성을 제공할 것이다.

이 수행들에 생생한 즉시성을 주는 다양한 죽음 명상에 대한 상세한 설명도 있다. 이에 아날라요는 "만약 단 하나의 명상 수행법을 추천해 달라는 요청을 받는다면, 나는 아마도 죽음을 기억하는 명상을 선택할 것이다. 왜냐하면 그것의 변화시키는 힘 때문이다."라고 말한다.

그리고 느낌들에 대한 마음챙김을 논할 때, 그는 단순히 즐거운, 괴로운, 또는 중립의 느낌이 있는지를 알아차리는 것만을 제안하는 것이 아니라, '느낌들이 마음에 영향을 미치는 방법'을 이해할 것을 제안한다. 같은 방법으로, 아날라요는 마음과 법들에 대한 마음챙김의 확립을 계속 진행하여, 우리의 경험이 모든 측면에서 조건 지어지고 무상한 성품을 지녔음을 규명하는 수행 방법들을 상세하게 다룬다. 이러한 통찰은 [장애들을] 떨쳐버림과 탐욕의 빛바

아날라요 비구의 마음챙김 확립 수행

램으로부터 소멸과 내려놓음에서 정점에 이르고, 직접 가장 높은 평화인 닙바나에 이르게 한다.

아날라요 저작의 특별한 면은 정확성과 개방성을 결합하는 것이고, 이것은 특정한 수행들의 특수성을 강조하면서도 동시에 다양한 많은 명상 기법과 접근법들이 있음을 인정하는 것이다. 아날라요는 「마음챙김의 확립 경」에 나오는 바와 같이 우리 모두가 "세상에 있는 어떤 것에도 의존하거나 집착하지 않고 머문다."는 사실을 구현할 수 있도록 계속해서 모든 제안들을 실험해 보고 어떤 것이 각자에게 가장 잘 작용하는지를 보라고 우리를 상기시킨다.

__조셉 골드스타인

그대가 계戒(선행)에 기반을 두고
계에 확고히 자리하고서
이 네 가지 마음챙김의 확립을 계발하면,
낮이건 밤이건 유익한 법들이
그대에게서 증장될 것이며 쇠퇴되지
않을 것이다(『상윳따 니까야』 47.15).

서론

이것은 마음챙김 명상의 주제에 관한 나의 세 번째 책이다. 첫 번째 책,『마음챙김의 확립, 깨달음에 이르는 직접적인 길』(2003)은 「마음챙김의 확립 경」을 이해하기 위해 관련된 자료를 조사하고 모으려는 시도였다. 그것은 집을 짓기 위한 기초를 놓는 것에 비유할 수 있다. 그때 나는 다양한 세부사항들에 대해 더 나은 이해를 얻기 위해 노력했지만 이런 저런 면에서 여전히 전체의 그림을 놓치고 있었다. 그것은 그야말로, 기초 작업이었다.

10년 후에 출판된 두 번째 책,『마음챙김에 대한 관점들』(2013)은 첫 번째의 기초 위에 세워졌다. 그것은 집의 벽에 비유될 수 있다. 「마음챙김의 확립 경」과 유사한 중국의 자료들을 공부함으로써 나는 이 법문의 공통된 핵심을 형성하는 명상법들을 다양한 버전들로 확인할 수 있었다. 이것은 내가 마음챙김에 관한 전체적인 그림에 대해 보다 잘 이해할 수 있도록 해주었다.

이번의 책에서 나는 「마음챙김의 확립 경」의 빠알리 버전으로 되돌아간다. 나의 탐구는 이전의 초기 법문 자료에 대한 연구에서 모아진 세부사항들과 전체적인 그림에 의해 다져진 실제적인 마음챙김의 확립 수행에 온전히 전념한다. 이것을 만약 집의 비유로 제시한다면 집의 지붕, 즉 집의 꼭대기에 해당할 것이다. 세 가지 책 가운데 이 책은 가장 직접적으로 수행자들을 겨냥한 것이라 할 수 있다. 나는 다른 사람들의 연구·참구 문헌들뿐 아니라 각주들도 완전히 생략했다. 그리고 독자들이 특정한 관심 사항들을 더 잘 알아볼 수 있도록 빠알리 법문들에서 나오는 관련 구절들과 나 자신의 저작물들을 언급하기 위해 필요할 때마다 인용하는 방법을 사용했다. 빠알리 법문에서 가져온 관련 구절의 출처는 이 책의 끝(342쪽)에 있는 인용문구 목록을 참조하기 바란다. 「마음챙김의 확립 경」의 인용문구를 나 자신이 번역한 것에서 보충한 것들은 문장 하단에 밑줄을 그어 표시하였다. 나는 그 가르침들이 남성 수행승들만을 위한 내용이 아니라는 것을 분명하게 하기 위해서 비구를 언급할 때는 그것을 '사람'으로 바꾸어 놓았다.

이하의 내용에서 계속되는 나의 전반적인 관심은 실제적인 명상 수행을 위한 제안과 영감을 제공하는 것이다. 이 책은 명상에 대한 가르침을 제공하는 오디오 파일들과 함께 출판된다. 그 파일은 출판사 웹사이트인 https://windhorsepublications.com/satipatthana-meditation-audio/에서 무료로 다운로드할 수 있다. (번역된 한국어 수행 오디오 파일은 책등에 삽입된 QR코드를 통해 검색할 수 있다. 또는 http://www.bulkwang.co.kr/news/articleView.html?idxno=33772/에서 다운받을 수도 있다.) 이 책에서 다루고 있는 일곱 가지 명상 각각에 대해, 점차적으로 서로를 기반으로 하는 안내 명상 가르침이 있는 오디오 녹음 파일들이 있다.

나는 수행을 단계별로 실천해 가는 데 책과 녹음을 사용할 것을 추천한다. 예를 들어, 이것은 7주의 기간에 걸쳐 행해지도록 구성되었다. 초기 법문들에서 일곱이라는 숫자는 완전한 시간 주기의 상징으로 쓰인다. 먼저 자기 수행 주기를 준비하는 과정에서는 처음 두 장을 읽을 것을 추천한다. 그런 준비를 따라, 매주 일곱 가지 주된 명상에 관한 장들 중 한 장을 공부하고, 그 주의 며칠 동안은 그것의 실제 수행을 계발하는 시간을 갖도록 한다. 이런 방법으

　　　　아날라요 비구의 마음챙김 확립 수행

로, 우리가 갖게 될 다른 의무들이 무엇이든지 그것들과 함께, 7주의 기간 안에 자기 수행 코스를 완성하는 것이 가능할 것이다.

　이 수행 코스에 따라, 우리는 계속 네 가지 모든 마음챙김의 확립 수행을 점점 더 우리 삶의 통합된 부분이 되도록 한다. 마음챙김 수행의 기본 패턴은 현재에 존재하기, 무엇이 일어나는지 알기, 적절히 진행하기를 계속하는 것이다.

제1장

마음챙김

어떤 마음챙김의 확립 수행이든지 그것을 위해 반드시 필요한 기반은 마음챙김이 실제로 무엇인지를 분명하게 이해하는 것이다. 나는 마음챙김에 관한 다양한 견해들이 있다는 것을 인정하는 것이 먼저 매우 중요하다고 생각한다. 이 자질에 대한 다양한 이해들은 여러 불교 전통들 사이에서뿐만 아니라 그것을 임상적으로 사용하는 사람들 사이에서도 발견될 수 있다. 이런 이해들 각각은 그 자체의 가치와 중요성을 갖고 있다(아날라요 2017a: 26). 이 장에서 나는 마음챙김에 대한 이러한 견해들 중 하나에 대한 나 자신의 이해, 즉 사띠(sati, 念)가 초기불교 법문들에서 기술되고 반영되는 방식을 제시할 것이다. 이 책 전체에 걸쳐서 나는 사띠에 대해 서로 통용할 수 있는 번역어로 '마음챙김'과 '알아차림'을 사용하겠다.

마음챙김과 기억

법문들에서의 마음챙김에 대한 표준적 정의는 기억이라는 주제를 도입한다(아날라요 2003: 46ff, 2013: 30ff, 2018b). 마음챙김을 하는 사람은 오래전에 자신이 행한 것과 말한 것을 기억할 수 있다고 한다. 언뜻 보기에 이것은 마음챙김이 기억과 같을 것이라는 인상을 줄 수 있다. 하지만 보다 긴밀하게 숙고해 보면 그러한 동일시가 실효가 없다는 것을 알게 된다. 명상을 수행하는 동안에 생기는 산란함들은 대개 어떤 기억을 포함하고 있다는 것이 문제이다. 마음챙김 하겠다는 굳은 의도를 가지고 자리에 앉지만 이내, 혹은 얼마 뒤에 마음이 어떤 과거의 사건 속을 헤맨다는 것을 알게 되는 것은 흔한 경험이다. 비록 그런 단편적인 사건들로 이뤄진 기억들의 일어남은 오래전에 행했고 말한 어떤 것을 기억하는 것을 포함하고 있지만, 그것은 분명히 마음챙김을 잊어버린 경우이다.

마음챙김은 우리가 미래에 일어날 어떤 것을 상상할 때도 잊어버릴 수 있다. 비록 이것이 오래전에 행했고 말한 것을 기억하는 것을 포함하는 것은 아니지만, 미래에 대한 백일몽은 작업 기억과 의미 기억과 같은 기억의 측면들에 여전히 관련이 있다. 명상 동안에 일어나는 이런 산란함들의 경험은 마음챙김이 단지 기억의 한 형태일 수만은 없다는 것을 분명하게 만든다(아날라요 2017a: 26ff).

일단 그러한 단순한 동일시가 실효가 없다면, 마음챙김과 기억 사이의 관계를 제대로 인식하기 위한 또 다른 설명이 있어야 한다. 여기에서 나의 제안은 마음챙김의 현존이 기억을 향상시키고 강화시킨다는 것으로 그 관계를 이해해야 한다는 것이다. 현재 순간에 대한 완전한 알아차림은 일어난 일을 후에 회상하는 것을 보다 쉽게 만들 것이다. 더욱이, 회상할 때 만일 마음챙김의 수용적인 태도가 확립되면, 마음속에 있는 필요한 정보에 접속하는 것이 보다 쉬워질 것이다. 이런 방식으로 마음챙김은 그 정보를 차후에 성공적으로 기억할 뿐 아니라 회상되어야 하는 정보를 받아들이는 것을 용이하게 하는 것으로 이해할 수 있다.

마음챙김과 기억을 서로 동일하지 않은 두 개의 긴밀하게 상호 연결된 자질로 동시에 이해할 필요성은 실제 수행을 위해 중요하다. 마음챙김 수행의 가장 중요한 면은 현재 순간에 머무는 것이다. 이것은 정말로 중요하며 마음챙김과 기억 사이의 구별을 분명하게 하는 것이 매우 중요한 이유이기도 하다. 마음챙김의 확립 명상은 과거의 어떤 것을 기억하는 것에 관한 것이 아니라, 현재 순간에 온전하게 존재하는 것에 관한 것이기 때문이다.

이런 중요한 구별을 테라와다[上座部] 주석서 전통으로 마음챙김을 이해할 때는 어느 정도 잃어버리게 될 수 있다. 주석서들은 마음챙김을 변함없이 유익한 정신적인 자질로 간주한다. 그러나 법문에서는 잘못된 마음챙김의 유형들인 밋차 사띠(micchā sati)가 있을 수 있다는 사실을 분명하게 인정한다(아날라요 2003: 52, 2013: 179). 이 유형의 것들은 거의 유익한 것으로 간주될 수 없다. 그러나 「마음챙김의 확립 상윳따」의 법문은 네 가지 마음챙김의 확립을 유익한 것의 더미로 간주한다(『상윳따 니까야』 47.5; 아날라요 2013: 179). 다시 말해서, 마음챙김 그 자체는 반드시 유익한 것은 아니나 마음챙김이 네 가지 마음챙김 확립의 형태로 계발될 때는 그 수행은 참으로 분명히 유익한 것이 된다.

주석서 전통에 따라 마음챙김 자체가 변함없이 유익하다고 하는 이해의 문제점은 해로운 마음 상태에 대한 명상이 회상하는 것이 될 수 있다는 것이다. 주석서의 이해에 따르면, 이것은 유익하고 해로운 자질들이 동일한 마음의 상태에서 동시에 존재할 수 없기 때문이다. 그러므로 정의상 유익한 마음챙김의 한 유형이 탐욕과 성냄 같은 해로운 정신 상태와 공존하는 것은 불가능해진다.

이것은 초기 법문들에서 나오는 것을 반영하지 않는다. 마음챙김의 확립에 대한 가르침들은 예를 들어, 탐욕이나 성냄, 또는 다섯 가지 장애 중 어떤 것이라도 그것들이 마음에 존재하는 그때 알

아날라요 비구의 마음챙김 확립 수행

아차리는 것을 설명한다. 이 관점에서 볼 때, 마음챙김은 확실히 해로운 정신 상태가 존재할 때도 여전히 확립된다. 사실, 마음챙김이 존재할 필요가 있는 것은 바로 해로움이 발현될 때이다. 그러므로 마음챙김 확립의 유익한 영향은 특정한 정신 상태들이 현재 순간 마음챙김이 있는 직접적 관찰의 잠재적인 대상으로부터 배제되는 것을 의미하지는 않는다. 대신에, 중요한 점은 단지 그런 명상이 유익한 영향을 미친다는 것이다. 그런 이해는 바로 지금 일어나고 있는 것을 온전히 알아차리는 마음챙김에 관한 초기불교 개념의 중요한 측면을 보존하는 것에 도움이 된다.

이런 방식으로 계발되어야 하는 마음챙김의 현존의 유형은 우리가 후에 기억해야 하는 어떤 일이 일어날 때 우리가 깨어 있고 주의해야 하는 방식과 유사하다. 예를 들어, 안내자의 도움으로 처음 길을 걸어갈 때, 다음에는 우리가 스스로 길을 찾아야 한다는 것을 알면, 우리는 어떤 차례로 가야 하는지를 알아차리고 분명하게 기억하려고 노력할 것이다. 어떤 일이 일어나든지 우리가 그에 대해 할 수 있는 행위는 이와 같은 노력 또는 '근면(아따삐ātāpī에 대해 내가 선호하는 번역어)'이다. 우리가 했던 것을 기억할 필요가 있음을 기대하는지에 상관없이, 우리가 해야 할 일은 언제나 현재에 온전히 존재하는 것, 거기에 온전히 존재하는 것, 온전히 알아차리는 것이다.

나는 깨달음의 요소들을 다루는 제9장에서 마음챙김을 제대로 인식하기 위해 기억의 함축된 의미의 중요성에 대해 다시 다룰 것이다(274쪽 참조).

마음챙김 계발하기

사띠(sati)라는 초기불교 개념의 또 다른 면은 마음챙김이 우리가 존재하도록 하는 정신적인 자질이라는 것이다. 마음챙김[念]은 확립되어야 한다. 그것은 어떤 유형의 경험에서든 어쨌든 그냥 존재하는 자질이 아닌 것이다(아날라요 2017a: 27f). 이것이 마음챙김과 의식[識]의 차이를 보여주는 부분이다. 의식은, 다섯 가지 무더기 중 하나로서 끊임없이 존재하는 앎의 과정이다. 그렇다고 의식이 영원하다는 뜻은 아니다. 그것은 단지 의식하는 순간들의 변화하는 흐름이 계속해서 존재한다는 것을 의미한다. 이 앎의 흐름이 없다면, 우리는 경험할 수 없을 것이다.

우리가 명상 주제를 마음챙김하든 꿈이나 공상에 사로잡혀 있든, 의식의 흐름은 항상 거기에 있다. 똑같은 것이 마음챙김에는 적용되지 않는다. 사실, 인지될 필요가 있고 해탈한 마음과 동등한 계속 존재하는 알아차림의 형태가 있다는 생각은 마음챙김(또는 의식)에 대한 초기불교의 이해와 일치하지 않는다. 본래의 각성을 외래의 오염원들과 대조하는 법문(『앙굿따라 니까야』 1.6.1; 아날라요 2017b)을 출발점으로 하여 복잡한 전개의 결과로 생긴 생각은 법문에서 내가 '정형구'라고 부르는 부분에서 발견되는 「마음챙김의 확립경」에 나오는 무상을 반복해서 강조하는 것에 어긋난다.

비록 마음챙김이 계발을 요구하는, 확립될 필요가 있는 자질이기는 하지만, 그 계발은 강압적인 것이 아니다. 여기서 빠알리어의 사띠(sati)가 여성형이라는 사실을 고려하는 것은 유용한 것 같다. 사띠, 즉 마음챙김을 여성적인 자질로 이해해 보라고 제안하고 싶다. 이렇게 볼 때 사띠는 새로운 관점을 낳는 잠재력과 수용적으로 동화되는 것으로 이해될 수 있다.

아침에 일어나는 바로 그 순간부터, 마치 우리를 기다리고 있는 것처럼, 우리의 친구인 사띠는 이미 거기에 있을 수 있다. 그녀는 그날 나머지 시간 동안 줄곧 우리와 동행할 준비가 되어, 우리가 수용적이고 열린 상태로, 부드럽고 이해심이 많은 상태로 머물도록 격려해 준다. 그녀는 우리가 어쩌다 그녀를 잊어버릴 때가 있어도 결코 화내지 않는다. 우리가 그녀를 기억하는 순간, 그녀는 다시 우리와 함께하며 거기에 있다.

좋은 친구가 있는 곳으로 되돌아온다는 면에서 그 수행을 마음속에 그려보는 것은, 사띠를 알아차림의 상태를 유지하기 위해 긴장된 노력을 해야 하는 강압적인 형태의 지나친 주의력으로 잘못 아는 것을 피할 수 있도록 도와준다. 대신에, 그녀의 현존과 함께한다는 것은 무엇이 일어나든지 그것에 대해 열린 수용성과 부드러운 각성의 정취(靜趣)를 갖게 된다.

마음챙김과 개념

일단 이런 식으로 확립되면, 마음챙김은 개념을 사용하는 방법과 공존할 수 있다. 실제로 정확하게 마음챙김의 확립을 조성하는 기능을 다루고 있는 「마음챙김의 확립 경」의 가르침들은 분명히 개념들을 현명하게 사용하도록 고무한다. 때때로 그 법문은 이 개념들을 따옴표로 묶어 제시하면서 어떤 형태의 마음으로 말하기를 의도하는 것이 분명하다. 나는 이것이 잘 확립된 마음챙김을 통해 분명해진 것과 관련이 있는 분명하게 아는 것, 즉 삼빠잔냐 (sampajañña)의 자질에 의해 제공된 정보를 말한다고 이해한다.

마음챙김의 확립을 해탈을 향해 계속 추진시키는 것은 마음을 개념들로부터 자유롭게 유지하는 것을 요구하지 않는다. 주로 해야 하는 일은 개념들이 있을 때조차도 자유로운 마음을 계발하는 것이다. 그런 자유에 이르는 길은 특정한 개념들을 능숙하게 사용하는 것, 즉 통찰을 촉발시키는 개념들에 기반을 두고 있다. 다시 말해서, 개념들과 생각들에 대한 우리의 태도는 해로운 유형과 유익한 유형의 구별에 의해 영향을 받는다. 비록 우리가 실제 수행을 수행에 대해 단지 생각하는 것과 혼동하는 것에 주의할 필요가 있지만, 생각들과 개념들은 진보를 위한 도구의 역할을 할 수 있고, 그것들은 분명하게 아는 것의 측면에서 볼 때 마음챙김 확립 명상의 필수적인 특성이 될 수 있다.

삼빠잔냐(sampajañña), 즉 분명하게 아는 것에 의해 제공되는 정보는, 그것 때문에 마음챙김이라는 밀가루 반죽이 해탈에 이르게 하는 통찰의 빵으로 커질 수 있는, 이스트의 예로 설명될 수 있다. 이스트가 없다면 밀가루 반죽은 단지 납작한 과자가 될 것이다. 그러나 이스트 자체만으로는 전혀 영양분을 제공하지 못한다. 통찰이라는 맛있고 영양분이 풍부한 빵이 나오는 것은 바로 마음챙김의 계발이 분명하게 아는 것이라는 이스트의 적당한 양과 결합할 때이다.

개념의 역할에 대해 고려해볼 때, 개념과 궁극적 실재 사이의

아날라요 비구의 마음챙김 확립 수행

구별이 초기불교 법문에서 발견되지 않는다는 것을 또한 염두에 둘 필요가 있다. 테라와다 주석서 전통에 따라 수행하는 사람들에게는 이런 구별이 상당히 중요하고 그것의 실제적인 이익이 있다. 그러나 내가 여기에서 제시하는 수행의 유형을 위해서는, 그런 사고방식을 한쪽으로 치워 놓는 것이 도움이 될 것이다.

초기 법문들에서 고요와 통찰[止觀]은 우리의 명상 대상이 개념이든 궁극적 실재로 [간주되는 것]이든 그것에 따라 구별되지 않는다. 실제로 고요와 통찰은 분리된 명상수행법으로 구별되지도 않는다. 대신에 그것들은 명상 계발의 상보적인 자질들이다(아날라요 2017a: 88ff, 173f). 어떤 수행법은 이 둘 중 어느 하나를 강조할 수 있고, 여전히 다른 수행들에서는 고요와 통찰이 결합되어 계발될 수 있다. 초기불교에서 인정되는 유일한 궁극적 실재는 닙바나(Nibbāna, 열반)이다. 이것은 개념들이 실제로 존재하지 못하는 유일한 경험이다. 그러나 닙바나 경험의 이 정점에 이르는 길을 가기 위해서는 개념들이 유용한 도구가 될 수 있다.

개념의 필요성은 또한 식(識)과 명색(名色)의 상호 조건 짓기 관계를 포함하는 것으로 경험을 묘사하는 「마하니다나 숫따(Mahānidāna-sutta, 大因緣經)」의 구절에서 어느 정도 암시되어 있다(『디가 니까야』 15: 아날라요 2015: 107f). 여기서 '이름[名]'은 개념적 명칭에 원인이 있는 정신적인 활동들을 의미하고, '형태[色]'는 저항에 의한 물질의 경험을 뜻한다. 그 둘 다는 함께 식(識)에 의해 인식된다. 초기불교 인지론의 관점에서 볼 때, 물질에 대한 통찰은 이름 없이, 즉 최소한의 개념의 입력 없이는 일어날 수 없다. 오직 죽은 물질에 영향을 주는 죽은 물질만이 개념들로부터 자유롭게 될 것이다. 그러나 우리가 물질 현상들의 진정한 성격에 대한 통찰을 계발하기 위해서는, 명칭에 의한 어떤 형태의 접촉이 요구된다.

예를 들어, 첫 번째 마음챙김의 확립인 몸에 대한 관찰을 하는 경우에 해야 할 일은 개념들을 뒤로 남겨놓고 몸에 대한 궁극적인 진정한 경험으로 뚫고 들어가는 것이 아니다. 대신에 현명한 개념들의 도움으로 우리를 미혹하게 만드는 개념들을 꿰뚫어보는 것이 우리가 해야 할 일이다. 이것은 마음챙김[念]과 결합하여 작용하는 분명한 알아차림[正知]을 계발하는 것에 의해 가능하다. 요컨대, 초기불교의 마음챙김은 개념들의 사용과 공존할 뿐 아니라, 마음챙김의 확립 명상은 심지어 해탈에 이르기 위해서 개념들을 사용해야 한다.

마음챙김과 수용성

나는 마음챙김에 대한 또 다른 중요한 면은 마음의 폭넓음이라고 부르고 싶다. 내가 말하는 마음의 폭넓음은 열린 마음의 태도와 광범위하게 수용하는 태도이다. 이런 유형의 열린 수용성은 「두 가지 사유 경(Dvedhāvitakka-sutta)」(『맛지마 니까야』 19)에서 발견되는 소치는 사람의 비유로 설명될 수 있다. 이 비유는 고대 인도에 있었던 두 가지 상황에서 소치는 사람에 대해 기술한다. 첫 번째 상황에서는 농작물들이 익어 있다. 소치는 사람은 소들이 제 위치를 벗어나 그 익은 농작물들 속으로 들어가거나 그것들을 마음껏 먹지 못하

도록 면밀히 경계하여 소들을 감시해야 한다.

그러나 일단 농작물을 수확하고 나면, 소치는 사람은 느긋하게 쉬면서 좀 떨어져서 소들을 그냥 보기만 하면 된다. 그가 해야 하는 일은 다만 '소들이 있다'는 것을 아는 것이다. 이 떨어져 지켜보는 것이 사띠(sati)라는 용어의 비유로 사용되는 것이다(아날라요 2003: 53, 2014a: 87). 나는 그 소치는 사람이 나무 그루터기에 앉아서 소들이 여러 장소에서 풀을 뜯고 있는 것을 지켜보는 장면을 마음속에 그려본다. 그가 해야 하는 모든 것은 관여하지 않는 거리에서 그 소들을 단지 알아차리는 것이다.

말할 필요 없이, 그 소치는 사람은 소들을 단지 알아차리는 것에 의해서 깨달음을 얻지는 못할 것이다. 단지 마음챙김하는 것 이상이 그것에 필요하다. 이곳이 바로 마음챙김 관찰의 비옥한 토양에 지혜의 씨앗을 심기 위해 분명한 알아차림, 즉 삼빠잔냐(sampajañña)가 나타나는 곳이다. 내가 앞에서 했던 비유를 보면, 분명한 알아차림이라는 이스트가 없이는, 마음챙김 수행이라는 밀가루 반죽은 단지 납작한 과자가 될 뿐이다. 분명한 알아차림에 의해 제공되는 현명한 정보가 소치는 사람의 마음챙김에 차이를 만든다. 비록 소치는 사람이 결정적인 지혜를 갖고 있지 않지만, 좀 떨어져서 소들을 관찰하는 것은 그럼에도 불구하고 내가 마음챙김의 중요한 차원이라고 생각하는 수용성과 마음의 폭넓음에 대한 좋은 설명이다.

소치는 사람의 비유만이 이 뜻을 전하는 것은 아니다. 또 다른 관련 법문은 좁은 마음의 상태를 몸에 대한 마음챙김이 없는 것에 관런시키는 「갈애 멸진의 긴 경(Mahātaṇhāsaṅkhaya-sutta)」이다. 그러나 넓은, 심지어 경계 없는 마음의 상태는 몸에 대한 마음챙김이 확립되어 나타난다(『맛지마 니까야』 38: 아날라요 2014a: 87, 2017a: 40). 여기에서 마음챙김의 현존은 분명하게 넓은 마음의 상태와 관련이 있다.

이런 폭넓은 마음의 중요성은 그런 열린 마음의 태도에서 생기는 비전의 포괄성에 있다. 이것은 광각렌즈로 사진을 찍는 것과도 비슷하다. 그런 광각의 열림은 차이들이 함께 존재할 수 있는 정신적 공간을 허용한다. 그 결과로 나타나는 정신의 폭넓음은 우리의 특정한 견해나 이해만이 유일하게 옳은 것이라고 굳게 확신하는 좁은 마음과 대조가 된다. 이것은 우리가 더 이상 어떤 의견을 가질 자격이 없다는 것이 아니다. 그것이 의미하는 것은 우리의 개인적인 의견들을 옳을 수도 있고 옳지 않을 수도 있는 의견으로 있는 그대로 본다는 것이다. 우리는 억압이나 부정성 없이 다양성이 펼쳐질 수 있는 공간을 허용하는 것을 배운다.

약간의 마음챙김 관찰로, 우리는 실제로 우리가 차이들과 다양성에 열려 있을 때는 우리의 마음이 얼마나 넓고 허용적일 수 있는지를 쉽게 알게 될 것이고, 독선적이고 남에 대해 판단을 잘하게 될 때는 우리의 마음이 얼마나 좁고 갑갑한지를 알게 될 것이다. 이런 차이를 알아차리는 것은 언제 마음이 열린 상태에서 닫히게 되는지를 알아차리기 위한 길잡이 역할을 할 수 있다.

열린 마음의 태도를 현재에 온전히 존재하는 것과 결합시키는 것은 어떤 형태의 거처[處]를 필요로 한다. 마음챙김을 잃고 마음이 어떤 종류의 산란함과 환상에 압도당하는 것은 흔한 경험이다. 여기서의 과제는 열린 마음과 수용성의 자질들을 잃지 않고 마음챙김의 연속성을 지원하는 거처를 찾는 것이다. 다시 말해서, 너무 강한 집중을 기울이지 않고 너무 많이 개입하고 통제하는 태도 없이, 거처가 확립되어야 한다.

나는 내 개인적인 경험에서 「갈애 멸진의 긴 경(Mahātaṇhāsaṅkhaya-sutta): 몸에 대한 마음챙김」에 언급된 마음챙김의 과업을 충족시킬 수 있는 가장 유용한 도구를 발견했다. 간단하게 말해서, 몸에 대한 마음챙김은 이런저런 식으로 몸의 여러 측면들, 또는 전체로서의 몸과 관련된 형태의 마음챙김을 의미한다. 말할 필요 없이 그 두 가지 형태는 서로 연결되어 있다. 마치 몸 전체에 대한 알아차림이 몸의 다양한 부분들에 대한 알아차림으로 쉽게 인도하듯이, 몸의 부분들을 알아차리게 되는 것은 몸 전체에 대한 알아차림을 강화시킨다. 그러나 너무 강한 집중은 피할 필요가 있음을 고려해 볼 때, 거처의 역할을 위해 추천하는 몸에 대한 마음챙김의 방법은 육체적인 몸 전체에 대한 알아차림이다.

몸의 자세들에 대한 마음챙김

몸 전체에 대한 알아차림은 「마음챙김의 확립 경」에 나오는 두 가지 관찰과 관련될 수 있다. 그것은 몸의 자세들을 알아차리는 것과 몸의 활동들을 분명하게 아는 것이다(『맛지마 니까야』 10). 이 두 가지 중 첫 번째에 대한 설명은 다음과 같다.

걸을 때는 '나는 걷고 있다'고 알아차린다. 서있을 때는
'나는 서있다'고 알아차린다. 앉아 있을 때는 '나는 앉아
있다'고 알아차린다. 누울 때는 '나는 눕고 있다'고 알아차
린다. 몸이 어떤 자세를 취하든, 그것에 따라 알아차린다.

이 구절은 느린 동작으로 걷는 명상을 하는 것과 같은 특별한 방법
으로 이 자세들 중 어떤 자세를 수행하는 것에 대해 말하는 것이 아
니라, 단지 자연스럽게 일어나는 대로 몸의 자세들을 아는 것을 말
한다. 나는 이것이 그 자세를 분명하게 알아차리는 것과 결합된 몸
에 대한 알아차림의 연속적인 의미를 전달한다고 생각한다. 그것
은 자연스러운 것이고 인위성이 없다. 실제로 그런 자연스러움은
자동조종장치 모드로 들어가는 것을 피하는 데 도움이 된다. 이것
은 우리가 언제나 특정한 방식으로 어떤 일을 하도록 우리 자신을
훈련시킬 때 쉽게 일어날 수 있다. 자연스럽게 걷는 것은 걷는 과정
동안 몸 전체에 대해 단지 알아차리는 방식으로 걷는 명상을 하도
록 내가 추천하는 것이기도 하다. 걸을 때, 우리는 단지 우리의 존
재 전체로 걷기만 하면 된다.

　　몸이 이 네 가지 자세 중 하나를 취하고 있는지를 아는 능력은
임상 심리학에서 자기 수용적 알아차림이라고 부른다. '자기 수용'
이라는 용어는 몸의 자세와 움직임들을 감지하는 능력을 일컫는
다. 눈을 감고도 우리는 이런 유형의 능력을 통하여 우리 몸의 자세
를 알 수 있다. 그것은 몸의 현존을 느끼는 감각이다. 몸의 현존을
이렇게 느끼는 것은 쉽게 사용할 수 있는 '여기'라는 감각을 제공

하고, 마음챙김 자체는 우리를 '지금'에 유지시킨다. 이런 방식으로 몸에 대한 마음챙김은 우리가 지금 여기에 온전히 존재하는 것을 용이하게 하는 공간과 시간의 차원들을 결합시킬 수 있다.

이렇게 몸의 현존을 느끼는 감각은 보통의 일상생활을 하는 동안에는 잘 알아차려지지 않는다. 그러나 몸의 균형을 잃게 되면, 그것은 빠르게 전면으로 나와 주의를 일깨운다. 이렇게 몸의 현존을 느끼는 감각에 대한 명상적 계발은 어떤 자세에서든 몸을 알아차리는 것에 의해 일어날 수 있다. 이것은 이와 같은 자연적인 자기 수용적 알아차림의 능력이 자신의 경험상에서 원활해지도록 허용하는 것을 요구한다. 이런 방식으로, 그것은 늘 그렇듯이 무시되지도 않고, 몸의 균형을 잃는 경우에서처럼 전체적인 주의를 기울이게 되는 것도 아니다. 그런 명상적인 계발은 몸을 강압적으로 잡아두는 것이 아니라, 오히려 몸 전체의 현존에서 휴식하는 것이다. 이 수행의 정취(靜趣)를 소개하기 위해 내가 사용하는 말은 "우리는 앉아 있는 자세로 몸을 알아차리고 방석 위에서 쉬는 것처럼 마음을 몸 위에서 쉬도록 한다."는 것이다.

몸에 대한 그런 마음챙김은 적절히 계발되면, 몸에 굳건한 기반을 갖고 있다는 감각을 가져다준다. 그것은 체화된 알아차림이다. 그렇게 체화된 알아차림은 다른 과업과 활동들을 방해할 필요가 없다. 대신에, 그것은 그 과업과 활동들과 동행할 수 있다. 이것을 성취하기 위해서는 훈련이 필요하다. 마음의 자연스러운 경향은 집중하든지 무시하는 것이다. 이 두 가지 극단 사이의 중도를 계발하기 위해서는 자기 수용적 알아차림이 작동되어야 한다.

아날라요 비구의 마음챙김 확립 수행

중도를 계발하는 것은 단지 의지의 힘만으로보다는 점차적인 접근방법에 의해 생기는 것이다. 일단 몸에 대한 마음챙김의 잠재적인 힘을 중심으로 균형을 잡는 것이 생활 속에서 익숙하게 되면, 가장 어려운 상황들에서도 몸으로 되돌아오는 것이 보다 쉽게 된다. 몸은 항상 거기에 있다. 그런 이유로 그것을 향하여 마음챙김을 돌리는 것은 어떤 상황에서도 쉽게 손닿는 곳에 준비되어 있는 휴대용 명상 장치와 같은 역할을 할 수 있다. 필요한 것은 몸의 어떤 부분을 알아차리고 그 들어가는 문에서부터 마음챙김이 몸 전체를 아우르도록 해서, 마음이 그것의 기준점으로 알아차림을 아우르는 곳에서 쉬도록 하는 것이다. 몸의 현존으로 알아차림을 돌리는 이 단순한 행위 자체가 가장 지루한 상황에 처했을 때 그것을 수행을 위한 기회들로 변화시킬 수 있다. 교통체증에 걸리는 상황, 병원의 대기실에 앉아 있는 상황, 출입국 관리실에서 줄지어 서있는 상황 등 그 어떤 상황이든 그것은 체화된 마음챙김에 의해 변화될 수 있다. 그와 같은 것이 주위의 모든 것을 배제한 집중과 산란함 사이에 있는 중도의 힘이다.

이와 같은 중도를 계발하는 것의 이점은 마음챙김의 안정성과 연속성이다. 그것은 집중수행이나 좌선수행에서의 정규 명상과 일상의 활동들 사이의 틈을 메우도록 한다. 이것은 중요하다. 명상수행이 잘 되기 위해서는 정규 좌선과 일상의 삶이 서로를 지원하면서 통합된 전체로 발전해야 한다. 이것은 무엇을 수행해야 하는지에 상관없이 마음챙김을 유지하는 방법을 찾는 것에 의해 성취될 수 있다.

외부 상황이 마음챙김의 연속을 어렵게 만들 때는 「마음챙김의 확립 경」에서 내가 '정형구'라고 부르는 부분의 한 구절을 이용하는 것이 도움이 될 수 있다. 그것에 관련된 부분은 "'몸이 있다'는 마음챙김이 확립된다."이다. '몸이 있다'는 구절, 또는 그것과 같은 뜻의 빠알리어 '앗티 까요(atthi kāyo)'를 기억하는 것만으로도 몸에 대한 마음챙김을 다시 확립할 수 있고 그것의 연속성을 지속할 수 있다. 같은 유형의 구절이 또한 다른 마음챙김들의 영역에 사용될 수 있다. 예를 들어, 만일 지금의 상황이 두드러진 느낌들을 일으키면, 사용해야 할 정신적인 구절은 '느낌이 있다' 또는 '앗티 웨다나(atthi vedanā)'이다.

그렇게 체화된 알아차림을 계발하는 것이 무엇을 의미하는지에 대한 실제적인 감각을 얻을 수 있는 좋은 방법의 하나는 숲속을 산책하는 것이다. 숲속을 산책할 때, 우리는 숲속에서 그저 걷기만 하는가? 현재의 걷는 순간과 온전히 함께할 수 있는가? 잠시 우리 안에서 항상 활동하는 마음의 해설자뿐 아니라 우리의 모든 걱정과 의무, 역할들과 동일시들을 뒤로할 수 있는가? 숲속에서 산책할 때, 우리는 걷고 있다는 것을 그저 알기만 할 수 있는가? 걷는 행위에 뿌리내린 것에 기반을 두고, 우리는 주위 자연의 아름다움에 마음을 활짝 열고 온전히 다 받아들이도록 할 수 있는가?

네 가지 자세에 알아차림의 연속성을 확립하는 것은 「마음챙김의 확립 경」에서 기술되는 그 다음 수행을 위한 기반을 마련한다. 그것은 다양한 몸의 활동들에 대해 분명하게 아는 것이다. 이러한 맥락에서, 분명하게 안다는 것은 적절성과 적당성의 일반적인

아날라요 비구의 마음챙김 확립 수행

의미를 말한다. 똑같은 특성이 내가 '정의'라고 부르기 좋아하는 그 법문에서 나온다. 그 맥락에서, 분명하게 안다는 것은 내가 경험의 모든 측면들에서 특히 변화하는 성품을 상기시키는 역할을 한다고 이해하는 보다 구체적인 목적을 갖는다. 내가 전에 했던 비유의 견지에서 보면, 정의 부분에서 언급된 분명하게 안다는 것은 통찰이라는 빵을 만들기 위해 필요한 이스트이다.

몸의 활동들에 대한 마음챙김

다양한 몸의 활동들과 관련된 것에 대한 분명한 앎의 유형을 설명하는 「마음챙김의 확립 경」의 가르침은 다음과 같다.

> 수행자는 앞으로 갈 때도 뒤돌아올 때도 분명하게 알면서 행한다. 수행자는 앞을 볼 때도 눈길을 돌릴 때도 분명하게 알면서 행한다. 수행자는 [팔다리를] 구부릴 때도 펼 때도 분명하게 알면서 행한다. 수행자는 가사와 [다른] 의복을 입을 때도 발우를 [지닐 때도] 분명하게 알면서 행한다. 수행자는 먹을 때도 마실 때도 음식을 씹을 때도 맛볼 때도 분명하게 알면서 행한다. 수행자는 대변과 소변을 볼 때도 분명하게 알면서 행한다. 수행자는 걸을 때도 서있을 때도 앉아 있을 때도 잠들 때도 깨어날 때도 말할 때도 침묵할 때도 분명하게 알면서 행한다.

이 설명은 특히 승원의 생활방식과 관련이 있다. 그러나 가사를 일반적인 옷이라고 이해하고 발우를 일반인이 사용하는 어떤 도구를 대신한다고 이해하면, 이 설명은 재가자의 수행과도 관련될 수 있다. 분명한 알아차림(sampajañña)은 마음챙김의 현존에 기반을 두고 있다. 우리가 분명하게 알면서 행하는 것은 우리가 행하고 있는 것을 알아차릴 때뿐이다. 여기서 묘사되는 설명은 어디에 가는 것, 어떤 것을 보는 것, 팔다리를 이런저런 식으로 움직이는 것, 옷을 입는 것, 먹고 마시는 것, 대변과 소변을 보는 것, 잠자는 것과 깨어나는 것, 심지어 말하는 것과 침묵하는 것이다. 분명히 그 수행은 가능한 모든 종류의 상황을 아우르도록 의도되어 있다. 다시 말해서, 어떤 상황이나 활동도 원칙적으로 마음챙김과 분명한 알아차림을 위한 재료가 될 수 있다.

어떤 것을 보기 위해 돌아설 때, 붓다는 코끼리처럼 몸 전체로 돌아서는 것으로 묘사된다. 이것은 하나의 행위에 온 마음을 다해 전념한다는 예를 보여준다. 우리는 우리의 몸 전체로 먹을 수 있는가? 우리는 우리의 몸 전체로 자연의 부름에 복종할 수 있는가? 어떤 행위든지 그것에 온전히 존재하는 것은 상당한 잠재력을 갖는다. 그것은 우리를 생생하게 살아 있게 만든다. 우리는 그런 체화된 마음챙김을 통해서 현재의 순간에 온전히 존재하는 미묘한 기쁨을 계발하는 것을 배운다.

아침에 일어나면서, 우리는 몸 전체를 바로 알아차리는 것으로 하루를 시작할 수 있다. 다른 어떤 행위든 그것을 하기 전에, 우리는 먼저 침대에 누워 있는 몸을 그저 알아차리기 위해 잠시 시간

아날라요 비구의 마음챙김 확립 수행

을 갖는다. 일어나서는 다른 세 가지 행위, 즉 누운 자리에서 일어나 앉기, 일어서기, 다음에 걷기를 한다. 이런 식으로 우리는 네 가지 모든 자세에서 몸 전체에 대한 알아차림을 점검하고 하루를 시작할 수 있다. 이것은 우리가 체화된 마음챙김의 좋은 기반 위에서 하루를 계속 살아가도록 해준다. 그런 기반을 확립했기 때문에, 다시 쉴 시간이 올 때까지 하루 종일 마음챙김으로 돌아가는 것이 보다 쉬워진다. 하루를 마치는 시간에 우리는 똑같은 네 가지 자세를 반대의 순서로 진행할 수 있다: 침대로 걸어가기, 침대 옆에 서기, 침대 위에 앉기, 마침내 잠들기. 우리는 잠들 때까지 몸 전체에 대한 알아차림을 가지고 이 모든 행위를 할 수 있다.

앞에서 인용한 구절에서 언급된 활동들 중 가장 어려운 것은 아마도 말하는 경우일 것이다. 여기에서 말하는 것을 이메일과 인터넷을 포함하여 어떤 유형의 의사소통이든 포함하는 것으로 이해해야 한다. 마음은 대개 이 활동들에 너무 활발하게 참여하고 너무 열중하게 되어 우리는 쉽게 몸에 대한 마음챙김을 잊어버린다. 그러나 마음챙김으로 다시 돌아오는 것은 안으로 마음을 향해서 몸에 대해 알아차리는 한 순간만을 필요로 한다.

원칙적으로 몸 전체에 대한 알아차림은 심지어 가장 열띤 토론을 포함하여 어떤 활동이든지 그것의 배경에 존재하여 머물 수 있다. 그럼에도 불구하고, 열띤 토론은 아마도 알아차림이 어려운 상황이므로 이런 유형의 수행을 시작하는 것으로는 가장 좋은 지점이 아니다. 우리는 이 수행의 결정적인 차원에 전념하는 것을 약화시키는 좌절감을 피하기 위해서라도 일상의 활동들과 상황들에 대해 점차적으로 마음챙김을 적용하는 것이 더 나을 것이다. 외부 세상은 우리에게 정규 명상에서 얻은 통찰들을 점검하고 그것들을 성숙시킬 수 있는 시험장을 제공한다. 우리는 정규 명상과 일상의 활동들을 엄격하게 구분할 필요는 없다. 그러나 세상 밖에 있는 이 시험장은 우리가 합격하든지 그렇지 않으면 완전한 실패자가 되는 시험의 한 종류로 간주되는 것이 아니다. 대신에 그것을 우리를 위해 무엇이 효과가 있는지 보기 위해 다양한 방법들을 시험해 보는 운동장으로 간주하는 것이 더 나을 것이다. 이런 관점에서, 우리는 느긋한 내면의 미소를 지으며 매일의 상황들에 다가가 무슨 일이 일어나든 거기에서 사띠(sati)와 함께 존재하는 다양한 방법들을 시험해 보기 위한 기회로 삼는 것이 더 효과가 있다.

이와 같은 수행을 시작하기 위해, 일단은 다른 사람들의 대화를 듣거나 읽을 때, 바로 지속적으로 방해받지 않는 것을 목표로 하지 않고, 우리는 그저 이따금씩 마음챙김을 하려는 시도를 할 수 있다. 듣거나 읽는 것 자체는 보다 수동적인 활동들이어서 사띠(sati)의 수동적이고 방해하지 않는 태도와 결합하도록 쉽게 다루는 것이 가능하다. 몸 전체에 대한 알아차림에 기반을 두고, 우리는 다른 사람들이 표현하는 것에 대해 균형을 유지하고 알아차림을 유지하려고 노력한다. 이런 바른 방향으로 또 다른 조치를 취하기 때문에, 우리가 마음챙김하는 모든 순간은 이익이 된다. 마음챙김을 잃은 순간들에 대해 우리 자신을 질책할 필요는 없다. 산란함과 집착함은 마음의 자연스러운 경향성이지만, 다른 방향에서 취한 모든 단일한 조치는 이 경향성을 천천히 약화시킬 것이다.

아날라요 비구의 마음챙김 확립 수행

얼마 동안 마음챙김이 체화된 순간들의 아름다움으로 조금씩 우리의 삶을 장식하는 실험을 하는 것은 다른 사람들을 이해하고 그들과 더 잘 교류할 수 있는 우리의 능력을 확장시켜 더욱 분명한 이익들이 생기게 할 것이다. 우리는 또한 다른 사람들이 표현하는 것과 이것이 어떻게 그에 대한 우리의 논평에 의해 변색되는지, 그저 듣거나 읽기만 해도 우리의 편견들이 어떻게 방해하는 경향을 가지는지를 더 잘 구별할 수 있다. 그렇게 하여 이것은 우리가 우리 자신의 마음이 어떻게 반응하고 싶어 하는지를 알아차리도록 만든다. 이런 이해의 성장과 더불어, 우리는 메시지를 읽거나 무엇인가를 말하는 것과 같은 실제적인 반응을 할 때조차도 조금씩 수행을 더 확대시킬 수 있는 역량을 갖추고 있다는 느낌을 갖게 된다. 명상 수행의 또 다른 차원인 이와 같은 보다 어려운 영역에 들어갈 때, 우리가 글을 쓰거나 말하기 전에 우리를 우리 몸의 경험과 연결하는 호흡을 의식적으로 하는 것은 도움을 줄 수 있다. 다른 사람들은 거의 알아차릴 수 없는, 몸에서의 마음챙김의 기반과의 그 짧은 호흡이 우리의 명상 태도를 작동시킬 수 있는 내면의 스위치 역할을 할 수 있다. 이런 명상 태도는 직장이나 집에서 하는 어떤 경험이든 그것을 우리 도닦음의 통합적인 차원으로 변화시킨다.

몸에 대한 마음챙김의 이익들

이 능력을 점차적으로 계발하는 것은 강력한 거처[處]를 제공한다. 그것은 사띠(sati)를 가지고 어떤 형태의 도전이든지 마주할 강력한 바탕을 제공할 수 있다. 어떤 면에서 사띠가 함께하는 동안 우리는 결코 혼자가 아니다. 그녀의 현존은 우리가 균형감각을 가지고 중심을 잡으며 살도록 만들어줄 것이다. 그것은 우리가 반응하기 전에 관련된 정보를 충분히 이해하도록 도와주고, 우리가 어떻게 반응하는지를 계속 관찰할 수 있도록 하여 수행 과정에서 어떤 균형감각의 상실도 알아차리도록 한다.

우리가 사띠를 잊고 어떤 종류의 산란함에 사로잡힐 때마다, 필요한 것은 단지 잠시 미소 지으며 그것을 인정하는 것이다. 실망할 필요도 없고 실패했다는 느낌을 가질 필요도 없다. 자기 자신에게 화낼 필요도 없다. 마음이 방황했다는 것을 미소 지으며 자각하는 것으로 충분하다. 이것은 자연스러운 마음의 경향성이다. 그러나 바로 여기에 언제든 다시 와서 함께 있기를 끈기 있게 기다리는 우리의 좋은 친구인 사띠가 있다. 그리고 그녀와 함께하는 것은 매우 즐겁고 매우 고요하며 매우 넓다. 그것은 우리가 마음속에서 즐길 수 있는 어떤 종류의 생각, 반응, 또는 백일몽보다도 훨씬 더 매력적이다.

이런 유형의 태도를 가지고, 우리는 지혜롭게 몸에 대한 마음챙김 수행을 배워서 '나는 어떤 방해도 받지 않고 몸에 대한 마음챙김을 해야 한다'는 생각으로 긴장하는 것은 능숙한 것이 아님을 매우 잘 알게 된다. 실제로 이것은 우리가 완전히 통제하고 있다는 잘못된 신념의 반영이 될 수 있다. 초기불교 사상의 관점에서 볼 때, 우리가 무엇을 하든 중요한 요소는 의지 또는 의도이다. 그러나 우리의 의도는 원인과 조건들의 보다 넓은 네트워크 안에서 작용한다. 그것은 사물에 영향을 미칠 수 있지만, 그것들을 완전히 통제할 수는 없다.

산란함을 경험하게 될 때 우리가 해야 할 일은 마음챙김 하겠다는 의도를 확립하고 마음챙김을 잃었다고 알아차릴 때마다 그 의도로 돌아가는 것이다. 그 정도를 가지고도 우리는 우리의 과업을 성취한 것이라 할 수 있다. 그럼에도 불구하고 만일 마음이 완전히 산란해지면, 그것은 현재 상황에 영향을 미치는 다른 원인과 조건들 때문이다. 우리는 자신의 마음 안에서 완전한 통제력을 행사하지 못할 뿐이다. 이것을 깨닫는 순간, 우리는 자신이 세운 가장 좋은 목표가 현재 순간을 살아가려는 우리의 노력과 우리 마음의 경향성으로부터, 그리고 외부의 환경으로부터 오는 그것에 대한 자연스러운 저항 사이에 조화로운 균형이라는 사실을 인정하게 된다. 우리가 훌륭한 '명상가'라는 자격을 얻기 위해, 그런 모든 저항이 최종적으로 전멸되어야 한다는 불합리한 기대를 갖는 것 대신에, 우리는 그런 조화로운 균형 속에서 살아간다. 그것에서 어떤 저항이든지 그것이 발현되는 것을 인정하는 것은 지금 여기로 부드럽게 돌아올 수 있을 정도까지만 충분히 미소 짓는 노력과 함께하는 것이다. 이런 식으로, 마음챙김의 계발을 스트레스가 많고 어려운 허드렛일로 돌리는 것 대신에, 우리는 사띠를 내가 되돌아갈 좋은 친구, 가능한 한 많은 시간을 함께 보내고 싶은 좋은 친구로 간주한다.

그렇게 마음챙김으로 반복해서 돌아가는 것은 네 가지 마음챙김의 확립이 쉼터를 제공하는 그 법문들의 가르침에 대한 실제적인 표현이라고 할 수 있다(『상윳따 니까야』 47.9, 47.14; 아날라요 2003: 276, 2013: xiii과 1n3). 이런 식으로 계발되어 체화된 마음챙김은 실제로 하루 종일, 마침내 잠드는 순간까지, 거처와 쉼터를 제공해 준다. 그것은 우리가 아침에 깨어날 때 다시 바로 우리와 함께 거기에 있게 된다. 그녀는 항상 수용과 받아들임이라는 자체의 아름다운 자질들과 함께 거기에 존재하여, 우리의 마음을 넓고 훤히 트이게 한다. 현재 순간에 굳건한 기반을 두고, 우리는 몸 전체에 대한 알아차림 상태에서 쉬고 있는 유리한 입장에서 일어나는 어떤 것이든 그것을 알아차릴 수 있다.

몸에 대한 마음챙김을 통한 거처 또는 쉼터의 함축성은 함께 묶여 있는 여섯 마리의 다른 동물을 묘사하는 비유에서 표면화된다(『상윳따 니까야』 35.206; 아날라요 2003: 123, 2013: 55f). 그 여섯 마리 동물 각각은 특정한 방향으로 달아나려고 애쓴다. 가장 강한 동물은 스스로 피곤해져서 또 다른 동물이 끌 때까지 다른 동물들을 끌어간다. 이것은 몸에 대한 마음챙김이 확립되어 있지 않은 동안 여섯 감각의 문(門)을 통해 하는 경험의 단면을 설명한다. 어느 감각의 문이 잠시 동안 우리를 끌어가기 위해 가장 큰 힘을 모았는지에 따라 우리는 계속 여기저기로 끌려 다닌다.

몸에 대한 마음챙김을 확립하는 것은 대지에 튼튼한 기둥을 박는 것과 같다. 여섯 마리 동물이 이런저런 방향으로 달아나기 위해 제아무리 애써도, 그 강한 기둥에 묶여 있기 때문에 그것은 더 이상 다른 동물들을 끌고 다닐 수 없다. 머잖아 그것들은 끄는 것을 포기하고 기둥 옆에 그냥 앉거나 누울 것이다.

이것은 몸에 대한 마음챙김의 힘을 설명해 준다. 그것은 여섯 감각의 문 중 어느 것에게든 끌려 다니지 않고 유쾌함과 불유쾌함을 경험할 수 있게 해준다. 그런 능력은 일상생활의 상황들을 다루는 데 특히 중요하다. 여섯 마리 동물의 끈을 잡고 있는 것은 매우 피곤한 일이 될 수 있다. 여섯 마리 동물을 돌보기 위해 몸에 대한 마음챙김의 굳건한 기둥을 세우는 것이 보다 현명한 일이다. 이런 방식으로 우리는 그것들로 인해 지치게 되는 것을 피할 수 있다.

우리가 실제로 수행할 때는 끌려 다닌다는 것을 알아차리자마자 몸의 현존의 느낌으로, 자기 수용적 알아차림으로 그냥 돌아온다. 어려운 상황에 대비해서, 우리는 우선 몸의 현존을 알아차리도록 해야 한다. 마음챙김이 체화된 유리한 입장에서, 우리는 도전들과 잘 마주할 수 있다. 이것은 마음챙김의 확립에 내재된 보호적인 차원을 반영한다(아날라요 2013: 24ff).

이런 형태의 수행에서 중심을 확립하는 것은 또 다른 비유로 표현할 수 있다. 이것은 군중을 뚫고 기름이 가득 찬 그릇을 날라야 하는 사람의 비유이다. 그 군중은 아름다운 소녀가 춤추고 노래하는 공연을 관람하고 있다(『상윳따 니까야』 47.20; 아날라요 2003: 122, 2013: 56f). 이 비유를 고대 인도의 맥락에서 마음속에 그리면서, 나는 그 사람이 머리 위에 기름 그릇을 이고 있고, 군중들은 그 공연을 조금이라도 가까이서 보기 위해 춤추는 곳으로 다가가려고 최선의 노력을 다하고 있으며, 음악이 연주되는 동안 이리저리 움직이고 있다고 상상한다.

이 비유는 기름을 나르고 있는 그 사람 뒤에 다시 칼을 뽑아 든 어떤 사람이 있다고 보다 구체적으로 묘사한다. 칼을 든 사람은 약간의 기름이 쏟아지기만 해도 그것을 나르는 사람의 머리를 자를 준비가 되어 있다. 이 절박한 상황에서 생존하기 위해서, 기름을 나르는 사람은 산란해지지 않도록 매우 주의해야 한다.

몸에 대한 마음챙김은 가장 위험하고 어려운 상황에서도 생존하는 데 필요한 중심을 제공한다. 머리 위에 기름이 가득 찬 그릇을 이고 나르는 이미지와 함께, 몸에 대한 중심 감각은, 예를 들어 머리 위에 두꺼운 책을 올려놓고 걷는 것으로 실험해 볼 수 있다. 다행히 그 책이 땅에 떨어져도 우리의 머리를 자를 사람은 없다. 이런 유형의 실험을 하는 것은 내 생각에 이 비유와 관련된 미묘한 의미인 몸의 중심 감각을 얻는 것에 도움이 될 수 있다.

몸에 대한 마음챙김의 잠재력에 대한 하나의 중요한 측면은 너무 강한 집중을 하지 않고도 마음챙김의 연속성을 보장해 주는 일종의 거처를 제공하는 것이다. 이것은 너무 강한 집중으로 전반적인 상황에 대한 마음챙김을 잃어버리는 결과를 가져오는, 좁은 대상을 취하는 마음챙김의 형태보다는 몸 전체에 대한 알아차림의 이점을 갖는다.

「몸에 대한 마음챙김 경(Kāyagatāsati-sutta)」은 지혜로 인도하는 유익한 상태들과 몸에 대한 마음챙김의 관계를 설명한다(『맛지마 니까야』 119; 아날라요 2013: 60). 이것은 여러 갈래의 강들과 큰 바다의 관계와 같다. 바다는 그것들 모두를 포함하고 있다. 그것과 똑같은 포괄성이 몸에 대한 마음챙김을 통해 생긴다.

해변에 서서 바다를 멀리 바라보고 있다고 상상해 보자. 그것은 너무나 광대하고 넓다. 마찬가지로, 몸에 대한 마음챙김은 우리 활동들, 즉 다양한 강들을 담을 수 있는 넓게 트인 용기 역할을 할 수 있다. 그것은 우리가 관여하고 있는 활동을 방해하지 않고 중심이 되는 기준과 지원을 제공함으로써 그렇게 할 수 있다. 우리의 모든 행위들이 우리의 좋은 친구인 몸에 대한 마음챙김과 함께할 때, 그것은 또한 우리가 하는 것이 무엇이든 그것을 연속적인 수행으로 결합시키는 데 도움을 준다. 그녀의 현존은 우리의 모든 수행과 활동들에 배어들 수 있게 되는 하나의 맛이다. 바다는 단 하나의 맛, 즉 짠맛을 갖고 있다(『앙굿따라 니까야』 8.19; 아날라요 2013: 251). 마찬가지로, 몸에 대한 마음챙김을 지속적으로 확립시키는 것도 단 하나의 맛, 즉 해탈로 향해 가는 진보의 맛을 얻는 우리의 모든 경험들로 이끌 수 있다.

또 다른 비유는 마음챙김을 유능한 마부에 비유한다(『상윳따 니까야』 45.4; 아날라요 2013: 37). 훌륭한 운전자처럼, 우리는 사고를 당하지 않고 어떤 종류의 교통상황이든 그에 대처하면서 우리가 타고 있는 차를 운전하는 것을 배운다. 「몸에 대한 마음챙김 경」은 몇 가지 비유로 마라(Māra)의 손아귀에 떨어지는 것과 그런 사고를 피할 수 있는 능력에 대해 설명한다(『맛지마 니까야』 119; 아날라요 2003: 123, 2013: 60). 이 비유들은 마른 나무로 쉽게 피울 수 있는 불, 빈 병에 쉽게 부을 수 있는 물, 던지자마자 젖은 진흙 더미 속으로 쉽게 들어가는 돌에 대해 설명한다. 마라는 몸에 대한 마음챙김을 계발하지 않는 자들을, 마치 그들이 마른 나무인 것처럼 불 위에 올려놓고서, 빈 병같이 그들을 채워서, 그들이 받아들이는 어떤 것을 그들에게 던져서 제압할 수 있는 기회를 쉽게 가질 수 있다.

그렇지만 몸에 대한 마음챙김을 계발하게 되면, 마라는 더 이상 그런 기회를 얻지 못한다. 몸에 대한 마음챙김과 함께하는 것은 타지 않을 나무에, 더 이상의 물이 담기지 못하는 가득 찬 병에, 가벼운 공을 문짝에 던졌을 때 어떤 영향도 미치지 못하고 튕겨져 나가는 것에 비유된다.

이 이미지들은 몸에 대한 마음챙김이 어떻게 일종의 보호 역할을 할 수 있는지를 분명하게 설명한다. 우리가 몸 전체에 대한 마음챙김에 뿌리를 두면, 감각적으로 유혹하는 대상들이 마음에 불을 쉽게 붙이지 못한다. 체화된 알아차림은 기쁨의 원천으로 내적 만족의 느낌을 일으키고, 우리가 그런 기쁨으로 가득 채워지면 어떤 액체를 부었을 때 어떤 것이든 받아들이는 빈 병과는 같지 않게 된다. 다른 이들이 우리에게 무엇을 던지든 그것은 우리 안으로 들어오지 않고 튕겨져 나가게 된다.

몸에 대한 마음챙김 수행은 내가 다음에 설명하게 될 수행 유형의 중심이다. 이것은 우리가 체화된 알아차림을 통해 지금 여기에서 몸의 거처를 유지하는 것을 시작하는 곳이고, 계속하는 곳이며, 결론짓는 곳이다. 그것은 넓게 트이고 수용적인 정신적 태도를 위한 지지대 역할을 한다. 우리의 알아차림은, 마치 그것이 기억할 수 있는 것에서 최고로 중요한 것처럼, 현재 순간과 온전히 함께한다. 마음챙김과 함께 우리는 여섯 감각의 문 중 어디에 무엇이 나타나든 그것에 넓게 트이고 수용적인 상태로 머물게 된다. 우리는 몸 전체에 대해 느껴지는 신체적인 실제에 뿌리와 기반을 두고 있게 된다. 이것은 바다처럼 우리의 모든 수행들을 담기 위한 용기 역할을 한다. 몸에 대한 마음챙김의 아름다움과 잠재력은 그런 것이다.

요약

마음챙김은 어떤 경험이든 그것에 대한 기정사실이 아니라, 오히려 의도적인 계발을 훨씬 많이 필요로 한다. 그렇게 계발하는 동안 마음챙김은 개념들의 사용과 병존할 수 있다. 실제로 폭넓은 개념들의 현명한 사용을 통해 제공되는 자료는 마음챙김의 확립 명상에 결정적으로 중요하다. 실제 마음챙김의 확립 수행에서, 마음챙김은 현재와 관련이 있는 것이지, 과거의 일들을 기억하는 것과 관련된 것이 아니다. 사띠의 기억에 대한 함의는 마음챙김의 열린 수용적 태도를 통해, 일어난 일을 우리가 다음에 쉽게 회상할 수 있어야 한다는 의미를 전달하는 것으로 받아들일 수 있다. 열린 마음의 수용적 태도를 위한 거처를 제공하기 위해, 온몸에 대한 마음챙김을 추천할 만하다.

제2장

마음챙김의 확립

서문에서 나는,『마음챙김의 확립, 깨달음에 이르는 직접적인 길』
이라는 제목으로 출판된 책을 연구하는 과정에서 모은 많은 세부
사항의 양에도 불구하고, 아직도 전반적인 그림을 그리는 데 무엇
인가 빠진 듯한 느낌이 있음을 간단하게 언급하였다. 몸에 대한 명
상과 특히 법들에 대한 명상이라는 표제 하에서 발견되는 다양한
수행들은 다소 복잡하게 보여서 나는 전반적으로 이 두 가지 마음
챙김의 확립에 대한 취지를 분명하게 감지할 수 없었다.

네 가지 마음챙김의 확립

하지만 나의 발부리에 걸리는 또 다른 장애는 네 가지 마음챙김
의 확립이 「들숨날숨에 대한 마음챙김 경」에서는 단 하나의 통합
된 수행으로 결합된다는 것이었다(『맛지마 니까야』118; 아날라요 2003:
133ff, 2013: 227ff, 출간 예정 책 b). 즉 몸의 현상인 호흡에 기반을 둔, 연
속적이고 이음매 없는 명상의 진전은 한 마음챙김의 확립에서 다
음으로 이어진다.

　　나는 이와 비슷한 진전이 어떻게 「마음챙김의 확립 경」에 기
반을 둔 수행에서 성취될 수 있는지를 알 수 없었다. 그 법문에 열
거된 명상들을 조사하면서, 그것들이 어떻게 「들숨날숨에 대한 마
음챙김 경」에서 분명하게 밝힌 그 연속성을 보여주는 이음매 없는
명상의 형태로 발전되어 갈 수 있는지가 분명하지 않았다. 어떤 면
에서 지금은 마음챙김의 확립이 한 가지 또는 두 가지 마음챙김의
확립에 기반을 두고 가르쳐지는 경향이 있지만, 네 가지 전부를 다

루는 것은 아니라는 것이 나에게 자연스럽게 보였다.

예를 들어, 고귀한 팔정도의 여섯 번째 요소와 일치하는 네 가지 바른 노력[四正勤]은 분명히 서로에 기반을 두고 서로를 보충한다. 똑같은 것이 팔정도의 여덟 번째 요소인 바른 삼매[正定]에서 자주 열거되는 네 가지 몰입에 적용된다. 그러나 나는 팔정도의 일곱 번째 요소인 네 가지 마음챙김의 확립이 어떻게 서로에 기반을 두고 서로를 보완하면서 유사하게 수행될 수 있는지를 상상할 수 없었다.

네 가지 모든 마음챙김의 확립을 하나의 연속적인 수행법으로 통합할 수 있는 방법이 있는가? 각각의 마음챙김의 확립이 다음 확립에 기반을 두고 서로를 보충하면서 이음매 없는 연속성을 개발하는 것은 가능한 것일까? 동시에 어떤 상황이든지 그것에 적용할 수 있는 하나의 단순한 수행법이 있겠는가? 그런 질문들이 내 마음에 많았다.

그 문제에 대한 답을 나는 중국의 유사한 법문들에 대한 상세한 연구를 통해 얻을 수 있었다. 이것이 나의 두 번째 책인 『마음챙김의 확립에 대한 관점들』의 주제이다. 원칙적으로 중국 아함경(Āgama)에서 발견되는 법문들에는 (번역의 오류들을 무시하고) 붓다와 그의 제자들의 가르침들의 진짜 기록에 가깝다는 주장이 많은 빠알리 법문들만큼이나 많다. 「마음챙김의 확립 경」을 그것과 유사한 두 가지 중국의 경들과 병렬시켜서, 나는 그것들 사이의 공통된 기반과 차이들을 발견할 수 있었다.

비록 다음 장들이 빠알리 버전에 기반을 두고는 있지만, 내가 중국의 유사한 경들을 연구하면서 얻은 비교 관점 역시 그 접근방법에 영향을 미치고 있다. 이 책이 대체로 명상수행을 위한 안내서로 의도된 것이기 때문에, 나는 유사한 경들의 다양한 모든 내용들을 언급하지는 않을 것이다. 이런 사항에 관련된 정보는 나의 다른 간행물들에서 발견할 수 있을 것이다. 나는 논의를 진행하면서 그것을 언급할 것이다.

어쩌면 이 시점에서 유사한 버전들을 그렇게 비교하여 모든 버전들에서 발견되지 않는다고 하여 그냥 거부되어야 하는 것이 아니라는 사실을 언급하는 것이 좋겠다. 그것은 우리 눈앞에 다양한 것들을 늘어놓는 것과 매우 비슷하다. 그것들을 앞쪽에 놓든지 아니면 보다 뒤쪽에 놓는다. 다시 말해서, 그 유사한 버전들에 공통된 수행법들은 앞쪽에 있어서 특별한 마음챙김 확립의 표현들로서 보다 현저하게 될 수 있다. 모든 버전들에서 발견되지 않는 다른 수행법들은 단지 좀 더 뒤쪽에 있는 것이다.

몸에 대한 명상

그런 위치잡기에 기반을 둔 세 가지 수행이 몸에 대한 명상의 공통된 기반으로 나타난다. 그 세 가지는 해부학적인 부분들에 대한 명상, 요소들에 대한 명상, 부패 상태에 있는 시체에 대한 명상이다. 나는 이 세 가지가 몸의 성품의 세 가지 차원에 대한 통찰의 계발을 의미한다고 이해한다. 첫 번째는 (우리 자신의 몸이든 아니면 다른 사람들의 몸이든) 몸에 대한 아름다움과 성적 매력의 투사를 해체한다. 두

아날라요 비구의 마음챙김 확립 수행

번째는 (몸의 바깥뿐만 아니라) 몸 안에서도 분명한 물질적 존재의 빈 성품을 드러낸다. 세 번째는 (우리 자신의 몸이든 다른 사람들의 몸이든) 몸의 죽음을 납득시킨다.

세 번째 명상에 대한 대안적 접근법은 몸의 내재적 아름다움의 결핍을 강조하는 시체의 부패 단계들을 취하는 것이다. 이 주제가 해부학적 구조에 대한 명상에 의해 이미 다루어졌기 때문에, 나 자신의 죽음을 마주한다는 중요성에 비추어볼 때, 이 수행법에 대한 나 자신의 접근법은 그것을 죽음의 불가피성을 가리키는 것으로 계발하는 것이다.

해부학적인 부분들에 대한 명상, 요소들에 대한 명상, 부패 상태에 있는 시체에 대한 명상과 함께하는, 첫 번째 마음챙김의 확립은 분명히 몸의 성품에 대한 통찰을 계발하는 하나의 방법이 된다. 다시 말해서, 여기에서 해야 할 일은 마음챙김을 계발하기 위해 몸을 사용하기보다는 오히려 몸에 대한 집착 줄이기를 계발하는 것이다.

몸에 대한 명상의 기본 요지는 「마음챙김의 확립 상윳따」에 있는 한 법문에도 나타난다. 그 법문은 마음챙김의 확립이 막 계를 받은 초보자들에게 교육되어야 한다고 권고한다(『상윳따 니까야』 47.4; 아날라요 2003: 271, 2013: 159). 첫 번째 마음챙김의 확립의 경우에, 초보자들은 몸을 있는 그대로(yathābhūta) 이해하는 방식으로 수행해야 한다. 그 수행에서 보다 진보한 사람들은 몸에 대한 통찰적 이해(pariññā)를 얻기 위해 똑같은 수행을 계속한다. 완전하게 깨달은 자들도 몸에 대한 명상을 여전히 계발한다. 그들은 몸에 대한 어떤 집착으로부터도 자유로운 상태에서 그렇게 한다. 말할 필요 없이,

초보자의 계발로부터 아라한의 집착으로부터의 자유에 이르기까지, 명상의 계속적인 관련성은 다른 세 가지 마음챙김의 확립에도 유사하게 적용된다. 몸의 경우, 실제적인 관점에서 볼 때, 참으로 해야 할 일은 그것을 있는 그대로 이해하는 것이다. 그런 이해는 몸에 대한 모든 집착을 점차적으로 약화시키는 방식으로 점점 더 많은 통찰력을 갖게 한다.

이것은 마음챙김을 계발하기 위해 몸을 사용하는 것이 중요하지 않다는 것을 의미하는 것이 아니다. 반대로, 이것은 수행의 필수적인 하나의 차원이다. 사실, 네 가지 자세에 대한 마음챙김과 몸의 활동들을 분명하게 아는 것과 같은 수행들은 놀랄 만한 잠재력을 갖고 있다. 내가 이전 장에서 말한 많은 것들은 분명히 이 잠재력에 관한 것이다. 그러나 마음챙김의 확립이 해탈에 이르는 직접적인 길이 되도록 하기 위해서는, 이 세 가지 몸에 대한 명상으로 개발될 수 있는 통찰의 유형이 중요한 공헌을 제공해야 한다.

법들에 대한 명상

법들에 대한 명상 상황은 (꽤 가까운 상호 유사점이 있는 느낌과 마음에 대한 명상 상황과는) 상당히 많은 차이를 보여준다. 엄밀하게 말해서, 「마음챙김의 확립 경」과 중국의 유사한 경들에 나오는 이 명상의 공통된 핵심은 깨달음의 요소들을 계발하는 것이다. 나는 또한 여기에 장애들에 대한 명상을 추가한다. 왜냐하면 이 명상이 두 가지 버전에서 발견되고, 적어도 세 번째로 언급되기 때문이다. 사실, 깨달음의 요소들의 계발은 우선 장애들, 적어도 그것들의 거친 발현을 알아차리고 극복하는 것을 필요로 한다.

　장애들과 더불어 깨달음의 요소들을 전면에 놓는 것에서 받는 인상은 법에 대한 명상이 해탈에 이르는 길을 방해하는 정신적인 자질들과 그 길로 인도하는 자질들을 관찰하는 것이라는 사실이다. 다시 말해서, 법에 대한 명상은 깨달음이 일어날 수 있는 (또는 일어날 수 없는) 마음의 유형에 관한 것이다.

　이 관점은 내가 호흡의 변화하는 성품에 대한 알아차림과 함께 통찰의 관점을 계발해야 하는 「들숨날숨에 대한 마음챙김 경」의 법들에 대한 명상에 이르는 다리를 잇도록 도와주었다. 이 통찰의 관점들은 무상, 탐욕의 빛바램, 소멸, 놓아버림에 대해 명상하는 것이다. 그것들의 깨달음의 잠재력을 충족시킬 방식으로 깨달음의 요소들을 계발하는 것은 마찬가지로 탐욕의 빛바램과 소멸의 주제들을 뚫고 나아가는 것을 필요로 한다. 이런 방식으로 「마음챙김의 확립 경」과 「들숨날숨에 대한 마음챙김 경」에 나와 있는 법에 대한 명상을 기술한 부분들을 나란히 읽는 것은 특히 닙바나의 실현에 도움이 되는 정신적인 자질들과 통찰의 주제들을 드러낸다.

일곱 가지 명상

각각의 마음챙김의 확립에 대한 기본적인 요지를 이렇게 이해하는 것이 내가 갖고 있던 의문들을 해결하는 데 도움이 되었다. 이 책의 나머지는 실제 명상에서 네 가지 모든 마음챙김의 확립 수행의 이

음매 없는 연속성이 어떻게 실현되는지를 설명하는 데 할애될 것이다. 그것은 다음 일곱 가지 주제를 통과하여 진행함으로써 실현된다.

- 해부학적 구조
- 요소들
- 죽음
- 느낌들
- 마음
- 장애들
- 깨달음(의 요소들)

앞의 세 가지는 몸에 대한 명상을, 네 번째와 다섯 번째는 각각 느낌과 마음에 대한 명상을, 마지막 두 가지는 법에 대한 명상법을 다룬다.

이런 식의 비교연구에 의해 얻어진 관점은 테라와다 아비담마에 전례가 있다. 사실, 『위방가(Vibhaṅga)』는 마음챙김의 확립에 대한 보다 짧은 버전을 제공한다. 이것은 몸에 대한 명상으로는 해부학적인 부분들만을 포함하고, 법에 대한 명상으로는 단지 장애들과 깨달음의 요소들만을 포함하고 있다(『위방가』193; 아날라요 2003: 121, 240, 2013: 53, 175).

나는 「마음챙김의 확립 경」에 언급된 수행의 일부를 빼고 대신에 모든 버전들에 공통된 수행에 초점을 맞추는 것이 어떤 형태의 가치절하도 내포하고 있지 않다는 사실을 다시 강조하고 싶다. 그 목적은 단지 가장 필수적인 것으로 보이는 것에 초점을 맞추는 것일 뿐이다. 사실, 내가 이 책에서 제시하게 될 수행법은 또한 명백하게 포함되어 있지 않은 수행의 측면들과 주제들을 다룬다.

포함되어 있지 않은 하나의 수행법은 「들숨날숨에 대한 마음챙김 경」에 나와 있는 총 16단계의 체계 가운데 몸에 대한 마음챙김에 해당하는 호흡에 대한 마음챙김의 네 가지 단계에 관련된 것이다. 시체 명상에 관련하여, 내가 제시하는 가르침들은 호흡의 과정에 대한 알아차림을 죽음의 불가피함을 상기하는 수행과 통합한다. 이런 방식으로 마음챙김을 호흡으로 인도하는 것은, 비록 그것이 그 자체로는 수행의 특징을 나타내지 못하고 16단계를 포함하고 있지도 않지만, 여전히 내가 여기서 제시하고 있는 형태의 몸에 대한 명상의 일부이다.

몸의 자세들에 대한 명상과 활동들을 분명하게 알아차리는 것에도 똑같은 암시가 포함되어 있다. 이전 장에서 언급하였듯이, 그 두 가지 수행의 주된 동기는 내가 여기에서 설명하는 수행방식으로 몸 전체에 대한 마음챙김을 가장 중요하게 생각하기 때문에 자연스럽게 생기는 것이다.

명백하게 포함되어 있지 않은 세 가지 몸에 대한 명상과 유사하게, 「마음챙김의 확립 경」에 나와 있는 세 가지 법에 대한 명상은 앞의 일곱 가지 주제 목록에 있지 않다. 이것들 가운데 하나는 마음챙김으로 다섯 무더기[五蘊]의 성품이 무상함에 이르는 것에 관련되어 있다. 그런 알아차림은 그럼에도 불구하고 처음 세 가지 마음챙김의 확립에 대한 나의 설명과 함께 자연스럽게 증진되어 나간다. 마음에 대한 명상과 함께하는 이 가르침은 몸, 느낌, 인식, 생각, 정신적인 상태를 포괄하는 모든 경험적 측면들의 무상한 성품에 대한 종합적인 명상 경험에서 정점에 이른다. 그 수행의 최종적인 결과는「마음챙김의 확립 경」에서 설명하는 다섯 무더기의 일어남과 사라짐에 대한 명상과 꽤 유사하다.

내가 특정한 수행들을 통과한 후에 채택하라고 추천하는 주된 수행법은 어떤 감각의 문에서 무엇이 일어나든 그것을 몸 전체에 대한 알아차림에 기반을 둔 열린 알아차림이다. 이것은 특히 감각 경험의 구속하는 힘에 주의를 기울이는 데 관심이 있는「마음챙김의 확립 경」에서 설명하는 것과 같이 여섯 감각장소에 대한 명상의 중요한 요소들을 충족시킨다.

비록 명백하게 받아들여지지는 않지만, 네 가지 성스러운 진리[四聖諦]는 내가 제시하는 네 가지 마음챙김의 확립에 대한 접근 방법의 기초가 된다. 이 연관성을 제대로 인식하는 것은 내가 이 장과 마지막 장 사이에 있는 장들에서 제시하는 네 가지 마음챙김 확립의 실행에 대한 세부사항들에 익숙해지는 것을 필요로 한다. 때문에, 나는 결론 부분에서 이 주제를 다시 다룰 것이다(321쪽 참조).

일상생활에서의 마음챙김

내가 말하는 일곱 가지 수행을 통한 진전은 명확하게 온몸에 대한 마음챙김이라고 하는 단순한 하나의 요소에 모아진다. 나는 다음에 제시하는 수행을 하나의 바퀴로 마음속에 그린다. 나는 그것을 '수행의 바퀴'라고 부를 것이다. 이 바퀴는 일곱 개의 바큇살을 갖고 있다. 그것들은 일곱 가지 마음챙김의 확립에 관한 명상이다: 해부학적인 부분들과 요소들과 부패 상태에 있는 시체를 명상하는 세 가지 몸의 바큇살, 다음에 느낌들과 마음의 상태들과 장애들과 깨달음의 요소들에 대한 명상 각각에 해당하는 바큇살. 이 바퀴의 중심은 몸에 대한 마음챙김이다.

바퀴의 중심축에 해당하는 몸에 대한 마음챙김은 어떤 상황에서도 시작할 수 있는 단순한 수행방법 안으로 들어가는 출입문이다. 우리가 무엇을 하든, 몸은 거기에 있다. 내가 여기서 제안하는 방법으로 몸에 대해 알아차리는 것은 몸을 감지하는 것, 그것을 느끼는 것이다. 그렇게 몸의 현존에 대해 느껴지는 감각을 알아차리는 것은 현재 순간에 대한 알아차림이라는 정신적인 상태에서 일어난다. 이 수행을 계발하고 그것을 어떤 방식으로든 통찰에 관련시키는 모든 순간은 해탈에 이르는 길로 나아가는 또 다른 단계이다. 이것은 네 번째 마음챙김 확립의 주된 요지이다.

요컨대, 어떤 상황에서도 우리는 몸의 어떤 부분에든 그냥 안착할 수 있다. 그렇게 함으로써 몸의 현존으로 돌아온다. 그것을 느끼고 몸의 현존에 대한 느낌을 아는 마음을 알아차리는 것은 일상생활에서의 처음 세 가지 마음챙김 확립의 세 가지 차원을 확고히 하는 것으로 간주될 수 있다. 전체적인 상황을 해탈에 이르는 진보와 관련시키는 네 번째 차원은, 일어나는 것은 무엇이든 그것이 변하는 과정으로 무상하다고 알아차리는 것을 통해 나온다.

시간은 어떤 면에서 변화를 개념화한 것이다. 과거·현재·미래는 변한 것, 변하고 있는 것, 변해 갈 것이라고 할 수 있다. 그러나 시간을 단위로 측정하는 것은, 그것이 아무리 유용해도 때로는 변화를 통제하려고 시도하는 것이라는 뉘앙스를 저변에 깔고 나온다. 그러나 결국 우리는 변화가 우리의 통제 밖에 있다는 사실을 발견하게 된다. 이런 면에서, 우리는 결국 우리 자신이 개념화한 시간에 의해 통제받게 된다. 시간은 결코 우리가 충분히 가질 수 없는 것이 된다. 항상 시간의 압박을 받고, 항상 스트레스를 받으며, 우리는 계속 "시간이 없다"고 한다. 단순히 변화, 우리의 모든 경험의 과정 특성을 알아차리는 것은 이런 경향에 대처하는 데 도움이 된다. 그것은 변화를 통제하려는 우리의 무의식적인 시도를 약화시키고 시간을 너무 심각하게 받아들이는 것으로부터 우리를 해방시킨다. 이것은 우리가 시간과 관련된 스트레스에 덜 취약하도록 만들어 준다.

네 가지 모든 마음챙김 확립의 중심적인 측면들을 단일하고 단순한 수행방법으로 결합하는 것은 보통의 정규 명상과 매일의 상황들 사이에서 연속성을 유지하는 것을 용이하게 해준다. 매일의 삶에서 하는 이 네 가지 영역의 마음챙김 확립 명상에 대한 기본적인 알아차림은, 상황과 우리의 개인적인 필요에 따라 이 네 가지 중 어떤 것이라도 그것을 계속해서 보다 긴밀하게 보도록 이끈다. 몸을 느끼는 것은, 만일 그것이 적절해 보이면, 다른 느낌들을 계속 탐구하도록 이끌 수 있다. 현재 순간의 알아차림의 정신적인 상태는, 이것이 의미가 있다면, 우리 자신의 마음 상태를 인식하기 위해 들어가는 쉬운 입구를 제공한다. 법에 대한 명상의 중심적인 추진

아날라요 비구의 마음챙김 확립 수행

력으로서 깨달음으로의 지향은 변화를 알아차리는 것으로 요약되는 바, 일어나는 일을 이런저런 방법으로 가르침들에 관련시키는 것으로 이끌 수 있다.

몸 전체에 대한 알아차림의 계발은 가끔의 집중과 결합될 수 있다. 전체 오케스트라가 연주하는 음악을 듣는 것을 한 가지 예로 들 수 있다. 그 연주에 솔로가 있다. 그 솔로 연주자의 음악은 다른 악기들의 침묵을 배경으로 두드러진다. 만일 다른 오케스트라 구성원들의 협력이 없다면, 이 뮤지션의 그 똑같은 연주는 달라질 것이다. 오케스트라의 다른 구성원들이 합주하고자 때를 기다리는, 그 긴장감이 거기에 더 이상 없을 것이다.

마찬가지로, 몸에 기반을 두고 있는 마음챙김의 넓고 열린 수용성의 체계 안에, 단일한 것에 집중하는 것이 있다. 유일하게 필요한 것은 이 집중이 알아차림 밖에 있는 것이 아니라 전체 상황에 대한 종합적인 알아차림 안에 기반을 두고 있어야 한다는 것이다. 솔로가 연주할 때, 오케스트라의 다른 구성원들은 무대를 떠날 필요가 없다. 사실, 그 솔로의 연주를 특별하게 만드는 것은 바로 그들의 침묵의 현존이다. 마찬가지로 우리가 하나의 특별한 존재의 측면에 집중하기로 결정하자마자 몸 전체에 대한 알아차림을 버릴 필요는 없다. 수행을 하면서, 우리가 전체적인 그림을 잃지 않고 집중하는 것이 점점 쉬워질 것이다.

아날라요 비구의 마음챙김 확립 수행

정의와 정형구

내가 '정의'라고 부르기를 좋아하는 「마음챙김의 확립 경」의 가르침의 일부에 따르면, 네 가지 마음챙김의 확립 각각을 수행하는 데는 다음의 네 가지 자질들을 필요로 한다.

- 근면
- 분명하게 아는 것
- 마음챙김
- 세상에 대한 욕망과 불만(문자 그대로는 욕심과 슬픔)으로부터의 자유

내가 여기서 제시하는 수행법의 마음챙김 자질은 특히 몸에 대한 자기 수용적 알아차림에 기반을 둔 마음챙김이다. 근면의 주요 측면은, 내가 이해하기로는 지속적 관심을 가지고 그것의 내적 차원과 외적 차원에서 현재 순간을 마주하려는 노력이다. 현재 순간의 변하는 성품에 대한 알아차림을 통하여 분명하게 아는 자질이 전면에 나타난다. 이것은 무상에 대한 통찰의 씨앗에 자양분을 공급하고, 둑카(dukkha, 苦)와 무아에 대한 통찰을 위한 기반을 만든다. 그런 통찰이 바로 우리를 세상에 대한 욕망과 불만으로부터 점점 더 자유롭게 만들어 준다.

　　모든 마음챙김의 확립과 무상의 관련은 내가 '정형구'라고 즐겨 부르는 가르침들의 또 다른 부분에 나온다. 몸에 대한 명상의 경우, 그것은 다음과 같이 진행된다(『맛지마 니까야』 10).

몸에 대해 수행자는 안으로 몸을 명상하며 머문다.
또는 몸에 대해 수행자는 밖으로 몸을 명상하며 머문다.
또는 몸에 대해 수행자는 안팎으로 몸을 명상하며 머문다.

또는 수행자는 몸에서 일어나는 성품을 명상하며 머문다.
또는 수행자는 몸에서 사라지는 성품을 관찰하며 머문다.
또는 수행자는 몸에서 일어나고 사라지는 성품을 명상하며 머문다.

또는 단지 순수한 지혜와 지속적인 마음챙김을 위해 수행자에게 '몸이 있다'는 마음챙김이 확립된다.

그래서 수행자는 세상의 어떤 것에도 의존하거나 집착하지 않고 머문다.

여기에서 다음과 같은 네 가지 마음챙김 확립 수행의 영역이 도출된다.

- 안으로, 밖으로, 안팎으로 명상한다.
- 일어나는, 사라지는, 일어나고 사라지는 성품을 명상한다.
- 단지 알아차리고 마음챙기기 위해 마음챙김을 확립한다.
- 어떤 것에도 의존하거나 집착하지 않고 머문다.

아날라요 비구의 마음챙김 확립 수행

안으로 그리고 밖으로

안의 수행과 밖의 수행에 대한 언급의 함축적 의미들은 당장에 분명하지는 않다. 다양한 함축적 의미들이 제안되어 왔다(아날라요 2003: 94-102). 여전히 분명한 것은 정형구의 이 부분이 우리의 마음챙김 확립의 계발에서 종합적이어야 할 필요가 있다는 것을 지적한다는 사실이다.

내 생각에 실제적인 관점에서 가장 일리가 있는 해석은 '밖의'라는 말이 다른 사람들로 함축된다는 것이다. 우리 자신의 몸은 해부학적인 부분들과 요소들로 구성되어 있어서, 죽은 후에는 시체의 부패 단계를 겪게 된다. 다른 사람들의 몸도 마찬가지이다. 우리는 어떤 경험들에 대해 즐거운, 괴로운, 또는 중립적인 느낌으로 반응하고('중립적인'의 보다 문자 그대로의 뜻은 '괴롭지도 즐겁지도 않은 adukkhamasukha'), 다른 사람들도 그렇게 한다. 우리는 장애들과 깨달음의 요소들을 포함하여 어떤 정신적인 상태들을 경험하고, 다른 사람들도 그렇게 한다.

비록 다른 사람들의 느낌과 정신적인 상태를 직접 지각하는 것은 텔레파시 같은 능력을 필요로 하겠지만, 적어도 기본적인 정도의 인식은 밖의 관찰을 통해 성취될 수 있다(『디가 니까야』 18; 아날라요 2003: 96f, 2013: 17f). 우리가 얼굴 표정, 몸의 자세, 목소리의 음조를 통해 다른 사람이 즐겁거나 괴롭거나 또는 중립적인 느낌들을 경험하고 있는지를 이해하는 것은 가능하다. 마찬가지로, 그런 밖의 관찰에 의거하여 다른 사람의 마음에 필시 어떤 일이 일어나고 있는지를 아는 것이 가능하다.

여기서 몸에 대한 알아차림을 지속적으로 계발하는 것은 추가적인 이익을 제공한다. 우리 자신의 몸의 자세와 활동들에 주의를 기울이게 되면 그 결과로 자연스럽게 다른 사람들의 몸의 자세와 활동들에도 보통 이상의 주의를 기울이게 된다는 것이다. 이것은 결국 우리가 다른 사람들이 몸으로 말하고자 하는 것을 보다 쉽게 알아차리게 만든다. 가끔 이것은 그들이 직접 말로 하는 것보다 느낌과 정서적인 면에서 그들에게 무슨 일이 일어나는지를 이해하는 데 더 나은 지침이 된다. 이런 방식으로, 몸에 대한 마음챙김 수행은 다른 사람들을 더 잘 이해하고 그들과 더 잘 소통하기 위한 유용한 도구가 된다.

'밖의'라는 수식어를 다른 사람들을 말하는 것으로 해석하자는 제안을 채택하는 것은 그것의 내적인 발현과 외적인 발현의 관점에서 어떤 명상 현상을 이해한다는 것을 나타낸다. 안에서 밖으로 관점을 바꾸는 것에 의해서, 우리는 우리 자신의 주관적인 관점에서 다른 사람들의 관점을 고려하여 우리의 관점을 점점 더 넓히는 것을 배운다. 대인관계에서 갈등이 일어날 때, 우리는 우리의 욕구와 우리가 일어나기를 바라는 것과 우리가 어디서 부당하게 취급당했다고 느끼는가를 알아차릴 뿐만 아니라, 그 상황이 다른 사람들에게 어떻게 일어나는지도 알아차린다. 그들의 욕구는 무엇인가? 어떤 면에서 그들은 부당하게 취급당하고 있다고 느끼는가? 그들은 무슨 일이 일어나기를 바라는가? 점점 더 우리는 다른 사람들이 우리가 행동하고 말하는 것에 의해 영향 받는 많은 방식들에 대해 이해하는 것을 배운다. 이런 방법으로, 일상생활에서 하는 정

아날라요 비구의 마음챙김 확립 수행

규 명상과 마음챙김은 이음매 없이 결합되고, 마음챙김의 체화된 현존에 기반을 두게 된다. 몸에 대한 마음챙김은 일어나는 것이 무엇이든 그것에 하나의 배경을 형성해 주고, 좌선수행과 다양한 활동들 사이에 다리를 만들어 준다.

이러한 유형의 '밖의' 명상은 일상생활에 더 많이 관련되어 있고 정규 좌선수행과는 덜 관련된다고 볼 수 있다. 세상과 떨어져 살아가는 불교 수행승조차도 탁발하기 위해 매일 밖에 나가야 하고 2주일마다 계목들을 암송하기 위해 승가 모임에 참여해야 한다(아날라요 2017a: 37f). 그러므로 그런 밖의 명상을 위한 경우들이 자연스럽게 나타난다. 현대를 사는 일반 재가자들의 경우에는 훨씬 더 그러하다.

마음챙김의 계발에서 밖의 차원은 통찰의 성숙에 중요한 공헌을 한다. 결국, 중요한 것은 어떤 통찰이든 그것이 실제의 변화를 가져오는 정도이다. 이런 변화가 일어나기 위해서는, 정규 명상 동안 얻어진 통찰들이 일상생활에 적용될 필요가 있다. 그 통찰들은, 정규 명상과 집중수행의 한거(閑居) 밖에서 일어나는 우여곡절과 도전에 직면할 때 실험되어야 한다. 그렇게 실험하는 것은 어떤 통찰이든 그것의 진정한 가치를 식별할 수 있게 해주고, 그것이 내면에 깊이 배어들게 하며, 반복된 적용을 통해 그것이 실제로 상당히 많은 지속적인 변화를 가져오도록 한다.

안팎의 마음챙김 확립 명상의 또 다른 차이는 이전 장에서 언급한 마음챙김과 마음의 폭넓음 사이의 관계를 강화하는 것이다. 안팎의 명상이 결합된 두 가지 관점에서 어떤 특정한 현상을 명상하도록 자연스럽게 이끄는 것은 정확하게 이런 방식으로 계발되는 광각 시야이다. 화의 경우를 예로 들어보자. 내가 화가 날 때 어떤 느낌인가? 다른 사람들이 화를 낼 때 그들은 어떻게 느끼는가? 내가 다른 사람들에게 화를 낼 때 그들은 어떻게 느끼는가?

이 상보적인 관점들을 고려할 때 비로소 우리는 진정으로 화가 얼마나 고통스러운지를 이해한다. 화를 내는 것에 대한 밖의 차원은 필시 정규 좌선 명상의 밖을 보여줄 것이기 때문에, 마지막 장에서 제시할 또 다른 요점이 여기서 다시 나온다. 이것은 마음챙기는 관찰의 자질들을 일상생활에 적용할 수 있게 만드는 수행방법을 개발해야 하는 시급한 필요성이다. 마음챙김의 확립 명상에는, 매일의 활동들과 상호작용들이 중요한 수행 기반이 된다.

그럼에도 불구하고, 가르침들은 먼저 '안의' 명상을 언급하고 다음에 '밖의' 명상을 언급한다. 이것은 그것 밖의 차원에서 똑같은 것을 명상하기 전에, 우리 자신들에 관련해서 현상을 명상하는 것에 익숙해지는 것이 확립되어야 한다는 인상을 준다. 다시 말해서, 마음챙김을 일상생활에 적용해야 하는 시급한 필요성이 정규 좌선을 무시하게 되는 핑계가 되어서는 안 된다. 우선, 우리는 어느 정도 안의 전문적 수행을 확립하고 났을 때 세상에 나갈 준비가 된다. 세상에 나간 후에도, 우리는 자신의 수행을 더 심화시키기 위해 명상 방석 위로 다시 반복해서 돌아온다.

마음챙김 수행이 안의 차원에서 밖의 차원으로 진전하는 것을 설명하기 위해 가져올 수 있는 비유 중 하나가 두 곡예사의 협력 이야기이다(『상윳따 니까야』 47.19; 아날라요 2003: 276, 2013: 244ff, 2017a:

13ff). 그 두 곡예사는 먼저 그들 자신의 균형을 잡기 위해 주의를 집중해야 한다. 그런 안의 균형에 기반을 두고 나서, 그들은 상대와 조화를 이룰 수 있고 공연도 잘 할 수 있다. 마찬가지로, 안의 마음챙김의 확립 수행은 다른 사람들을 다룰 때 마음챙김의 확립을 유지할 수 있기 위해 반드시 필요한 기반을 만든다. 이런 식으로, 밖의 세상을 마주하는 것은 정확하게 마음챙김 수행에 놓인 기반을 통해서 자연스럽게 인내심과 친절함의 정도를 증가시키는 것으로 이끈다.

비록 안에서 밖으로 진전하는 것이 유의미한 진전을 제공하지만, 이것은 밖에서 안으로 진전하는 것이 원칙적으로 불가능하다는 것을 의미하는 것은 아니다. 내가 개인적으로 알고 있는 한 경우가 이것을 설명해 준다. 한 여인이 심각한 장애가 있는 아이를 낳았다. 그 아이는 다른 문제들 중에서도 특히 눈이 멀고 귀도 멀었다. 수년 동안 아이를 돌보면서, 그녀는 자신의 아이가 몸의 수준에서, 느낌의 수준에서, 마음의 수준에서 표현하고자 하는 것이 무엇이든 그것에 매우 긴밀한 주의를 기울이는 것을 배웠다. 그 후 그녀가 마음챙김의 확립 명상 코스에 수행하러 왔을 때, 그녀는 즉시 자신이 익숙한 곳에 있다고 느꼈다. 어떤 면에서, 그녀의 아이는 그녀에게 처음 세 가지 마음챙김의 확립에 대해서 가르친 것이었다. 마음챙김 수행의 밖의 차원을 이미 익숙하게 개발했기 때문에, 그녀가 네 번째 마음챙김의 확립 수행으로 그 관점을 넓히는 것이 쉬웠을 뿐 아니라 안의 차원을 탐구하는 것도 쉬웠다.

정형구의 첫 부분은 몸에 대한 언급을 이중으로 표현한다. 즉 몸에 대해 우리는 몸을 명상하면서 머문다. 나머지 세 가지 마음챙김의 확립에 대해서도 똑같이 표현된다. 비슷한 이중적인 표현은 내가 다음 장들에서 다시 언급하게 될 개개의 명상들에 관해서도 발견된다. 나는 이 이중적인 표현이 몸의 현상들의 전체 영역에서 특정한 경우가 선택되어 보다 긴밀하게 관찰되는 것을 함축한다고 이해한다. 이런 면에서, 개개의 수행뿐 아니라 정형구도 특정한 측면들에 대한 관심을 공유하고 있다. 앞에서의 예로 돌아가 살펴볼 때, 화는 하나의 특정한 정신적인 상태이다. 이 상태를 이해하는 것은 화의 현존과 부재에 대한 분명한 인식과 그것이 안팎으로 발현되는 것에 대한 분명한 인식을 필요로 한다.

개인의 마음챙김 확립 명상과 일상생활에서의 몸에 대한 마음챙김 사이의 관계는 연꽃의 예로 설명될 수 있다. 햇빛이 비치면, 꽃잎들이 열리고 활짝 핀 꽃의 아름다움과 향기가 발현된다. 이것은 마음챙김 확립의 안의 차원을 탐구하기 위해 개인의 명상을 다룰 때 정규 명상 수행의 경험과 깊이를 나타낸다. 다른 때에는, 꽃잎들이 닫히고 우리는 여전히 꽃잎의 외부 모습은 보지만 더 이상 향기는 맡지 못한다. 이것은 일상생활에서의 마음챙김을 상징한다. 그것은 우리에게 마음챙김 확립의 밖의 차원을 탐구할 수 있는 기회를 제공한다. 꽃잎이 열려 있든 닫혀 있든, 그것은 여전히 같은 꽃이다. 마찬가지로, 안의 명상과 밖의 명상은 서로를 보완한다. 그와 동시에 안에서 어떤 것을 직접 경험하는 것과 밖에서 그것을 관찰하는 것 사이에는 차이가 있다. 마찬가지로 꽃잎이 닫힐 때 전체 연꽃의 아름다움은 이제 보다 내적인 것이 된다. 꽃잎이 열릴 때 비로소 우리는 안에서의 직접적인 경험의 독특한 향기를 나타내는 연꽃의 향기를 온전히 경험하게 된다.

수행이 진보하면서, 안과 밖의 구별이 용해되어 없어지고 우리는 '안팎으로' 명상을 하게 된다. 이것은 '안'과 '밖' 수행방법의 구별이 날카로운 이분법, 즉 서로 관련 없는 두 개의 꽉 막힌 칸을 만들어내기 위해 의도된 것이 아니라는 사실을 분명히 하는 데 도움이 된다. 대신에, 밖의 경계에 접한 안의 경계 그리고 안의 경계에 접한 밖의 경계, 이 두 가지 용어는 단지 어쨌든 연속된 경험의 부분들을 말한다. 실제적인 용어로, 나의 이전 예를 들면, '안팎으로' 수행에 착수하여 우리는 이 나타남이 안이든 밖이든 상관없이 '화'가 나타난다는 것을 단지 알아차리기만 한다.

밖의 마음챙김의 확립 방법은 일상생활에서의 수행보다 두드러지고 안의 방법은 정규 명상에서 두드러진다는 점을 고려하면, '안팎으로' 하는 명상으로 이 두 가지를 결합하는 것은 원칙적으로 이 두 가지 환경 사이에 갈등이 있을 필요가 없다는 것을 예증한다. 대신에, 일단 마음챙김이 잘 확립되면, 정규 명상은 매일의 활동에 가득 스며들어서 그것들을 변화시킨다. 이제 매일의 활동은 정규 좌선에서 드러나는 통찰을 위한 시금석과 수행기반을 제공한다. 이 두 가지 차원은 연속된 수행의 일부이다. 그 두 가지를 이렇게 보는 것은 그것들을 하나의 조화로운 전체로 통합할 수 있는 체화된 마음챙김의 단일한 줄기를 알아차리는 데 도움이 된다.

지속된 수행을 통해 밖의 영역에서 우리에게 오는 것이 더 이상 방해되는 것으로 경험되지 않고, 우리의 알아차림을 위한 자양분으로 조화롭게 통합될 수 있다. 정규 명상의 밖에서도 마음챙김은 매우 잘 확립되어 있어서 우리는 안에서 무엇이 일어나는지, 우리가 정신적인 수준에서 어떻게 반응하는지를 명확하게 알아차린다. 마음챙김의 확립이 안팎으로 계발되어, 모든 것이 연속적인 수행의 일부가 됨으로써 우리는 마치 물속을 헤엄치는 물고기처럼 삶의 우여곡절 속에서도 점점 더 편안함을 유지하게 된다.

일어나고 사라지는 성품

정형구의 두 번째 영역은 몸(또는 느낌들, 마음, 법들)에 대한 언급을 이중으로 하지 않는다. 나는 이것이 수행이 특정한 측면들로부터 그것들이 공통으로 가지고 있는 것으로 이동한다는 것을 함축하고 있다고 이해한다. 그것들 모두는 일어나고 사라지는 성품을 가진다. 여기서 해야 할 일은 존재의 모든 측면의 과정적 특성을 인식하는 것이다. 예를 들어, 화가 일어날 때 알아차리는 것은 화가 사라지는 때를 계속해서 알아차리도록 이끈다. 화와 같은 개개의 정신적인 상태를 알아차리는 것을 통해서, 우리는 정신적인 상태들의 일어남의 성품은 그것들의 사라지는 성품에서 보완성을 가진다는 사실을 제대로 인지하게 된다. (몸, 느낌들, 법들도 마찬가지이다.) 이 모든 것들은 일어나고 사라지는 성품을 가진다.

정형구의 이 부분은, 그것이 모든 경험적인 측면의 무상한 성품에 대한 직접적인 경험을 가리키기 때문에 상당히 중요하다. 「마음챙김의 확립 상윳따」의 법문이 마음챙김의 확립과 마음챙김 확

아날라요 비구의 마음챙김 확립 수행

립의 계발(bhāvanā)을 구별하는 것은 아마도 이것 때문일 것이다
(『상윳따 니까야』 47.40; 아날라요 2003: 104). 몸·느낌·마음·법에 대한 네
가지 명상은 사띠빳타나(satipaṭṭhāna), 즉 '마음챙김을 확립하는' 방
법이다. 이 네 가지 마음챙김을 확립하는 방법의 '계발'은 이 네 가
지 각각에 대해 일어남과 사라짐이라는 둘 다의 성품을 명상함으
로써 나타난다. 다시 말해서, 몸·느낌·마음·법에 대한 마음챙김을
확립하는 방법에 의해 놓인 그 기반은 마음챙김 수행의 해탈을 향
한 잠재력을 실현시키기 위해 무상에 대한 통찰을 계발하도록 지
속적으로 인도되어야 한다.

　　여기서 그 가르침이 일어나는 성품, 사라지는 성품, 일어나고
사라지는 성품을 명상하는 것에 대해 말하고 있다는 사실은 실제
적으로 더 중요하다. 나는 비록 우리가 일어나는 순간이나 사라지
는 순간을 놓친다 해도, 그 가르침이 성취될 수 있다는 것을 이것
이 함축하고 있다고 생각한다. 그 순간들이 매우 빠르기 때문에, 이
것이 실제로 일어날 때를 알아차리는 것은 쉽지 않다. 대신에, 실제
적인 관점에서 특정한 현상이 일어나서 지금 존재한다거나 그동안
그것이 사라지고 지금은 더 이상 존재하지 않는다는 반조적인 인
식을 다루고 있는 것으로도 이 가르침을 이해할 수 있다. 비록 정확
하게 일어나는 순간이나 사라지는 순간에 그것을 포착하지는 못했
지만, 이 현상이 실제로 일어나고 사라지는 성품을 가지고 있다는
사실을 깨닫는 정도로도 충분할 것이다.

　　수행의 안의 차원과 밖의 차원과 마찬가지로, 여기에서도, '일
어남'과 '사라짐'이라는 용어들은 근본적인 이분법을 나타내는 것

이 아니라 오히려 변하는 경험의 연속적인 차원을 말하는 것이다. 수행은 보다 쉽게 알아차려지는 사물들의 일어남으로부터 그것들의 사라짐으로 진전하여, 일어나는 사물들의 상세함에 대해 친밀한 자기만족에 안주하지 않도록 하고, 무상(無常)이라는 상당히 덜 친밀한 면, 즉 사물들은 사라지고 조만간 끝이 난다는 사실을 받아들이도록 한다.

이 두 가지 차원은 모든 경험의 '일어나고 사라지는' 측면들로서 연속적인 변화를 알아차리는 곳에서 만난다. 수행하지 않는 마음의 일반적인 관점은 일어나는 것, 새롭고 신선한 것에는 집중하는 반면 오래되고 사라지고 그치는 것은 피하게 된다. '일어남'에서 '사라짐'으로 바꾸는 것은 이 균형을 잃은 관점에 대응하는 데 도움이 된다. 일단 균형이 확립되면, 연속된 부분들로 그 두 측면을 보는 것이 마지막 목표가 된다. 요컨대, 어떤 예외도 없이, 몸·느낌·마음·법은 변해 가는 현상들이어서 일어나고 사라진다. 이런 식으로, 경험의 전면에 스며들어 있는 과정적 특성에 대한 진정한 통찰이 견고하게 확립된다.

변화에 대한 그런 알아차림은 공성(空性)에 대한 고유한 암시와 함께 온다. 현상들의 일어남과 사라짐을 보면서, 더 이상 이런저런 것을 '있는'(또는 '있지 않은') 어떤 것으로 집착하지 않는다는 의미에서, 우리는 점점 더 내려놓는 법을 배우게 된다. 어떤 것이라도 그것을 그 자체로 존재하는 자기 충족적이고 독립적인 실체로 나타내는 것은 불가능하다. 모든 것은 그저 일어나고 사라지는 것이다. 변화하는 현상에 집착하는 것은 얼마나 무의미한 일인가! 싸우

아날라요 비구의 마음챙김 확립 수행

고 다투는 것은 얼마나 무의미한 일인가! 통제력을 행사해서 바로 우리가 원하는 대로 모든 것을 얻으려고 하는 것은 얼마나 무의미한 것인가! 어쨌든, 우리가 성공한다 해도 그것 모두는 곧 다시 변해버릴 것이다.

어떤 면에서, 정형구의 첫 번째와 두 번째는 우리의 마음챙김 확립의 경험세계에 기반을 놓는 것으로 생각할 수 있다. 안의 명상과 밖의 명상은 명상되는 현상들의 공간적인 차원, 즉 일어나고 사라지는 그것들의 끊임없는 변화의 일시적인 차원을 다룬다.

단지 마음챙김하기

정형구에서 언급된 세 번째 영역은 지혜와 마음챙김을 위해서만 마음챙김하는 것에 관심을 가진다. 실제 수행에서 나는 개개의 수행을 하는 것에서 덜 구조화된 형태의 명상으로 바꾸어서 이것을 실행하라고 제안한다. 우리는 단지 무엇이 일어나든 선택하거나 거부하지 않고 열린 알아차림으로 쉴 뿐이다. 앞 장에서 언급했듯이, 우리는 그저 '몸이 있다', '느낌이 있다', '마음이 있다', '법이 있다'고 그 각각을 알아차릴 뿐이다. 이것은 어떤 면에서 소들이 거기에 있는 것을 단지 알아차리는 소치는 사람과 유사하다. 그런 수행은 무상에 대한 중요한 통찰에 기반을 둘 뿐 아니라 이전에 확립된 안팎의 종합적인 시야에 기반을 두고 있다는 점에서 소치는 사람의 알아차림과는 다르다. 이것은 정형구의 현재 어구 바로 전에 언급되어 있다. 그것은 또한 개개의 수행들로 개발되는 통찰의 다른 차원들에 기반을 둔다.

이런 면에서, 「마음챙김의 확립 경」에는 '순수한 알아차림'을 위한 자리가 있는 것처럼 보인다(아날라요 2017a: 25f, 2018a). 그러나 이 자리는 종합적인 명상적 조망과 무상에 대한 경험적 통찰이 계발되어 확립된 후에 나온다. 요약해서 말하면, 마음챙김의 확립 명상은 몸·느낌 등 안의 영역에서의 분명한 이해를 계발하고 나서, 또한 밖의 영역을 다루어 이것을 보충한다. 이 둘은 함께 나 자신과 다른 사람들 사이의 이원적 대조를 벗어나는 이해의 차원으로 나아가고, 이것이 안으로 발현되든 밖으로 발현되든 그것에 의존하지 않고 단지 우리 모두가 공유하는 공통적인 성품을 보는 쪽으로의 변화를 수반한다. 그렇게 사물을 그것들의 일반적인 성품의 관점에서 보는 것은 특히 그것들의 일어나는 성품과 더불어 그것들의 사라지는 성품을 알아차리도록 이끈다. 여기서도 안 또는 밖에서 안팎으로의 변화와 긴밀히 연관되어, 일어남과 사라짐의 방향으로의 변화, 무상을 연속적으로 보는 방향으로 변화가 일어난다.

단지 마음챙김하기 수행이 그것에 적절한 자리를 잡는 것은 명상 경험의 시공간적인 차원에 관해 잘 확립된 통찰과 함께하는 것이다. 그것은 이해와 통찰의 토대에 기반을 두고 있기 때문에 그것의 변화시키는 잠재력을 펼칠 수 있다. 이 토대는 그런 순수한 알아차림이 보다 깊은 이해 없이 단지 주시만 하는 소치는 사람의 마음챙김의 함정에 빠지지 않도록 한다.

이 세 번째 수행 영역을 제대로 알기 위해서, 나는 일곱 가지 개개의 명상에서 시작해야 하는 명상 활동들에 대한 설명에서 반

아날라요 비구의 마음챙김 확립 수행

드시 마음챙김을 언급하는 것이 도움이 된다는 것을 알게 되었다. 수행자는 '알아차린다(pajānāti)'는 가르침이 있다. 해부학적인 부분들과 요소들로 수행자는 '검증한다(paccavekkhati)', 그리고 시체 명상으로 수행자는 '비교한다(upasaṃharati)'. 마음챙김은 깨달음의 요소들 중 첫 번째로 언급되어 있지만, 이 경우에도 실제로 해야 하는 것은 수행자가 '알아차린다'는 사실이다.

나는 현재의 맥락에서 사띠가 우리가 행하는 어떤 것이라기보다는 오히려 우리가 존재하는 어떤 것이라는 것을 이것이 함축하고 있다고 이해한다. 이전 장에서 간단하게 언급했듯이, 「마음챙김의 확립 경」에 나와 있는 다양한 명상들은 마음챙김을 확립하는 데 도움이 된다. 우리가 하는 것은 알아차리는 것, 검증하는 것, 비교하는 것이다. 이 모든 활동들은 마음챙김하는 것에 기여하고, 그것에 모이며, 그것에 기반을 갖는다. 여기서 마음챙김 자체는 활동을 의미하기보다는 오히려 자질을 의미한다. 이 하나의 자질은 각 수행 뒤에 남아서 동시에 그것들의 완성을 이룬다.

그것이 정의에서 마음챙김의 확립 명상을 위한 중요한 자질들 가운데 하나로 나타나는 것은 차치하고, 마음챙김이 명확하게 언급된 것은 정형구의 현재 부분이다. 정형구의 이 세 번째 부분으로 우리는 끊임없이 마음챙김하기 위해 수행한다. 정형구의 이전 두 영역과 비교해볼 때, 현재 영역은 단지 명상 경험의 자연스런 펼쳐짐에 대해 계속 알아차리는 것을 언급하고 있다.

원래 빠알리어에서는, 정형구의 처음 세 가지 영역이 이접(離接) 소사(小辭)인 '와(vā)', 즉 '또는'을 사용하여 서로 연결되어 있다. 나는 이 세 가지 영역이 세 가지 대체 가능한 수행법이라는 것을 이 표현이 함축하고 있다고 생각한다. 동시에, 그 제시 순서는 이 세 가지 대체 가능한 것이 자연스럽게 진전하면서 서로에게 기반이 된다는 것을 보여주는 것처럼 보인다. 이 자연스러운 진전은 포괄성을 확립하는 것으로부터 변화를 인정하는 것을 거쳐 단지 마음챙김하는 것으로 발전되어 간다.

의존하지 않고 머무는 것

정형구의 마지막 부분은 더 이상 이접 소사 '또는'과 함께 나오지 않고, 오히려 연접(連接) 소사 '짜(ca)', 즉 '그리고'와 함께 나온다. 이 것은 마음챙김 확립 명상의 어떤 유형과도 관련되는 네 가지 영역 가운데 하나이다: 세상의 어떤 것에도 집착하지 않는 것. 이것이 전체 수행의 요지이다. 여기서 '세상'은 경험의 세상이다. 이 세상에 관한 중요한 질문은 "있느냐 없느냐"가 아니라 "집착하느냐 집착하지 않느냐"이다.

여기서 설명하는 의존하지 않음의 한 순간이라도 경험하는 것은 해탈을 맛보기하는 것이다. 이것이 우리가 수행해서 얻으려고 하는 목표이다. 이것이 진보를 측정하는 자막대기이다. 정말 중요한 것은, 그것들이 제아무리 심오하다 할지라도 특별한 경험들이 아니라는 사실이다. 참으로 중요한 것은 우리가 얼마만큼 어떤 것에도 집착하지 않고 살아갈 수 있는가 하는 것이다.

몸에 대한 마음챙김을 중심축으로 하고 일곱 가지 명상을 수

아날라요 비구의 마음챙김 확립 수행

행의 바큇살로 하여, 집착 없이 어떤 것에도 의존하지 않고 살아가는 것이 바깥 테이다. 그 테가 땅에 닿는 곳이면 어디든지, 현재 순간에 무엇이 일어나고 있는지를 나타내는, 그것이 정확히 우리가 집착 없이 머물 필요가 있는 지점이다. 그런 집착 없음은 수레의 동력의 원천으로서 바퀴의 중심축을 가지고 있고, 그것의 지지물로 일곱 개의 바큇살을 가지고 있다. 바퀴가 해탈의 길을 향해 앞으로 계속 나아갈 때, 그 바퀴의 테가 외부 실재에 닿는 곳이 어디든지, 결코 집착하지 않는 것이 계속해서 우리가 해야 할 일이다.

정형구의 네 가지 영역과 정의에서 언급된 네 가지 자질은 결합될 수 있다. 안팎으로 명상하는 것은 근면한 노력을 필요로 한다. 일어나고 사라지는 것을 인식하는 것은 분명하게 아는 것을 필요로 한다. 마음챙김하기는 우리가 다만 알고 마음챙기기 위해 마음챙김 수행을 할 때 그것의 가장 웅변적인 표현을 발견한다. 세상에 대한 욕심과 불만으로부터 자유롭게 되는 것은 어떤 것에도 집착하거나 의존하지 않고 살아가는 것과 일치한다.

정의와 정형구를 결합하여 나오는 마음챙김 확립 명상의 중요한 면들은 다음과 같이 요약할 수 있다.

- 안팎으로 근면하게 명상한다.
- 일어나고 사라지는 것을 분명하게 안다.
- 지혜와 마음챙김을 위해서만 마음챙김한다.
- 어떤 것에도 집착 없이 의존하지 않고 살아가기 위해 욕망과 불만에서 자유로워진다.

실제 수행을 위해 더 압축해서 요약하면 단지 "변화를 고요하게 계속 알아차린다."가 될 수 있다. 여기서 '계속한다'는 안의 수행 차원과 밖의 수행 차원을 탐구할 때의 근면함을 나타낸다. 욕망과 불만으로부터 자유로울 필요성과 집착 없이 의존하지 않고 살 수 있는 능력은 '고요하게'라는 수식어로 요약된다. 단지 마음챙김을 가지고 계속해서 살아가기 위한 마음챙김은 분명하게 '아는' 것을 위한 기반을 제공한다. 그것은 모든 마음챙김의 확립 수행들에 관련된 일반적인 자질로서 무엇을 경험하든지 그것이 '변화'의 발현이라고 인식하는 것을 주된 과업으로 갖는다. 이런 방식으로, "변화를 고요하게 계속 알아차린다."는 것은 마음챙김의 확립 수행을 위한 간단한 지도 원리의 역할을 할 수 있고, 그 수행의 목표는 "어떤 것에도 결코 집착하지 않는다."가 될 것이다.

요약

초기 법문들의 비교연구에 기반을 두고 볼 때, 일곱 가지 명상은 마음챙김 확립 명상의 핵심으로 나타난다. 「들숨날숨에 대한 마음챙김 경」에서의 명상 진보와 비교해서, 이것들은 연속적인 수행법으로 결합될 수 있다. 네 가지 마음챙김의 확립은 또한 일상생활의 상황에 적용될 수 있다. 마음챙김이 잘 확립되어 있는 정신적인 상태에 기반하여, 그것을 느끼는 것을 통해 몸에 대해 알아차리게 되는 것은 처음 세 가지 마음챙김의 확립을 활성화시키는 데 기여할 수 있다. 네 번째는 무엇을 경험하든지 그것이 해탈을 위한 통찰을 계

아날라요 비구의 마음챙김 확립 수행

발할 수 있는 기회가 될 때 분명하게 이해된다. 그것은 무엇이 일어나든 그것의 무상한 성품을 알아차리는 형태를 갖는다.

「마음챙김의 확립 경」에 나오는 '정의'와 '정형구'에서 설명하는 마음챙김 확립 수행의 중요한 측면들은 가까이에 있는 상황의 안의 차원과 밖의 차원을 부지런하게 탐구하는 것을 그것의 무상한 성품을 분명하게 아는 것과 결합시킬 필요성을 가리키는 것으로 요약할 수 있다. 이런 방식으로 마음챙김은 우리가 욕망과 불만족으로부터 자유롭게 되고, 그렇게 하여 어떤 것에도 집착하거나 의존하지 않고 살아가는 그 자체를 위해 수행될 수 있다.

제3장

해부학적인 구조

이 책에서 설명하는 마음챙김 확립 수행의 바퀴에 있는 일곱 개의 바큇살 가운데 첫 번째는 몸의 해부학적 구조를 취한다. 「마음챙김의 확립 경」의 가르침은 다음과 같다.

> 수행자는 발바닥으로부터 위로, 그리고 머리털로부터 아래로 이 똑같은 몸을 고찰하여, 이 몸은 피부로 둘러싸여 있고 많은 종류의 부정한 것으로 가득 차 있음을 [고찰한다]: "이 몸에는 머리털, 몸털, 손발톱, 이빨, 피부, 살, 힘줄, 뼈, 골수, 신장, 심장, 간, 근막, 지라, 폐, 큰창자, 작은창자, 위의 내용물, 똥, 쓸개즙, 가래, 고름, 피, 땀, 지방, 눈물, 기름, 침, 콧물, 관절활액, 오줌이 있다."

현재의 명상과 다음 두 장에서 다룰 몸에 대한 두 가지 다른 명상은 몸에 관한 수행법을 집착 없이 계발할 수 있는 보조 수행으로 의도되어 있다. 다른 곳에서 나는 보다 상세하게 초기불교 명상이론이 어떻게 몸에 대한 일련의 관점들을 보여주는지를 논의했다(아날라요 2017a: 43ff). 현재의 수행을 뒷받침하는, 성적으로 매혹적인 것으로 몸을 바라보는 것에 대한 인식의 해체는 유일한 관점이 아니다. 그것은 몸과 관련된 중립적인 수행방법과 몰입 동안 지복과 행복이 스며 있는 몸의 경험에서 그것의 보완물을 찾는다.

몸의 성품

현재 수행의 고찰적 요소를 가장 잘 아는 것은 이 보완적 관점의 배경에서이다. 앞의 인용문에서, 이 고찰은, '더러운'으로도 바꾸어 해석할 수 있는, '부정한(asuci)' 것으로서의 몸에 주의를 기울이는 수행법을 취한다.

이 유형의 특성을 제대로 알기 위해서는, 생활 필수품과 관련하여 수행승들이 수행하는 일반적인 명상으로 돌아가는 것이 도움이 될 수 있다(아날라요 2017a: 47). 이 명상은 일상에서 사용하는 필수품들이 수시로 우리의 몸에 닿음으로써 더러워진다는 사실에 주의를 기울이는 것이다. 명상을 시작하면, 이것이 실제 사실로 드러난다. 옷과 침대는 사용할수록 더러워진다. 그리고 그 더러움의 주된 원천은 우리의 몸이다. 비록 이것이 현대사회에서 우리가 주의를 기울이는 것에 익숙하지 않은 신체의 한 측면일지라도, 그것을 거의 부정할 수는 없다. 실제로 이 수행의 요지는 우리가 인간의 몸에 관련시키는 것이 익숙해진 관습적 인식들에 대해 정확하게 질문하는 것이다.

같은 유형의 수행에 대한 또 다른 특성은 몸에 대해 '아름답지 않은(asubha)' 것으로 말하는 것이다. 현재의 맥락에서 볼 때, 이 특성의 골자는 성적으로 매력적이고 매혹적인 아름다움에 대한 관념이다. 그것은 만지고 키스하고 섹스하고 싶은 바람을 일으키는 유형의 아름다움이다. 그러므로 이 수행의 목표는 일반적인 심미적 아름다움에 대해 질문하는 것이 아니다. 사실, 『상윳따 니까야』의 한 법문에서 붓다는 그가 어느 순간에 우연히 보았던 한 수행승의 육체적 아름다움을 칭송한다(『상윳따 니까야』 21.5; 아날라요 2017a: 52). 이 구절은 그러한 아름다움에는 문제가 없다는 사실을 분명하게 보여준다. 더 정확히 말하면 문제는 감각적 욕망에 있다.

오직 소수의 사람들만이 육체적 아름다움에 대한 엄격한 현대적 기준에 부응할 수 있다. 그밖의 많은 사람들이 기준에 비해 뚱뚱하거나 야위거나, 여기는 너무 짧고 저기는 너무 길고 이런저런 피부색을 갖고 있다고 해서 그들이 차별받는 것은 분명히 부당한 일이다. 모든 인간은 그들 몸의 형태에 상관없이 받아들여지고 존경받을 만한 동등한 권리를 가진다. 인종차별은 특히 해롭다. 피부는 결국 그 색이 어떠하든 피부일 뿐이다. 그것은 그 사람 자신에 대한 어떤 암시도 주지 못한다. 그것은 그 사람이 지적인지 아닌지, 정직한지 아닌지와 아무런 관련이 없다.

감각적 욕망

인종차별만이 유일한 이슈가 아니다. 성적인 욕망은 정말 손을 쓸 수 없고 강간, 아동 음란물 등과 같은 끔찍한 것들로 이어진다. 이 예들은 성적인 욕망이 단순하게 사랑과 동등한 것이 될 수 없다는 사실을 분명하게 한다. 예를 들어, 강간은 매우 분명하게 어떤 사랑의 형태도 아니다. 반대로, 그것은 믿기 힘든 피해를 난폭하게 입히는 위험한 정신병의 한 형태이다. 강간범이 피해자를 죽이기까지 하는 경우가 있다. 이것은 사랑과는 정반대이다.

감각적 욕망의 그런 극단적인 발현들은 차치하고라도, 부적절한 상황에서 성적인 욕망이 일어날 때 그것을 줄어들게 하거나 제거하는 것은 매우 의미 있어 보인다. 예를 들어, 어떤 사람은 자신

아날라요 비구의 마음챙김 확립 수행

의 가장 절친한 친구의 파트너에게 감각적 욕망이 일어나는 것을 경험할 수 있다. 그런 경우, 그렇게 하는 것을 아직 제어할 수 있을 때, 초기에 욕망의 불을 끌 수 있는 능력이 도움이 된다. 그 작은 불꽃이 통제되지 않으면 자신과 다른 사람들을 활활 태워버릴 불기둥이 될 수 있다. 여기에서 우리 자신에게 몸이란 것이 단지 해부학적인 부분들의 결합이라는 사실을 상기시키는 것만으로도 현실을 점검하고 실재하는 것과 마음이 만들어 내는 것을 구별하는 데 도움이 된다.

감각적 욕망의 단점은 「뽀딸리야 경(Potaliya-sutta)」에서 몇 가지 비유를 들어 설명한다(『맛지마 니까야』 54; 아날라요 2013: 74ff). 한 가지는 관능성에 탐닉하는 것을 바람이 부는 반대방향으로 횃불을 들고 가는 것에 비유하는 것이다. 그것을 들고 가는 사람은 화상을 입게 될 것이다. 감각적 욕망에 탐닉하는 것은 그런 식으로 횃불을 서투르게 들고 가는 것과 같아서 우리 자신이 화상을 입게 된다. 문제는 즐거움을 찾지 않는 것이 아니다. 실제로 그 비유는 횃불을 사용하는 데는 어떤 잘못된 것이 없다는 것을 암시한다. 문제는 횃불을 잘못된 방향으로 들고 있는 것이다. 즐거움의 추구에 그것을 적용하면, 문제는 마찬가지로 잘못된 방향, 즉 감각적 욕망의 탐닉에 의한 것이다.

불에 대한 비유적인 묘사가 또한 「마간디야 경(Māgandiya-sutta)」에 나온다(『맛지마 니까야 75; 아날라요 2013:73). 이 법문에서는 불에다가 자신의 상처를 지지는 한 문둥병 환자를 묘사한다. 비록 그렇게 불로 몸을 지지는 것이 일시적으로는 고통을 완화시켜 주겠지만, 그것은 그의 상태를 악화시킬 뿐이다. 감각적 욕망도 마찬가지이다. 우리가 더 많이 그것에 탐닉할수록, 그것은 더 강한 욕망이 될 것이다. 그에 반해, 문둥병이 치유되면 그는 더 이상 불 가까이에 가는 것을 원하지 않을 것이다. 만일 그를 강제로 불 쪽으로 끌고 가려 한다면 그는 오히려 온 힘을 다해 저항하기까지 할 것이다. 이것은 영원히 감각적 욕망의 불을 뒤로하고 떠난 사람을 설명하는 것이다. 감각적 욕망들이 완전히 이전의 모든 매력을 잃었기 때문에, 그 사람은 감각적 욕망의 탐닉 가까이에는 가기를 원하지 않을 것이다.

「뽀딸리야 경」에 나오는 또 다른 비유는 뼈를 씹고 있지만 배고픔을 만족시킬 수 없는 굶주린 개에 대해 묘사한다. 그와 마찬가지로 감각적 욕망의 탐닉도 지속적인 만족을 줄 수 없다. 마치 뼈의 맛이 그 개에게 어떤 기대를 주는 듯 보이는 것처럼, 관능성의 추구도 우리에게 어떤 기대를 주는 것처럼 보인다. 그러나 그 둘 다 기대에 부응하는 데 실패하고 만다.

같은 법문에서 또 다른 비유는 고깃덩어리 하나를 물고서 그 고깃덩어리를 뺏어먹으려고 하는 더 강한 새들에게 추격당하는 한 마리의 새에 대해 묘사한다. 만일 그 새가 그 고깃덩어리를 놓지 않으면, 결국 다른 새들에 의해서 다치게 되고 심지어 죽게 되는 위험에 처할 것이다. 이 비유는 감각적 만족을 추구하는 자들 사이에서의 경쟁을 서술한다. 우리는 두 남자가 한 여인에게 빠져 서로를 죽이는 데까지 이를 수 있는 상황을 생각할 수도 있다.

관능적인 매력은 우리 자신의 정체성과 긴밀하게 관련되어 있다. 이것은 『앙굿따라 니까야』에 나오는 한 법문에서 두드러진다 (『앙굿따라 니까야』 7.48; 아날라요 2013: 71). 그 법문은 남성이 어떻게 그의 남성성의 감각과 동일시하여 그것에서 기쁨을 찾는 경향이 있는지, 그리고 여자가 그녀의 여성성의 감각과 동일시하여 그것에서 기쁨을 찾는 경향이 있는지를 설명한다. 그 남자는 안의 남성성과 동일시하여 밖의 여성성을 찾고, 마찬가지로 그 여자도 안의 여성성과 동일시하여 밖의 남성성을 찾는다. 이런 식으로, 성적인 결합을 동경하는 것은 그들의 정체성 감각의 좁은 한계를 초월하지 못하게 한다. 비록 분명하게 언급되지는 않았지만, 이 법문의 설명은 동성의 관능적 욕망의 경우에도 적용될 수 있다. 감각적 욕망을 부채질하는 제한되고 제한시키는 정체성의 감각을 내려놓는 것이 자유에 이르는 길을 열어 준다는 사실에도 이 기본적인 원리가 계속 적용된다.

　　현재의 수행은 그런 자유에 이르는 훈련을 제공한다. 그것은 사회 속에서 충분히 학습되어 인간의 몸을 성적으로 매력적인 잣대로 보게 되는 일차적 관념으로부터의 인식의 전환을 포함한다. 몸을 아름답게 하고 꾸미는 데 투자하는 모든 시간과 자원을 생각해 보자. 이것은 더 나은 목적을 위해 사용될 수 있는 시간과 자원의 낭비이다. 여기서 필요한 것은 먼저 성적으로 유혹적인 몸이라는 강박관념에서 빠져나오는 것이다. 단지 몸을 깨끗하게 하고 일하는 데 적합한 상태가 되도록 유지하는 것은 훨씬 더 단순하고 적절하다.

　　엄밀하게 말해서, 감각적 욕망은 다섯 가지 장애의 표제 하에 들어간다. 그럼에도 불구하고 여기서 그와 같은 욕망이 반드시 장애가 되는 것은 아님을 지적하는 것은 가치가 있다. 우리 자신을 개발하려는 열망과 도닦음에서 진보하려는 열망은 분명히 칭찬할 만하다. 이것에 대해서는 의심할 여지가 없다. 감각적 유형의 욕망이 문제가 되는 이유는 진정한 행복이 단지 감각들을 만족시키는 것에 의해 발견될 수 있다는 잘못된 믿음 때문이다. 수행이 진보하면서, 유익한 기쁨과 행복을 일으키는 방식으로 마음을 계발하는 것이 보다 가치가 있다는 사실이 점점 더 분명해진다. 깊은 삼매 또는 통찰에서 경험되는 기쁨과 행복은 감각적 욕망에서 초연한 마음의 상태에 뿌리를 내리고 있다. 현재 수행의 주된 기능은 그런 떨쳐버림을 가능하게 하는 것이다. 그것은 우리가 감각적 욕망의 탐닉으로 성취할 수 있는 것보다 더 크고 더 정제된 행복의 경험을 가능하게 하는 약, 즉 치료법이다. 어떤 면에서 그것은 밖의 성적인 결합을 통한 친밀함을 추구하는 것 대신에, 안의 친밀함을 개발하는 방향으로의 전환을 제공한다.

비유

이전 장에서 이미 언급했듯이 실제로 해부학적인 부분들을, 부정하거나 더러운, 또는 아름다움이 없는 것으로 명상하는 것은 그 자체로서 하나의 마음챙김의 형태는 아니다. 그것은 '고찰'이다. 이 차이를 염두에 둘 필요가 있다. 이 고찰적 요소와 함께하는 평가적 요소는 그 자체로 마음챙김의 형태가 아니라 균형 잡힌 마음챙김의 태도를 확립하도록 의도된 수행이다.

균형 그리고 욕망과 싫어하는 마음으로부터의 자유에 대한 주제는 「마음챙김의 확립 경」에 나오는 현재의 수행과 함께하는 비유에서 표면화된다.

> 그것은 마치 눈 밝은 사람이 밭벼, 앵미[赤米], 콩, 완두, 수수, 백미와 같은 여러 곡물들로 가득 차 있는 양쪽에 주둥이가 있는 가마니를 열고 "이것은 밭벼, 이것은 앵미, 이것은 콩, 이것은 완두, 이것은 수수, 이것은 백미"라고 고찰하는 것과 같다.

우리는 분명히 씨 뿌리기 위해 사용되는 그런 가마니 속에 있는 여러 곡물들을 보는 것으로는 거의 어떤 반응도 일으키지 않을 것이다. 또한 쌀이나 콩이 섹시하게 생각되지 않는다고 그것들을 미화시킬 방법을 고안하려고 하지도 않을 것이다.

이 수행의 목표는 다양한 몸의 부분들에 대해서 이와 유사한 태도를 계발하는 것이다. 실제로 해부학적인 부분들의 목록은 머리, 손발톱, 이빨, 피부와 같은 매력적인 것으로 간주되는 인간 몸의 측면들이다. 이것들과 함께 대변, 담즙, 가래, 고름, 피 등과 같은 일반적으로 혐오스러운 것으로 여겨지는 부분들이 나온다. 「마음챙김의 확립 경」과 유사한 『중아함경(中阿含經, Madhyama-āgama)』의 가르침에서 '매력적인 것과 혐오스런 것'에 따라 몸을 명상하는 것이 나오는 것으로 보아, 해부학적인 부분들의 목록은 이 두 가지 측면으로 구성되어 있다는 것을 분명하게 알 수 있다(아날라요 2013:

63). 이 수행에서 해야 할 일은 매력 또는 혐오로부터 빠져나오는 것이고, 그렇게 해서 우리가 다양한 곡물들을 볼 때 갖게 되는 것과 똑같은 태도로 몸의 부분들을 인식하는 것을 배우는 것이다.

이 명상은 각 부분의 기능을 인정하는 것과 결합될 수 있다. 그런 수행의 한 측면이 「마음챙김의 확립 경」과 유사한 『증일아함경(增一阿含經, Ekottarika-āgama)』에 분명하게 언급되어 있다. 그것은 "이 몸을 그것의 성품과 기능에 따라 머리에게 발까지, 그리고 발에서 머리까지" 명상하도록 권고하는 것으로 해부학적인 부분들의 목록을 소개하고 있다(아날라요 2013: 63). 실제로 도닦음을 수행하기 위해서는 기능에 이상이 없는 몸을 갖는 것이 중요하다. 몸에 대한 혐오감을 발전시키거나 아플 때 몸을 제대로 돌보지 않는 것은 감각적 욕망의 탐닉의 경우와 마찬가지로 해탈을 향한 진보에 장애가 될 수 있다.

실제적인 단순화

실제적인 수행을 위해 나는 단순화를 소개하고 싶다. 이 단순화는 세 가지 표제로 다양한 해부학적인 부분들을 요약하는 것을 포함한다. 이 세 가지는 피부, 살, 뼈이다. 이 단순화의 아이디어는 「확신경(Sampasādanīya-sutta)」에서 얻은 것이다(『디가 니까야』 28; 아날라요 2013:72). 관련 구절은 해부학적인 부분들에 대한 명상으로부터 피부와 살을 빼고 단지 뼈에 대한 알아차림으로 진전하는 것을 설명하고 있다. 이것은 해부학적인 부분들의 목록이 이 세 가지 측면으로 요약될 수 있다는 것을 암시한다. 내가 여기서 제안하고 있는 단순화는 단지 출발점으로 의도된 것이고, 수행자 각자가 다음에 계속해서 보다 세부적인 수행으로 바꿀 수 있는 여지를 열어 놓는다.

수행을 시작하면서 내가 제안하는 방법은 몸 스캔 방식이다. 한 가지는 몸 스캔으로 피부를 알아차리는 것이고, 또 다른 하나는 살을 알아차리는 것이며, 세 번째는 뼈를 알아차리는 것이다.

그 스캔의 예비지식으로, 나는 맵(map)과 실제 명상 사이의 관계에 대해 몇 마디 하고 싶다. 우리의 명상 경험은 두 가지에 의해 조건 지어진다. 구전으로 전해진 가르침들은 수행을 위한 맵이다. 이 맵들을 명상의 실제 경험에 적용하는 것이 정신적인 계발(bhāvanā)이다. 맵들은 분명히 중요하지만, 그것들은 단지 도구에 불과하다. 그것들은 뗏목과 비슷해서, 물을 건너기 위해 사용되지만 건넌 후에는 버려질 수 있다. 우리가 미리 이 맵이 실제와 조화를 이루도록 하기만 하면, 그런 맵은 문제가 되지 않는다. 다시 말해서, 맵을 사용하는 것은 어떤 유형의 상상력이든 이것이 자유롭게 펼쳐지게 한다는 것을 의미하지는 않는다. 대신에 우리는 맵이 실제와 조화를 이루도록 해야 한다. 그런 맵은 사물을 있는 그대로(yathābhūta) 알고 보도록 인도하는 잠재력을 가진다.

우리의 종합적인 맵이 실제와 조화를 이루는 한, 통찰의 계발을 위한 보조물로 개념들을 사용하는 것은 효과가 좋다. 효과가 좋을 뿐만 아니라 개념들은 실제로 필요하다. 개념들을 전혀 사용하지 않으면, 우리는 '피부', '살', '뼈'가 있다는 것을 거의 알 수 없을 것이다. 심지어 '몸이 있다'는 것도 알 수 없을 것이다.

맵의 정확성에 대해, 인간 몸이 가르침에서 열거된 대로 해부학적인 부분들로 되어 있다는 사실은 의심의 여지가 없다. 몸이 피부, 살, 뼈로 되어 있다는 명제도 마찬가지로 사실이다. 해부학적인 부분들에 대해 그것들이 깨끗하지 못하다는 사실은 잠시 차치하고, 이 특정한 맵의 정확성에 대해서는 의심의 여지가 거의 없다.

피부, 살, 뼈에 주의를 기울여 몸 스캔을 할 때, 각각의 모든 부분을 분별하여 알아차리는 것은 꼭 필요한 것이 아니다. 사실 「마음챙김의 확립 경」의 목록은 종합적인 것이 아니다. 예를 들어, 다른 곳에서는 법문들이 몸의 해부학적인 부분들의 명상을 위한 가르침으로 언급되어 있지 않은 뇌에 대한 알아차림을 보여준다. 오직 후기 전통과 함께 뇌가 그 목록에 더해지게 되었다(아날라요 2003: 147n119, 2013: 67, 2018c: 152).

어떤 해부학적인 부분들을 명상하기 위해 선택하든, 우리는 이미 그것들이 몸 안에 있다는 것을 알고 있다. 그래서 그것들의 존재를 제공하고 우리의 맵을 증명하는 것을 목표로 하는 개인적인 연구 프로젝트를 실행할 필요는 없다. 오히려 우리는 단지 우리 몸의 구성에 대한 대강의 감각을 계발하고 있다. 단지 이 몸이 (털과 손발톱을 포함한) 피부, (근육들, 힘줄들, 기관들로 구성되어 있는) 살, (이빨도 포함시키는) 뼈로 구성되어 있음을 아는 것으로 충분하다.

예비적 방법으로, 우리는 단지 피부를 느끼기 위해 손으로 얼굴을 만질 수 있다. 다음에 우리는 혀를 잇몸에 대고 살의 감각을 느낄 수 있다. 그 다음에 우리는 턱을 한 쪽에서 다른 쪽으로, 그리고 앞뒤 쪽으로 움직여서 뼈의 감각을 얻을 수 있다. 이 정도는 우리 각자의 개인적인 경험 범위 안에 있다.

이만큼도 출발점으로 충분하다. 실제로 몸을 스캔하는 동안 우리는 때로 몸의 어떤 부분들에 대해 실제적인 감각을 가질 수 있다. 우리는 그것들을 느낄 수 있다. 그러나 뚜렷한 느낌이 없이도 그것들이 거기에 있다는 것을 아는 것만으로 충분하다. 뚜렷한 느낌을 얻기 위해 스트레스를 받을 필요 없이, 단지 알아차리는 것만으로도 이 수행에 도움이 된다.

실제 스캔에서 피부를 명상하기 위해, 나는 머리에서 시작하여 발까지 내려가는 것을 제안한다. 나는 살을 명상하기 위해서 발에서부터 머리까지, 그리고 다시 뼈를 명상하기 위해서 머리에서부터 발까지 움직일 것을 제안한다. 이것은 단지 하나의 수행방법이고 수행자들은 개인적인 선호에 따라 자유롭게 바꾸고 조절할 수 있다. (예를 들어, 이 스캔 방법이 전혀 편안하지 않은 수행자들을 위한 대안은 몸 전체의 피부, 다음에는 살 전체, 그 다음에는 뼈 전체에 대한 알아차림을 하는 것일 수 있다.)

각각의 스캔을 하는 동안, 비록 피부, 살, 또는 뼈 중 어느 하나에 분명한 집중이 있어도, 그런 집중이 전체 몸의 현존에 대한 일반적인 감각과 함께한다면 이상적이라 할 수 있다. 피부, 살, 뼈의 스캔은 보다 외부적인 것에서 보다 내부적인 것으로의 진행을 포함한다. 이것은 점차적으로 우리 자신의 몸 전체에 대한 보다 입체적인 통각을 형성한다. 결과적으로 그런 입체성이 현재 순간의 알아차림을 유지하기 위한 도구로서 몸 전체에 대한 알아차림의 확고한 공간적 기반을 제공한다.

상세한 접근법

이 수행의 출발점으로 단지 피부, 살, 뼈만을 취하는 이 단순한 접근법에 충분히 익숙해진 것을 기반으로 하여, 법문에서 언급하는 모든 항목들을 고려하는 상세한 스캔을 개발할 수 있다. 다음에 나는 이것을 할 수 있는 한 가지 방법을 제시한다. 스캔과 결합하기 때문에, 신체 기관들의 순서는 「마음챙김의 확립 경」에 나오는 순서와 다르다.

첫 번째 스캔을 할 때, 우리는 머리 부분에서 머리털을 먼저 알아차리고 다음에 피부로 돌아간다. 얼굴 부분의 피부에 주의를 기울이는 것은 이마 또는 뺨과 같은 곳에 있는 여드름에서 고름이 가끔씩 나오는 것과 함께, 일반적으로 피부를 기름지게 하는 굳기름을 알아차리는 것과 함께할 수 있다. 특히 눈에서는 눈물을 알아차리는 기회를 갖게 되고, 코에서는 콧물을, 입에서는 침을 알아차리는 기회를 갖게 된다. 더 이동하여, 알아차림은 특별히 겨드랑이에 두드러진 털로 이어지고, 다음에 계속 이동하여 생식기 부분에 이르게 된다. 겨드랑이와 생식기 부분에서 특별히 두드러지게 잘 나오는 땀에 주의를 기울이기 위해 동일한 장소들이 사용될 수 있다. 물론 몸 전체의 피부 구멍을 통해 땀이 나오는 것을 알아차린다. 손의 피부와 다음에 발의 피부에 와서 손발톱을 알아차릴 수 있다. 엉덩이에 도달해서는 피부에 주의를 기울여 피하지방을 함께 알아차린다.

두 번째 스캔 동안에, 발에서부터 계속 살을 알아차리는 것은 힘줄들을 알아차리는 것과도 결합될 수 있다. 사실 이것들은 발에

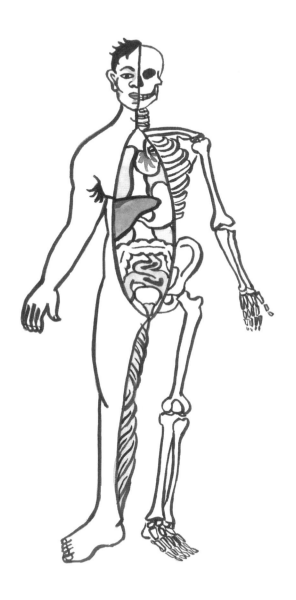

서 시작할 때 곧바로 매우 분명하다. 생식기 부분에 도달하면, 오줌을 담고 있는 방광과 대변을 담고 있는 창자들에 특별히 주의를 기울일 수 있다. 명상은 장간막, 신장, 간장, 위장의 내용물, 담즙이 있는 쓸개 등으로 돌아가면서 진행할 수 있다. 다음에는 가래가 나오는 것과 관련이 있는 횡격막과 폐에 이른다. 심장으로 돌아가 심장이 온몸으로 퍼내는 피를 알아차릴 수 있다. 머리에서뿐만 아니라 팔에서도 살과 힘줄들에 대한 명상을 계속한다.

세 번째 스캔은 두개골과 이빨의 뼈로 시작해서 그 다음에 골격의 나머지 뼈와 골수로 계속 이어진다. 두 뼈 사이의 관절에 이르면, 관절활액도 알아차릴 수 있다.

이것은, 비록 다른 순서이지만 그 가르침에 열거된 해부학적인 부분들에 근거하여 상세한 스캔이 실행될 수 있는 가능한 방법 중의 하나이다. 아마도 이 제안은 수행자 각자가 개인의 필요와 선호에 가장 적합한 명상법을 개발할 수 있는 출발점의 역할을 할 수 있을 것이다. 그러나 일반적으로 나는 처음에는 다만 피부, 살, 뼈를 사용하여 시작하라고 제안한다. 그 정도만으로도 수행의 목표로 진전하기에 충분하다.

균형을 주시하기

평가에 관한 한, 몸이 정말로 부정하거나 더럽거나 아름답지 못한지에 대한 질문은 많은 수행자들에게 그것이 이 다양한 해부학적인 부분들로 구성되어 있다는 사실만큼 자명하거나 받아들일 수

아날라요 비구의 마음챙김 확립 수행

있는 것은 아니다. 이 부분들에 근거를 둔 맵은 거의 의문의 여지가 없지만, 그 평가가 수행을 위해 사용되는 그 맵의 일부가 되어야 하는지는 우리 개인의 평가에 달려 있다. 그러므로 나는 어느 정도까지 평가의 요소가 적합한지를 결정하는 것은 수행자 각자에게 맡길 것이다. 비록 독신으로 수행생활에 전념하는 수행승들에게는 엄격한 수준의 평가요소가 적합할 수 있어도, 그와 똑같은 것이 가정생활을 하는 재가 수행자에게까지 반드시 필요한 것은 아니다. 그러나 법문들에 따르면, 몇몇의 재가 제자들은 완성된 마음챙김의 확립 수행자들이었다(아날라요 2003: 275). 수행자들이 처한 상황의 다양성을 고려하여, 현재 수행의 다양한 방법들을 허용하는 것이 가장 좋은 것으로 보인다.

이 수행을 위한 중요한 출발점은 우리가 자신의 몸에 대해 갖고 있는 관계의 유형에 대해 마음챙겨 인식하는 것이다. 만일 이 관계가 몸에 대한 혐오의 관계라면, 그 혐오를 강화시키는 어떤 것도 피하는 것이 중요하다. 우리의 몸이 육체적 아름다움과 매력에 대한 현재의 표준을 충족시킬 수가 없어서, 이미 좌절감을 느끼거나 심지어 우울해지는 경향이 있다면, 그런 평가를 하는 것은 현명하지 못할 것이다. 대신에 우리는 사회가 좋은 용모라고 인정하는 피부, 살, 뼈로 몸이 이루어져 있다는 사실에 다만 주의를 기울일 수 있다. 그래서 아주 적절한 접근법은 다양한 곡물들을 볼 때처럼, 단지 균형 잡힌 태도를 갖기 위해 스캔하는 것이다. 특히 그들 자신의 몸에 대해 부정적인 성향을 갖고 있는 수행자들에게는 무집착을 설한 설명이 적합하다. 어쨌든, 그것은 단지 피부, 살, 뼈일 뿐이다.

이것을 선택하려고 결정하는 데는 문제가 없다. 그와는 반대로, 우리가 어디에 있는지, 그리고 우리가 어디에 가기를 원하는지를 분명하기 인식하는 것은 적절한 마음챙김 수행의 필수적인 부분이다. 그렇게 마음챙겨 관찰하는 것은 그 관찰 요소가 우리의 현재 상황에 맞지 않는다는 인식에 이를 수 있다. 내가 여기에서 제시하고 있는 마음챙김 명상의 유형은 몸에 대한 세 가지 다른 명상을 다룬다. 이것은 수행자 각자가 이 세 가지 중 어느 것을 더 강조할 것인가를 선택할 수 있는 여지를 남긴다. 이 특별한 몸에 대한 명상을 부드럽게 접근하는 것은 완벽하게 좋은 것이다. 유익하지 않은 것으로 드러날 어떤 것을 억지로 할 필요는 없다.

만일 우리가 학대 또는 몸에 관련된 다른 트라우마의 희생자라면 더욱더 그렇다. 그런 경우 우리는 우선 부정적 성향을 일으키지 않고 몸과 함께하는 방법을 찾을 필요가 있다. 부정적 성향을 증가시키는 평가를 하는 것은 역효과를 낳을 것이고 심지어 해로울 수도 있다. 그런 상황에서는, 이것이 어떻게 몸에 대한 우리의 현재 관계에 영향을 미치는지를 연속해서 관찰하는 것과 더불어 단지 피부, 살, 뼈를 알아차리는 단순한 수행을 선택하는 것이 적절하다. 마음챙김을 통한 그런 연속적인 평가에 근거하고, 그런 다음에 우리는 진행하는 방법을 결정할 수 있을 것이다.

때로는 피부, 살, 뼈까지도 너무 많아서 단지 뼈만으로 시작하는 것이 가장 좋을지 모른다. 골격만을 알아차리는 것이다. 이것은 보통 감정적으로 채워지지 않고 동시에 우리가 중심을 잡고 몸과 함께하도록 하기 때문이다. 대신 안전하다고 느껴지는 몸의 일부

아날라요 비구의 마음챙김 확립 수행

만을 다루는 것도 하나의 선택일 수 있다. 예를 들어, 이것은 발이 될 수 있다. 그래서 우리는 단지 스캔을 위해 몸의 그 부분으로 주의를 향하게 하고 오직 점차적으로, 그리고 부드럽게 몸의 다른 부분들로 확대한다. 이 부분들도 안전하다고 느껴지는 정도까지만 그렇게 한다.

이 수행의 전반적인 목표는 몸에 대한 균형 잡히고 건강한 태도, 즉 혐오감 또는 역겨움에서 자유로운 것만큼 감각적 욕망에서 자유로운 태도이다. 그러므로 평가 요소를 도입하는 정도는 우리가 지금 어디에 있는지와 균형을 향상시키기 위해 무엇이 필요한지를 마음챙겨 관찰하는 것에 달려 있다.

그런 평가에 근거하여, 우리들 가운데 어떤 사람들은 몸에 관련된 감각적 강박관념의 경향성과 맞설 준비가 되어 있다고 느낄 수도 있다. 그런 경우 평가 요소를 도입하는 것이 적절하다. 우리는 법문에서 발견되는 '부정한', '더러운', 또는 다른 '성적으로 매력적이지 않은' 등과 같은 용어를 사용하기로 결정할 수 있다. 좀 더 많이 수행하기 원하는 사람들을 위해, 여기서 나는 몇몇의 추가적인 제안을 하고자 한다. 그러나 이 제안들은 성적인 욕망에 정면으로 대응하고 싶은 사람들을 위해서만 의도된 것이라는 사실을 분명히 해야겠다. 어떤 독자들은 건너뛰고 싶어 할지도 모르는 다음 두 단락도 또한 마찬가지이다.

그 수행의 영향을 강화시키는 한 가지 방법은 피부에 관한 첫 번째 스캔에서 외부 피부는 죽은 물질이라는 사실을 잊지 않는 것이다. 피부의 바깥 부분은 얇게 조각조각 떨어져 나가는 죽은 세포들로 구성되어 있다. 몸은 죽은 세포들을 제자리에 유지하기 위해 굳기름을 내보낸다. 이 죽은 세포들과 굳기름의 혼합이 세균을 끌어들인다. 우리 몸의 1㎠마다에는 수백만 마리의 세균이 살며 먹이를 먹는다. 이 세균이 식사하는 장소 바로 밑에서, 사물들이 살아 있게 되는 순간, 그곳은 곧 피비린내 나는 장소가 된다.

이 명상의 영향을 강화시키는 또 다른 방법은 「마음챙김의 확립 경」과 유사한 『증일아함경』과 빠알리 법문(『앙굿따라 니까야』 9.15; 아날라요 2013: 40f)에서 발견되는 수행을 도입하는 것이다. 이 수행은 몸의 아홉 구멍에서 나오는 더러운 액체에 주의를 기울이는 것이다. 아홉 구멍은 눈, 귀, 코, 입, 요도, 항문이다. 눈은 눈물을, 귀는 귀지를, 코는 콧물을, 입은 담즙과 가래를, 요도는 오줌을, 항문은 똥을 배출한다. 스캔하는 동안 각각의 구멍을 지날 때, 우리는 잠시 그것의 특정한 분비물을 알아차리게 된다. 이 수행법은 전에 언급한 상세한 접근법과 약간 중복된다. 그것은 특히 몸이 분비하는 액체에 주의를 기울인다는 점에서 차이가 있다.

우리가 이 수행법들 중 어느 것에 보다 편안함을 느끼든지, 균형에 이르는 것이 결정적으로 중요하다. 『상윳따 니까야』의 한 법문에는 일단의 수행자들이 이 수행을 과도하게 한 에피소드가 소개된다. 지혜와 그 수행의 목적에 대한 적절한 이해 없이, 이 유형의 수행에 참여하여 그들은 몇몇이 자살하는 정도까지 극단적으로 자신들의 몸에 대한 역겨움을 계발했다(『상윳따 니까야』 54.9). 다른 곳에서 나는 이 에피소드를 연구하여 그 빠알리 법문의 설명이 그 후의 확장과 과장의 흔적들을 보여주고 있다는 사실을 발견했다(아날라요 2014b). 그러나 분명한 과정들은 차치하고, 그와 같은 이야기는 여전히 강한 경고의 역할을 하고 있다. 이런 유형의 수행이 마음의 균형을 깨도록 결코 허용해서는 안 된다. 이런 방법으로 이미 첫 번째 몸에 대한 명상은 우리 자신의 마음에 약간의 주의를 기울일 필요가 있다. 이것은 세 번째 마음챙김의 확립에서 특별히 두드러지는 주제이다.

균형을 유지하는 것은 모든 마음챙김의 확립 명상에 중심을 이룬다. 마음챙김으로 해야 할 일은 그 수행이 어떻게 우리에게 영향을 미치는지를 정확하게 주시하고 관찰하는 것이다. 만일 우리가 명상 수행의 부정적인 영향을 못 본 척한다면, 이것은 실제로 마음챙김을 잊는 것이 된다. 어떤 면에서 우리는 마음챙김 확립 수행의 요점을 놓친다. 만일 해부학적인 부분들에 대한 명상이 몸에 대한 부정성이나 혐오감을 초래하면, 마음챙김의 현존은 즉시 우리에게 균형의 상실에 대해 경고할 수 있다. 그래서 우리는 우리의 좋은 친구로서의 몸에 대한 마음챙김으로 전환하여 균형을 잡고, 우리가 이곳에서 사용해 왔던 어떤 평가 방법도 내려놓는다. 이런 방법으로 우리는 어떤 것에도 집착하거나 의존하지 않고 살아가는 것을 배운다.

그 수행의 균형을 잡아주는 또 다른 차원은 안팎의 적용에 관련이 있다. 해부학적인 부분들에 대한 명상은 우리 자신의 몸으로 시작한다. 일단 이것이 잘 개발되면, 이 방법에서 얻은 (우리가 어떤 평가를 채택하기로 결정하든지간에 그것과 결합한) 기본적인 이해는 다음에 다른 사람들의 몸에 적용될 수 있다. 우리 자신의 몸이든 다른 사람

들의 몸이든, 이것은 결국 인간 몸의 성품에 대한 종합적인 이해로
이끌어진다.

스캔에서 열린 수행으로

우리가 어떤 평가 방법을 채택하기로 결정하든 그것의 기반 역할을
하는 것 외에도, 몸 전체를 점차적으로 스캔하는 것은 마음을 모으는
기능을 갖는다. 그것은 마음이 산란할 때 특히 도움이 된다. 몸의 한
부분에서 다음으로 차례차례 움직이는 점차적인 진행은 마음이 명
상수행에 계속 참여하도록 하는 데 도움이 된다. 그것은 또한 마음이
헤매고 다닐 때 그것을 알아차리는 것을 쉽게 만든다. 우리는 머리에
서 시작해서 다음에 목으로 이동하다가 갑자기 이미 발에 도달했다
는 것을 알게 된다. 어떤 것을 놓쳐버렸다. 스캔의 순차적인 진행에
의해, 마음이 방황했을 때 그것을 알아차리는 것이 더 쉬워진다.

처음에는 이런 유형의 수행에 익숙해지기 위해 스캔을 천천히
하는 것이 도움이 될 것이다. 그러나 점점 더 익숙해짐에 따라 보다
빠르게 스캔할 수 있다. 처음에 우리는 팔과 다리를 개별적인 대상
으로 취할 수 있다. 그러나 나중에는 두 팔과 두 다리를 동시에 취
할 수 있다. 말할 필요 없이, 지금 말하는 것은 빠른 스캔이 능숙함
의 표시라는 뜻이 아니다. 이 수행을 많이 한 후에도, 우리는 아마
도 느리게 스캔하는 것이 마음으로 하여금 그 명상을 보다 온전하
게 음미하도록 하기 때문에 그렇게 하는 것이 유익하다는 것을 알
게 될 것이다. 어떤 순간에 가장 적합한 수행법을 인지하는 것이 마

아날라요 비구의 마음챙김 확립 수행

음챙김과 분명한 앎의 과업이다.

진정한 마음챙김의 확립 명상은 마음이 둔해지는 정도까지 똑같은 것을 냉정하게 여러 번 반복하는 것을 말하는 것이 아니다. 대신, 그것은 우리 마음의 상태에 대한 끊임없는 각성을 요구한다. 바로 지금 마음이 어떠한가? 그것은 무엇을 필요로 하는가?

마음이 산란해지는 경향이 있으면 스캔할 때 천천히 그리고 매우 상세하게 진행하는 것이 가장 좋을 수 있다. 마음이 모아지면, 좀 더 빠르게 움직이는 것이 더 좋을 수 있다. 항상 적용될 수 있는 하나의 바른 수행법이 있다고 하는 것은 사실이 아니다. 오히려 바른 명상 방법은 어떤 특정한 순간이든 필요한 것이 무엇인지를 분명하게 이해하는 데서 나온다.

스캔하기를 끝내고, 느리게 하든 빠르게 하든, 우리는 좌선자세에서 피부, 살, 뼈로 이루어진 몸에 대해 단지 알아차리는 것을 계속 진행한다. 우리는 무집착의 태도를 계속 유지하여 현재 순간에 어떤 상황이 펼쳐지든지 그것을 단지 알아차리기 위해 마음을 열 준비를 한다. 스캔을 통해 마음을 확립하고 건강한 정도의 무집착을 도입하고 나서, 우리는 지시 없는 수행법으로 계속 나아간다. 마음챙김은 몸에 확고하게 뿌리를 내리고 있고, 우리는 무엇이 어떤 감각과 함께 발현되든 그것에 수용적으로 대응할 수 있는 열린 마음을 유지한다. 우리는 온전하게 현존하여 무엇이 발현되든 그것이 변하는 현상임을 알아차린다. 이것은 소치는 사람의 마음챙김과는 다른 무상의 인식이다. 이것은 그것의 해부학적 구조가 항상 계속 변하는 몸에 적용된다. 그것은 또한 우리가 경험하는 어떤 것에도 해당된다. 일어나는 것은 무엇이든 과정, 흐름, 유동이다. 우리는 우리 경험의 모든 차원에서 변화를 알아차림으로써 모든 감각적 욕망과 해로운 상태들로부터 벗어난 자유로운 상태에서 무르익을 지혜와 통찰의 씨앗들을 심고 있는 것이다.

산란함이 생길 때마다 그것이 생겼다는 것을 인식한 순간, 우리는 미소 지으며 현재 순간으로 돌아온다. 산란함은 더 짧아지고 우리는 단지 지금 여기에서 열린 알아차림으로 쉬기 위해 돌아와서 우리의 좋은 친구인 사띠의 현존과 함께한다. 그녀는 항상 거기에 있으며 우리와 함께할 준비가 되어 있다. 산란함이 더 길어질 경우에는, 몸 스캔을 다시 하는 것이 적절할 수 있다. 한 번 더 피부, 살, 뼈로 진행하는 것이 마음챙김의 연속을 다시 얻는 데 도움이 될 것이다.

걷기 명상을 진행할 때가 되면, 몸을 피부, 살, 뼈로 구성된 것으로 알아차리는 같은 방법이 계속된다. 이것은 세 가지 스캔을 끝낸 후에 좌선 자세에서 몸 전체를 알아차리는 것과 비슷하다. 피부, 살, 뼈를 앉아서 명상하다가 걸으면서 알아차리거나, 걸을 때는 뼈만을 알아차린다. 걷고 있는 몸의 여러 측면에 주의를 기울이는 걷기 명상은 어떤 감각에 무엇이 발현되든 그것을 알아차리는 것과 함께 몸 전체에 대한 일반적인 알아차림으로 인도될 수 있다. 해부학적인 부분들에 대한 명상의 요지는 몸에 대한 무집착의 태도를 심어주는 것이고, 몸에 마음챙김이 뿌리내리도록 하는 것이다. 그와 같은 태도와 뿌리내림은 앉기에서 걷기로, 결국에는 어떤 활동을 하든지 그것으로 이행될 수 있다.

이 마음챙김의 확립 명상법을 설명하기 위해 내가 즐겨 사용

아날라요 비구의 마음챙김 확립 수행

하는 바퀴의 비유에서, 첫 번째 바큇살은 해부학적인 부분들을 명상하는 것이다. 이것은 중심축과 바깥 테에 뚜렷한 공헌을 한다. 몸에 대한 마음챙김인 중심축에 하는 공헌은, 차례대로 몸의 다양한 부분들을 서서히 스캔하기 때문에, 우리가 전반적으로 몸에 대해 뚜렷하게 느껴지는 감각을 개발하게 되는 것이다. 이것은 몸에 마음챙김을 보다 확고하게 뿌리내리게 하는 데 도움이 된다. 어떤 것에도 집착하거나 의존하지 않고 살아가는 바깥 테에 하는 공헌은 몸의 외적인 모습에 대한 무집착을 계발하는 것에 있다.

요약

몸의 해부학적 구조에 대한 명상은 우리 개인의 상황과 필요에 주의 깊게 적응될 필요가 있는 평가적 요소와 함께한다. 이 수행의 요지는 무집착이 일어나도록 해서 다양한 곡물들을 볼 때와 같은 태도로 몸의 여러 부분들을 볼 수 있도록 하는 것이다. 실제적인 목적을 위해, 해부학적인 부분들의 열거는 단지 피부, 살, 뼈의 세 가지 범주로 단순화하여 사용할 수 있다. 이것들은 몸 스캔의 도움으로 탐구될 수 있고, 동시에 몸에 마음챙김을 확고하게 뿌리내리도록 하는 데 도움이 된다.

제4장

요소들

네 가지 요소에 대한 명상은 내가 여기서 제시하고 있는 수행 바퀴의 두 번째 살이다. 「마음챙김의 확립 경」(『맛지마 니까야』 10)에 관련 가르침이 있다.

> 수행자는 이 같은 몸이 어떻게 놓여 있든 어떻게 배치되어 있든 그것을 요소들로 고찰한다: "이 몸에는 흙의 요소, 물의 요소, 불의 요소, 바람의 요소가 있다."

자질로서의 요소들

초기불교 사상에서 요소들은 자질을 나타낸다. 『앙굿따라 니까야』의 한 법문은 능숙한 수행자가 어떻게 나무를 네 가지 요소 각각의 발현으로 보는지를 설명한다(『앙굿따라 니까야』 6.41; 아날라요 2003: 150n 138). 나무는 그것이 아무리 견고해 보여도 흙의 요소의 발현에 불과하다. 그것은 마찬가지로 물의 요소, 불의 요소, 바람의 요소의 발현으로 간주될 수 있다. 이 자질들 각각이 나무에 존재하기 때문이다. 목질 외에도 나무에는 수액과 온도가 있고, 움직임이 안에서 일어난다. 이것은 물질을 요소들로 분석하는 초기불교의 태도를 분명히 보여준다. 이것은 단지 그 자질들에 관심을 가지지만 실재론 또는 원자론의 형태는 상정하지 않는다.

자질로서 흙의 요소는 딱딱함, 저항, 빳빳함의 원리를 나타내고, 물의 요소는 유동성, 축축함, 응집력을 나타내며, 불의 요소는 온도의 영역으로서 다양한 정도의 따뜻함과 열로 발현되고, 바람

아날라요 비구의 마음챙김 확립 수행

의 요소는 움직임, 떨림, 진동을 나타낸다.

이 요소들 각각의 의미를 알기 위해서 우리는 흙의 요소의 발현으로서 딱딱함의 느낌을 얻으려고 이빨을 부딪칠 수 있다. 흙의 요소는 몸 전체에서 발견되지만, 그것은 특히 뼈에서 두드러진다. 다음에 우리는 입안의 침을 모아서 그것을 삼킬 수 있다. 그렇게 하여 우리는 침이 입안에 모아지면서 입안의 건조함이 어떻게 축축함으로 서서히 대체되는지를 알아차린다. 물의 요소는 몸 전체에서 발견되지만, 그것은 특히 몸의 다양한 액체들에서 두드러진다. 우리가 두 손을 비빌 때, 우리는 열감을 느낄 수 있다. 불의 요소는 몸 전체에서 발견되지만, 그것은 특히 피부에서 두드러진다. 깊은 숨을 들이쉴 때, 우리는 공기의 움직임을 느낀다. 바람의 요소는 몸 전체에서 발견되지만, 그것은 특히 몸 안팎으로 움직이는 호흡의 끊임없는 움직임에서 두드러진다.

후기 전통에 따르면, 물의 요소는 직접 경험될 수 없다. 비록 성인의 몸이 60%까지 물로 구성되어 있다지만, 이것은 실제로 뚜렷하게 느껴지는 것이 쉽지 않은 네 가지 요소 중 하나이다. 그러나 나는 침에 대해 위에서 제안한 수행이 물의 요소의 발현으로서 축축함을 뚜렷하게 알 수 있음을 보여준다고 주장한다. 땀, 눈물, 오줌 등과 같은 몸의 다른 액체들에 대해 느껴진 감각도 같은 원리가 적용된다. 몸의 액체들 외에도, 물의 요소에 대한 또 다른 경험은 자리가 젖어 있는 줄 모르고 앉았을 때이다. 축축함이 서서히 옷에 스며들어 드디어는 엉덩이의 피부에 도달했을 때에야 비로소 우리는 갑자기 "아! 이런, 젖은 자리구나."라는 것을 알게 된다. 나는 이것을 물의 요소에 대한 직접적인 경험으로 간주한다.

보다 넓은 의미에서 볼 때, 물의 요소는 응집력의 원리를 뜻한다. 이것은 분자들 사이의 수소 결합의 형태와 관련될 수 있다. 수소 결합은 단백질과 DNA에서도 일어난다. 이것은 물의 요소를 연결 즉 분해되는 것과 반대되는 것으로서 사물들의 결합의 예로 보도록 만든다. 젖은 옷은 몸에 들러붙고 젖은 종이는 벽에 들러붙는 경우 등이다.

해부학적인 부분들에 대한 명상과 같이, 이 경우에도 몸에 있는 네 가지 요소의 발현을 모두 느끼기 위해 스트레스를 받을 필요는 없다. 우리가 수행을 위해 사용하고 있는 맵은 실제에 합당한 것이다. 물질은 실제로 어느 정도의 견고함과 어느 정도의 응집력으로 구성되어 있고, 얼마간의 온도를 갖고 있으며, 안에는 끊임없는 움직임이 있다. 이 맵의 정확성에 대해서는 의심의 여지가 거의 없다. 이 맵이 실제와 부합하기 때문에, 우리 몸의 모든 단일한 부분에서 이 맵의 정확성을 확인하기 위해 우리가 지속적인 연구를 수행할 필요가 없다. 우리의 현재 목적을 위해, 몸에 대한 알아차림을 이 맵에서 얻은 지혜와 결합하는 것으로 충분하다.

요소들에 대한 명상은 다른 사람에게 가기로 되어 있던 소포를 받는 것에 비유될 수 있다. 주소 딱지를 보고, 이 소포가 내 것이 아니라는 것을 알고, 그것을 우체부에게 되돌려주는 것으로 충분하다. 이처럼 요소들에 대한 명상의 요지는 어떤 것도 정말로 '내 것'이 될 수 없다는 것을 깨닫는 것이다. 내 것이 아닌 소포의 내용물을 철저히 조사할 필요가 없듯이 요소들도 그러하다. 그것들 각

아날라요 비구의 마음챙김 확립 수행

각을 위해 온몸을 철저히 조사할 필요는 없다. 이것이 정확하게 어떤 요소와 일치하는지를 결정하려는 시도에서 특정한 감각을 분석할 필요도 없다. 명상은, 그것들의 실제적인 상호관계가 어떻게 발현되는지에 관계없이, 몸의 육체적인 실재를 함께 구성하는 것으로서 네 가지 요소에 관한 것이다. 그 요소들이 어떻게 발현되든지 간에, 그것들은 나의 것이 아니고 자아가 비어 있다고 아는 것으로 충분하다. 수행의 요점은 단순히 더 이상 몸을 너무 인격적으로 받아들이지 않는 것에 관한 것이고, 그것에 자아를 덧붙이지 않고 그것과 관련을 맺는 방법을 배우는 것에 관한 것이다.

실제적인 접근법

실제적인 수행을 위해, 나는 해부학적인 부분들에 대한 명상에서 사용했던 스캔 방법을 사용할 것을 제안한다. 우리는 머리부터 시작해서 발로 내려오며 흙의 요소에 대해 명상한다. 이렇게 스캔을 하는 동안, 우리는 흙의 요소가 가장 뚜렷하게 발현된 것으로서 해골에 특별히 주의를 기울이면서 흙의 요소가 스며들어 있는 몸 전체를 알아차린다. 물의 요소에 대한 명상을 위해 나는 발에서부터 머리까지 이동하는 것을 제안하고, 불의 요소에 대한 명상을 위해서는 다시 머리부터 발까지 이동할 것을 제안하며, 마지막으로 바람의 요소에 대한 명상을 위해서는 발부터 머리까지 한 번 더 이동할 것을 제안한다. 매번 우리는 몸 전체에 각각의 요소가 스며들어 있다는 것을 알아차린다.

동시에, 우리는 물의 요소가 살에서 발견되는 몸의 액체들에서 특히 두드러진다는 것을 알아차린다. 불의 요소는 피부에서 매우 분명하다. 몸의 이 부분이 온도에 특히 민감하기 때문이다. 바람의 요소는 특별히 호흡의 과정에서 분명하게 드러난다.

우리가 이런 방법을 수행할 때, 요소들에 대한 명상을 위한 몸 스캔은 해부학적인 부분들에 대한 명상을 위해 하는 스캔에 기반을 두게 된다. 흙의 요소, 물의 요소, 불의 요소는 어느 정도 몸의 해부학적 구조를 뼈, 살, 피부로 전에 구별했던 것과 일치한다. 이전 수행에서는 몸 전체의 나머지와는 현저하게 두드러진 것으로서 뼈에 더 강하게 집중하는 것이 하나의 차이점이다. 흙의 요소를 명상할 때, 뼈는 몸 전체의 상당히 더 통합적인 차원이 된다. 살과 피부도 마찬가지이다.

이 세 가지 외에도, 수행의 새로운 한 측면이 몸의 어떤 움직임을 나타내는 바람의 요소와 더불어 이 상황에 들어온다. 움직임은 호흡에서 특히 뚜렷하게 발현된다. 피부, 살, 뼈가 어떤 면에서 해부학적인 부분들과 요소들 사이에 다리를 놓듯이, 호흡도 요소들과 다음 장에서 다룰 세 번째 몸에 대한 명상 사이에 다리를 놓는다.

호흡의 경험에 대해, 수행자 각자는 어디에서, 그리고 어떤 방법으로 자신이 호흡을 가장 쉽게 느낄 수 있는지를 결정해야 한다. 어떤 이들은 콧구멍 아래와 윗입술 위에서 일어나는 감각에 주의를 기울여 호흡 과정을 알아차리는 것을 선호한다. 다른 이들은 콧구멍 속이나 목구멍 뒤를 선호한다. 다른 이들은 가슴 부분에서 분

아날라요 비구의 마음챙김 확립 수행

간할 수 있는 움직임이나 배의 오르내림을 대상으로 한다. 또 다른 이들은 특정한 위치에 집중하지 않고 호흡을 알아차리는 것을 선호한다.

여기서 내가 제시하는 수행법을 위해서는 그것이 전혀 문제가 되지 않는다. 우리가 들숨과 날숨의 구별을 분명하게 아는 데 효과가 가장 좋은 것이라면 무엇이든 그것은 바른 진행 방법이다. 마음에 담아두어야 할 유일한 요점은 호흡이 몸 전체에 대한 알아차림의 일부로 가장 잘 경험된다는 것이다. 그것은 호흡에만 전력을 다하는 집중의 대상이 되어서는 안 된다.

호흡 과정 외에도, 바람 요소의 영향은 몸에서 일어나는 다양한 형태의 작은 움직임을 알아차릴 때도 분명해진다. 미묘한 수준에서 몸은 끊임없이 움직이고 있고, 이 움직임의 대부분은 우리의 의식적인 의도 없이 일어난다. 사실 보통 우리는 그것을 알아차리지도 못한다. 이 발견은 이미 요소들에 대한 명상의 주된 통찰 차원의 역할을 한다. 그것은 몸의 공한 성품이다.

앉기 명상에서 걷기 명상으로 전환할 때, 이전에 계발된 피부, 살, 뼈에 대한 알아차림은 걷기 명상에서도 계속되어 각각을 처음 세 가지 흙의 요소, 물의 요소, 불의 요소의 두드러진 예로 본다. 네 번째 바람의 요소는 몸이 지금 정지해 있지 않고 움직이고 있다는 바로 그 사실에서 자연스럽게 분명해진다.

걷기 명상 동안에는 몸의 해부학적 구조에 대한 명상이 특별히 무집착에 관심을 가지는 반면 요소들에 대한 주의 기울임은 걷는 경험의 공한 성품으로 전환된다. 우리는 걷고 있는 몸과 자신을 동일시하는 어떤 것도 내려놓도록 훈련한다. 그 수행의 요점은 "걷는 자(라는 관념) 없이 걸어라."라는 권고로 요약될 수 있을 것이다.

비유

요소들에 대한 명상의 목적은 다음과 같은 「마음챙김의 확립 경」 에 나오는 한 비유를 실례로 들어 설명된다.

> 그것은 마치 능숙한 백정이나 그의 조수가 소를 잡아 그
> 것을 부위별로 잘라놓고 네거리에 앉아 있는 것과 같다.

해부학적인 부분들에 대한 명상을 통해 몸이 아름답다는 생각을 해체하는 다소 어려운 수행은 곡물들로 가득 찬 부대라는 비교적 부드러운 예를 사용한다. 그와는 대조적으로 현재의 수행은 도살된 소에 대한 이와 같은 섬뜩한 묘사와 함께한다. 고대 인도에서 소를 매우 존중했다는 것과 자이나교도와 같은 수행자들 간에 어떤 살아 있는 존재도 해치지 않으려는 것을 강조했다는 것을 고려하면, 그 예는 의도적으로 충격을 주려는 것처럼 보인다.

이 비유의 함축성은 「마음챙김의 확립 경」과 유사한 내용이 있는 『증일아함경』에서 특별히 분명해진다. 이 버전은, 일단 백정이 소를 부위별로 잘라내고 나서, 그 소의 다양한 부분들을 "이것들은 발이다", "이것은 심장이다", "이것들은 힘줄이다", "이것은 머리다"라고 보는 방식을 묘사한다(아날라요 2013: 82). 다시 말해서, 전

에는 그에게 '소'였던 것이 이제는 팔기 위해 내놓은 고기 조각들이 된 것이다. 『증일아함경』의 설명은 빠알리 주석서의 이해와 일치한다(아날라요 2003: 151).

백정이 소를 고기 조각들로 잘라내는 것과 같은 방식으로, 우리는 자아 관념에 대한 집착을 잘라내고 그것을 조각들로 나눈다. 나는 이 비유가 전달하고자 하는 강한 뉘앙스가 이 수행을 성공적으로 완성할 필요성을 납득시키기 위함이라고 생각한다. 실제로 견고한 자아 관념에 대한 집착은 넓은 영역의 문제들과 고통들에 책임이 있는 주범이다. 해야 할 일은 소유될 수 있고 다른 몸들과 많이 다른 조밀한 단위로서의 '나의 몸'이라는 관념을 놓아 버리는 것이다. 대신에 그것은 이와 같은 면에서 다른 모든 물질의 발현과 비슷한 네 가지 요소의 결합에 불과하다고 보아야 한다.

물질의 공한 성품

성(性) 또는 인종에 기반을 둔 모든 형태의 분별은 요소들에 주의를 기울이는 것에 의해 해체될 수 있다. 일단 이것이 실현되면, 사람들 사이의 물질적인 구별은 아무런 진정한 실체가 없는 것으로 드러난다. 양자물리학에 따르면, 이 몸은 대부분 빈 공간에 불과하다. 무대 위의 젊고 아름다운 모델과 길 옆에 누워 있는 늙은 거지의 신체적 차이는 무시할 수 있을 정도로 매우 작다. 그런 차이가 어떻게 진정으로 중요할 수 있겠는가? 우리는 우리가 정말로 다른 신체적인 특징을 갖고 있는, 다른 그룹과 근본적으로 다르다고 생각되는 어떤 신체적인 특징을 갖고 있는 특정한 일원으로 자신을 동일시할 수 있는 무슨 근거라도 갖고 있는가?

　　이 수행으로 조각날 수 있는 것은 사람들 사이의 차이점이라고 주장되는 것만이 아니다. 물질세계 전체는 이 네 가지 요소로 만들어져 있다. 이 몸 안이든 밖이든 단지 흙·물·불·바람의 요소만이 있다. 이 요소들이 안으로는 '나'로 발현되고 밖으로는 '다른 사람들'로 발현되는 것 사이에 상당한 차이가 있다는 가정이 점차 줄어들면서 갈애와 집착이 의존하는 바로 그 기반이 약화된다.

　　「코끼리 발자국 비유의 긴 경」은 네 가지 안의 요소를 자연에서 발견되는 그것들의 밖의 대응물에 관련시킨다(『맛지마 니까야』 28: 아날라요 2003: 152). 이 요소들이 안팎으로 발현되는 것 역시 무상하다. 그것들도 같은 변화의 법칙에 의해 지배를 받는다. 이것은 무상에 추가적인 관심을 갖게 한다.

　　요소들에 대한 명상은 몸 내부에 있는 안의 요소들로부터 몸 외부에 있는 밖의 요소들이 발현되는 것으로 인도되어, 그것들의 무상한 성품에 대해 제대로 아는 데서 정점에 오른다. 머리로부터 발까지 진행하여, 안으로 흙의 요소의 딱딱함을 경험하고, 우리는 우리 주변에 있는 모든 물질의 딱딱함의 예로 우리가 앉아 있는 자리의 딱딱함을 잠시 동안 감각할 수 있다. 다음 스캔의 준비로 우리는 명상 방석과 엉덩이 사이에 틈이 없다는 것을 알 수 있다. 비록 이 경우에 틈이 없다는 것은 몸 무게의 압력 때문이지만, 명상 방석과 연결되어 있다는 느낌은 명상 방석에 닿는 몸의 부분들의 물 요소의 응집력을 요구한다. 그러므로 이와 같이 신체적으로 느껴지는 흙의 요소와의 연결을 이 몸의 물질 입자들이 따로따로 떨어진 먼지 알갱이들로 떨어져 나가지 않도록 하는 응집력의 예로 간주하는 것이 정말로 가능해 보인다.

불의 요소를 위한 스캔을 시작하여, 몸 내부의 불 요소의 발현을 경험하기 전에, 우리는 머리 주변(또는 머리가 옷에 덮여 있으면 얼굴)의 바깥 온도를 느끼는 감각에 잠깐 주의를 기울인다. 바람 요소와 함께, 우리는 몸 안의 호흡을 경험하는 것으로부터 공기가 들숨에 어떻게 밖에서 와서 날숨에 밖으로 되돌아가는지를 알아차리는 것까지 우리의 관점을 넓힐 수 있다. 여기서 제안하는 것은 호흡이 몸을 떠날 때 그것을 따라가도록 권장하는 것이 아니라, 밖의 차원도 아우를 수 있도록 우리의 관점을 넓히려는 것이다.

그것들이 몸 안에 존재하는 실제적인 수행에서 우리의 주의를 딴 데로 돌리게 하는 것을 허용하지 않고, 이런 밖의 차원들에 간단하게 주의를 기울이는 것에 의해, 몸과 밖의 성품 사이의 상호의존성은 더욱 개인적인 경험의 문제가 된다. 좁은 자아의 성품은 우리 주위에 있는 자연의 광대함 속에 용해되도록 허용될 수 있다. 어떤 면에서, 밖에서 자연을 보는 것은 마치 우리가 거울을 보고 있는 것과 같이 보일 수 있다. 안팎으로 거기에 있는 모든 것은 단지 요소들이다. 우리는 보다 큰 것의 일부가 됨으로써 우리의 제한된 몸의 정체성에 대한 관념을 극복하는 것을 배운다. 몸은 단지 자연의 일부에 불과하다. 그것은 외부 자연의 나머지처럼 이 네 가지 요소로 구성되어 있다. 이 몸은 사실 우리에게 속해 있지 않고 자연에 속해 있다. 그것은 죽음의 순간에 네 가지 요소가 분해될 때 결국 자연으로 돌아갈 것이다.

우리 존재는 외부 세상에 전적으로 의존한다. 외부 세상과 우리 둘 다는 단지 변하는 과정들이다. '나는 ~이다 또는 있다'와 같은 어떤 것으로서의 이 몸 안에 있는 요소들과 '나는 ~이다 또는 있다'와 상당히 다른 어떤 것으로서의 이 몸 밖의 요소들의 발현 사이에서 우리가 만들어 내려는 경향이 있는 구분은 의심의 여지를 남긴다. 어느 시점에서 정확하게 음식이 '내 몸'이 되었는가를 고려하는 것은 올바른 일인가? 내 수저에 그것을 떴을 때인가, 씹을 때인가, 삼킬 때인가? 또한 어느 시점에서 그것은 이 자격에 대한 권리를 잃어버리는가? 그것이 위장을 떠날 때인가, 소장에서 대장으로 이동할 때인가, 아니면 오직 배설될 때인가?

더욱이, 물질적인 것들을 소유하려고 하는 경향성에서 분명한, 우리가 통제하고 있다고 믿는 가정은 마찬가지로 의문의 여지가 있다. 사실 실제로 요소들은 우리가 완전히 통제할 수 있거나 영구히 소유할 수 있는 어떤 것이 아니다.

소유와 통제의 자만과 결합하여, 밖의 자연과는 다르다는 관념이 많은 문제의 주범이다. 자연환경의 파괴, 오염, 기후변화는 인류의 생존 자체를 위협하는 단계에 도달하게 되었다. 우리가 이런 식으로 계속 살 수 없다는 것을 깨달을 적시이다. 요소들에 대한 명상은 이 깨달음을 심화시키는 데 실질적인 기여를 할 수 있다. 안의 요소들과 밖의 요소들은 원칙적으로 다르지 않다. 그것들은 단일한 연속성의 일부이다. 우리 몸을 돌보는 것만큼 밖의 자연을 돌보는 것은 우리의 책임이다.

요소들에 대한 명상은 초기불교 사상의 가장 중심적인 통찰의 차원으로 간주될 수 있는 것, 즉 무아(anattā)로 들어갈 수 있는 편리한 문을 제시한다. 이것 대신에, 모든 것은 자아가 공하다는 의미에서, '공'이라는 용어로 똑같은 것을 포착할 수 있다. 그런 맥락에서 쓰인 '자아'라는 용어는 오해의 소지가 있다. 자아가 없다는 진술은 전혀 아무것도 없음을 의미하는 것이 아니다. 여기에서의 '자아'는 영원한 실체, 즉 완전한 통제권을 행사할 수 있는 어떤 것을 의미한다. 그런 실체는 어떤 경험의 측면에서도 발견될 수 없다. 이것이 초기불교에서 말하는 공에 관한 것이다. 실제로 초기불교의 공성이라는 것은 어떤 것이 비어 있다는 것이다. 몸을 통제하는 영원한 자아가 비어 있다. 그것은 바로 몸이 항상 우리가 원하는 상태에 있지 않은 이유이고, 몸이 아프고 결국에는 죽는 이유이다.

영원한 실체적 자아의 부정은 '자기 자신'과 같은 용어와는 다르다. 이것은 네 가지 요소에 대한 명상과 함께 분명해질 수 있다. 우리는 양자역학으로부터 물질이 궁극적으로는 단지 큰 공간에서 상호작용하는 에너지 과정이라는 것을 알고 있다. 실체적이거나 영구적인 것은 어떤 것도 없다. 모든 것은 원인과 조건의 영향을 받는 흐름과 유동에 불과하다. 그렇다고 해서 이것이 우리가 벽을 뚫고 지나갈 수 있다는 것을 뜻하는 것은 아니다. 벽은 분명히 우리 바로 앞에 있다. 그래서 우리가 제아무리 철저하게 양자역학을 공부했어도, 벽을 뚫고 걸어가려 한다면 우리는 머리를 벽에 쿵 하고 부딪힐 것이다.

공성 또는 무아에 대한 가르침도 마찬가지이다. 그것은 분명히 주관적인 연속성의 느낌이나 업의 영향을 부정하지는 않는다. 요점은 단지 그런 연속성이 우리 자신 안에 있는 어떤 견고한, 변하지 않는, 실체적인 핵(core) 때문이 아니라는 것이다. 오히려 그것은 원인과 조건의 과정 때문이다. 공성이라는 동전의 다른 면은 조건이다. 다시 말해서, 공성의 분명한 빈 공간은 원인과 조건으로 채워진다.

이것은 또한 하나의 인과관계는 어떤 곳에서도 발견될 수 없다는 사실과 관련이 있다. 무엇이든 그것은 다양한 원인과 조건의 상호작용으로부터 생긴다. 이 원인과 조건의 일부는 우리의 영향권 안에 있게 된다. 다른 것들은 우리 영향권 밖에서 작용한다. 우리는 사물에 영향을 미칠 수 있지만, 완전히 통제하지는 못한다.

단일한 삶의 한계 안에서만 머무는 것을 기준으로 할 때, 우리가 과거에 행했던 일들이 현재 우리에게 영향을 미친다는 것은 분명하다. 우리가 학창시절 또는 이후에 배웠던 것은 우리가 지금 하고 있는 과업들을 수행할 수 있도록 해준다. 이전의 학습은 우리 '업의 행위'이고 우리의 현재 능력들은 그 '업의 결실'이다.

일반적인 패턴으로, 친절함과 관대함이 행복으로 이끌듯이, 이기심과 잔인함은 고통으로 이끈다. 학교에서의 단 하루의 학습이 즉시 취업의 결과를 가져올 수 없듯이, 결과들은 언제나 바로 즉석에서 나타나는 것이 아니다. 사실 학교에서 학습한 모든 것이 나중에 사용되는 것도 아니다. 그럼에도 불구하고, 학습과 공부가 더 나은 취업으로 이끌 수 있다는 일반적인 경향은 있다. 또한 모든 이기심과 잔인함이 즉시 고통을 초래하지도 않을 것이다. 그리고 모든 경우의 친절함과 관대함이 즉각적인 행복을 가져오지도 않는다. 그럼에도 불구하고, 친절함과 관대함이 긍정적인 결과들을 갖는 경향이 있듯이, 이기심과 잔인함은 우리 자신과 다른 사람들에게 부정적인 결과를 갖게 하는 일반적인 경향이 있다. 양자역학이 벽의 단단함의 경험과 상충되지 않듯이, 어떤 것도 무아 또는 공성에 대한 가르침과 상충되지 않는다.

상충되는 것이 없을 뿐만 아니라, 공성에 대한 가르침은 잔인함과 친절함 사이의 대조와 직접적인 관련이 있다. 잔인함과 모든 다양한 해로운 반응들은 이기심에 그 기반을 두고 있다. 공성에 대한 통찰이 이기심을 해체할 수 있는 정도까지, 마음의 공간은 친절함과 다른 유익한 정신적인 태도의 성장을 위해 활짝 열린다. 조건이 기능적인 관점에서 공성이라는 동전의 다른 면인 것처럼, 정서적인 관점에서 범주(梵住, brahmavihāra)는 일단 이기심의 감소가 공성의 통찰을 통해 일어나면 나타나는 자연스러운 성장이다.

그래서 이것은 공성이 우리를 기능 장애가 있는 사람으로 만들지 않는다는 것을 보여주게 된다. 반대로, 우리가 에고와 자기 지시의 짐을 내려놓을 수 있는 만큼, 우리는 보다 기능을 잘 발휘하는 사람이 되고 해야 할 일을 더 잘할 수 있게 된다. 이런 면에서 공성에 대한 통찰을 계발하는 것은 분리되고 관련성을 끊어버리는 경향성과는 매우 다르다. 그것은 정반대이다. 평정이 무관심으로부터 반대점에 있는 것과 마찬가지로 공성에 대한 통찰은 도피주의와는 거리가 멀다.

수행하는 동안 내내 마음챙김의 체화된 형태가 중심적인 기준점으로 강조되기 때문에, 이 유용한 기초 작업은 분리의 어떤 경향성이든 그것에 대처하기 위해 확립되었다. 만일 그러한 경향성이 나타나면, 이것은 마음의 체화된 현존에 대한 증장을 요구한다. 이것은 반드시 계발된 유형의 공성이 진정한 공성이 되도록 할 것이며, 그것은 범주(梵住)의 자연스러운 발전을 통하여 나타난다.

요소들에 대해 실제로 명상하는 동안에, 조건의 실상은, 우리 자신의 몸이 밖의 요소들에 의존하고 있다는 것을 고려하여 실제적으로 탐구될 수 있다. 이 몸은 밖에서 오는 네 가지 요소의 충분한 공급에 전적으로 의존한다. 이 몸은 음식 형태의 흙 요소의 공급을 받지 않으면 기껏해야 몇 달 동안 생존할 수 있다. 우리 몸은 음료 형태의 물 요소를 공급받지 않으면 단지 며칠 생존할 수 있다. 이 몸은, 따뜻함의 형태인 불 요소가 없다면, 추운 겨울에 밖에서 벌거벗은 상태로 있을 때처럼, 단지 몇 시간 생존할 수 있다. 우리 몸은, 산소와 같은 바람 요소의 공급이 없으면, 단지 몇 분 동안 생존할 수 있다. 우리 몸은 전적으로 이 네 가지 요소에 의존한다. 이 네 가지 가운데 우리에게 절실히 필요한 하나의 요소, 동시에 네 가지 중 가장 덧없는 것은 들어오고 나가는 공기 움직임의 형태인 바람 요소이다. 이 의존성은 우리의 육체적 존재의 불안정성을 드러낸다.

그런 불안정성은 우리 자신에게만 영향을 미치는 어떤 것이 아니다. 그것은 우리가 모든 다른 살아 있는 존재들과 공유하는 상태이다. 이런 식으로 공성과 조건에 대한 깨달음은 자연스럽게 자비에 마음을 여는 것을 수반하게 된다.

요소들과 정신의 균형

『앙굿따라 니까야』의 한 법문은 요소들을 완전히 깨달은 자의 정신적 균형과 관련시킨다(『앙굿따라 니까야』 9.11; 아날라요 2013: 94f). 아라한인 사리뿟따는 다른 스님에 의해서 거짓된 비난을 받았다. 그 혐의를 해명하기 위해, 사리뿟따는 자신의 정신적인 태도를 설명함으로써 암암리에 다른 사람들에게 자신이 비난받을 일을 할 수 없다는 것을 확신시켰다. 이 설명은 그의 정신적 태도를 흙에 비유한다. 흙이 그 위에 더러운 것이 던져질 때 역겨움으로 반응하지 않는 것처럼, 아라한의 마음도 성냄과 혐오로 반응하지 않는다. 물도 그것에 더러운 것이 부어져도 반응하지 않는다. 불은 역겨운 것이 그 속에서 타고 있어도 반응하지 않는다. 바람은 움직일 때 사물이 불쾌해하는 것에 반응하지 않는다. 무슨 일이 일어나든, 요소들은 그것을 인격적으로 받아들이지 않는다. 마찬가지로 아라한의 마음은 혐오와 짜증으로부터 자유롭다. 그 마음은 사물을 인격적으로 받아들이지 않는다.

이 에피소드는 우리 내부의 마음 안정의 예로 밖의 요소들의 자연스러운 나타남을 사용하도록 한다. 이런 방식으로, 요소들을 기억하는 것은 도닦음의 길을 줄곧 걸어서 완전한 경지에 오른 사람들의 특성인 반응의 부재를 계발할 수 있는 영감으로 사용될 수 있다.

유사한 관점이 「라훌라를 교계한 긴 경(Mahārāhulovāda-sutta)」에 나온다(『맛지마 니까야』 62; 아날라요 2003: 152). 이 법문의 가르침은 요소들, 즉 이전 장에서 언급한 수행에서도 열거된 해부학적인 부

아날라요 비구의 마음챙김 확립 수행

분들을 다루는 흙의 요소와 물의 요소로 시작된다. 불과 바람의 두 가지 요소는 각각 열과 움직임의 다양한 발현들에서 예를 찾는다. 이 네 가지 요소 외에도 법문은 허공의 요소를 가져온다. 각각의 경우에, 수행은 어떤 요소의 내적인 발현을 알아차리는 것에서부터 그것이 자연 밖에서 밖으로 발현된 것을 알아차리는 것으로 진행된다. 각 요소에 대한 탐욕의 빛바램을 계발하기 위해서, 가르침은 언제나 요소를 '나' 또는 '나의 것'이 아닌 것으로 명상해야 한다는 것으로 마친다.

법문은 앞의 경문에 나온 아라한인 사리뿟따의 태도를 닮은 명상 방법을 계속해서 설명한다. 법문의 권고는 더러운 것이 던져질 때 혐오감으로 반응하지 않는 흙과 같은 마음 상태를 계발하라는 것이다. 우리가 이런 식으로 수행해 나가면, 즐거움과 괴로움이라는 이분법이 더 이상 마음을 압도할 수 없을 것이다. 가르침은 물·불·바람의 요소에 대해서도 같은 방식으로 설명을 계속한다. 각각의 경우에, 각각의 요소를 닮은 마음 상태가 계발되어야 한다. 그 결과 즐거움과 괴로움은 더 이상 마음을 압도하지 않을 것이다.

흙의 요소는 또한 유익하고 우리 자신과 다른 사람들을 행복하게 만들 수 있는 근원 또는 뿌리를 보여주기 위해 사용될 수 있다. 또한 어디에서 흐르든 그것의 유형에 맞도록 하는 물과 유사하게, 우리도 외부의 환경에 유연하고 잘 적응할 수 있도록 우리 자신을 훈련시킬 수 있다. 마치 불이 추위에 떨고 있는 사람들에게 따뜻함을 주듯이, 우리도 외롭고 절망적인 사람들에게 우리 마음의 따스함을 줄 수 있다. 계속 움직이는 바람의 비유처럼, 우리도 해탈에 이르는 도닦음의 길을 계속 따라간다. 이런저런 식으로, 네 가지 요소는 계발되어야 하는 정신적인 자질들에 대한 비유로 사용될 수 있다.

공간의 요소

「라훌라를 교계한 긴 경」의 마지막에는 공간의 요소가 나온다. 여기서 그것은 더 이상 더러움과 혐오스러운 것들에 대해 반응하지 않는 문제가 아니다. 대신, 가르침은 어디에도 고정되어 있지 않은 공간과 같은 마음을 개발하라는 것이다.

이런 방식으로 계발되는 공간의 인식은 어떤 면에서는 요소들의 도움으로 개발될 수 있는 공성(空性)의 이해로 요약된다. 앞에서도 언급되었듯이, 물질은 대부분 단지 공간에 불과하다. 어떤 상황에서도 공간은 거기에 있다. 그것을 알아차리는 것은 단지 한 순간의 주의가 필요할 뿐이다. 이것은 다른 사람들이 하는 강한 반응들에 마주할 때 특히 도움이 될 수 있다. 좋지 않은 어떤 것이 우리에게 쏟아져도, 우리 자신과 다른 사람[들] 사이의 공간, 그리고 그 공간에서부터 우리 주위에 있는 공간으로 단지 한 순간의 주의를 기울이는 것은 마음의 균형을 유지하는 데 도움이 될 수 있다(아날라요 2017c: 196). 공간에 주의를 기울이는 것은 마음을 넓게 만들고 마음이 수축되고 좁고 제한되는 것을 막아준다. 어떤 면에서, 공간은 단지 다른 사람들의 반응이나 그것에 대한 우리의 반응에 대해 견고하고 빈 데가 없는 층계참(層階站)을 남기지 않는다. 장애와 다른 문제들로 야기된 도전을 고려할 때, 시간과 에너지를 소비하면서 전투에 참여할 필요를 고려하는 대신에, 이것들은 단지 해결되도록 허용될 뿐이다. 그 정신적 공간의 유리한 지점에서, 우리는 어떤 문제가 나타나든 그것을 효율적으로 훨씬 더 잘 다룰 수 있다.

공간의 인식을 계발하는 것은 또한 법문에 기술되는 순서로 네 가지 요소를 점차적으로 통과해 나가는 것에 의지해 시작될 수 있다. 위에서 설명한 명상 방법을 따를 때, 이 몸에 있는 흙의 요소에서 물의 요소로의 전환은 이 몸이 먼지로 부서지지 않는 것은 응집력 때문이라는 사실을 알아차리는 것에 의해서 성취된다. 응집력의 원리가 없다면, 우리가 앉아 있는 겉보기에 매우 견고한 바닥은 유사(流沙)와 같이 될 것이다. 다시 말해서, 흙의 요소는 물의 요소에 의존한다. 흙의 요소는 물의 요소가 없이는 존재할 수 없다. 바로 그 견고성의 특성은 응집력의 특성에 의존하는 것이다.

물에서 불로 전환할 경우에도 비슷한 명상을 시작할 수 있다. 물이 그것의 응집력을 수행하기 위해서는, 적절한 온도가 필요하다. 만일 너무 차가우면 물은 얼고 깨지기 쉬운 상태가 된다. 만일 너무 따뜻하면, 그것은 증발한다. 물이 생물체에서 응집 기능을 수행하려면, 이 몸이 적절한 온도 범위 안에 유지되어야 하는 것이 중요하다. 만일 이 온도 범위가 유지되지 않으면, 몸은 죽어 분해될 것이다. 적절한 온도가 아니면, 응집력의 자질은 기능을 제대로 수행할 수 없다. 이런 면에서, 이 몸에 있는 물의 요소는 불의 요소에 의존한다.

불에서 바람으로 전환하는 것에 대해 살펴보면, 온도는 단지 움직임의 결과이다. 움직임이 없다면 어떤 불도 나타나지 않을 것이다. 움직임은 다시 공간에 의존한다. 공간이 없다면 움직임은 거의 일어날 수 없다. 이런 면에서, 네 가지 요소는 이것이 공간의 인식에 이르는 그런 방식으로 서로 의존하는 것으로 명상되어야 한다.

이 수행법은 집착을 빠르게 줄이는 것에 도움이 된다. 몸의 비실체적 성품은 감지할 수 있는, 개인적이고 직접적인 경험이 되고, 일견 우리의 몸에 대한 주관적인 경험과 멀리 떨어져 있는 것처럼 보이는 양자역학의 연구 결과들은 점점 더 이치에 맞는다.

열린 수행

네 가지 스캔을 통해 요소들을 탐구한 후에, 우리는 좌선 자세에서 몸이 흙, 물, 불, 바람으로 구성되어 있음을 단지 알아차리는 것으로 계속 이동한다. 몸과 동일시하는 것을 점차로 줄여 나가면서, 우리는 그것이 어떤 방식으로 펼쳐지든지 현재 순간의 공성을 알아차리는 데까지 활짝 열릴 준비가 마련된다. 우리는 지시 없는 수행법으로 계속 이동할 뿐이다. 몸에 마음챙김을 계속해서 확고하게 뿌리내리고, 우리는 감각장소들 가운데 어떤 부분에 무엇이 나타나든지 그것에 활짝 열려 있는 상태를 유지하면서 그것을 변하는 현상으로 경험하게 된다. 그 결과로서의 수행은 개울이나 시내에서 흐르는 물을 보는 것과 다소 비슷하다. 물의 빠른 흐름 때문에 우리는 사소한 디테일은 실제로 볼 수 없다. 대신에 두드러지게 우리의 눈에 띄는 것은 끊임없는 흐름이다.

아날라요 비구의 마음챙김 확립 수행

길에서 어떤 사람을 만나서 인사를 나누는 것과 같은 다소 짧은 순간의 산란함이 일어날 경우에는 우리는 다만 우리의 좋은 친구인 사띠와 함께하는 곳으로 돌아오면 된다. 길에서 어떤 사람을 만나 다소 긴 대화를 하게 되는 다소 긴 산란함이 일어날 경우에는 다시 요소들에 대한 명상을 시작할 수 있다. 그것을 하기 전에, 잠시 동안 우리는 그 산란함을 일으켰던 생각, 기억, 또는 환상이 무엇이든 그것의 공성을 인식한다. 마치 어떤 산란함에 사로잡혔던 마음이 공하듯이, 네 가지 요소로 되어 있는 몸은 공하다.

　　몸의 해부학적 구조를 명상하는 이전의 수행은 이미 우리의 수행을 무집착으로 가득 채웠다. 이것을 기반으로 하여 현재의 수행은 우리에게 동일시로부터의 자유로움을, 몸을 나의 것으로 집착하는 것으로부터의 자유로움을 스며들게 한다.

　　마음챙김의 확립 명상에 대한 이런 접근법을 설명하는 바퀴의 비유를 고려할 때, 요소들에 대한 명상은 마음챙김을 몸에 확고하게 뿌리내리게 하는 몸의 해부학적인 부분들에 대한 명상에 의해서 이미 시작된 과업을 계속한다. 요소들에 대한 명상과 더불어, 호흡 과정을 몸 전체에 대한 알아차림의 일부로 추가적인 주의를 기울인다. 이것은 수행이라는 바퀴의 중심축을 형성하는 몸 전체에 대한 마음챙김에 뿌리내리는 것을 더 강화시키는 역할을 한다. 몸 전체에 대한 알아차림의 통합적인 일부로서 호흡의 과정에 주의를 기울이는 것은 열린 알아차림으로 전환할 때 길을 잃지 않고 산란함에 굴복하지 않는 편리한 기준을 제시한다. 요소들에 대한 명상이 바깥 바퀴테에 한 기여는 몸과 동일시하는 것을 점차적으로 줄이는 것이다. 이것은 우리가 다른 사람들과 연결되어 있다는 공감과 그래서 자연스럽게 자비를 일으키는 환경과 함께 온다.

요약

흙, 물, 불, 바람의 네 가지 요소는 속성을 나타낸다. 이것들은 몸에 대한 스캔과 함께 우리 몸 안에 있는 견고성, 응집력 또는 축축함, 온도, 움직임을 식별하면서 경험될 수 있다. 이 명상의 요지는 몸의 공성과 몸의 바깥에 있는 물질과 본질적으로 서로 연결되어 있다는 사실에 대한 통찰을 얻는 것이다. 그런 모든 물질적 존재 양상들의 공성에 대한 통찰은 마음을 열게 하기 위한 기반과 어떤 도전에 직면하든지 내적인 균형을 확립하는 역할을 할 수 있다.

아날라요 비구의 마음챙김 확립 수행

제5장

죽음

여기에 제시된 수행 바퀴의 세 번째, 그리고 세 가지 몸에 대한 명상의 마지막은 시체가 산야에 버려졌을 때 점차적으로 겪게 되는 부패의 단계들을 다루어 나간다.「마음챙김의 확립 경」에 나오는 설명들은 꽤 길다. 그래서 나는 여기에 단지 축약된 버전만 제시한다(『맛지마 니까야』10).

마치 수행자가 죽은 지 하루, 이틀, 또는 사흘이 된 묘지에 버려진 시체를 보는 것처럼 그것을 자신의 몸과 똑같이 비교한다: "이 몸도 같은 성품이고, 그와 같을 것이며, 그런 운명에서 제외되지 않는다."

마치 수행자는 까마귀, 매, 독수리, 개, 자칼, 또는 여러 종류의 벌레에 의해 뜯어 먹히고 있는 묘지에 버려진 시체를 보는 것처럼 …

힘줄에 의해 함께 얽혀 있는 묘지에 버려진 시체, 살과 피가 있는 해골 …

살은 없지만 피가 묻어 있고 힘줄에 의해 함께 얽혀 있는 해골 …

살과 피는 없지만 힘줄에 의해 함께 얽혀 있는 해골 …

아날라요 비구의 마음챙김 확립 수행

사방팔방으로 흩어져 있는 분해된 뼈들, 여기에는 손뼈, 다른 곳에는 발뼈, 또 다른 곳에는 정강이뼈, 또 다른 곳에는 넓적다리뼈, 또 다른 곳에는 엉덩이뼈, 또 다른 곳에는 등뼈, 또 다른 곳에는 두개골 …

묘지에 버려진 시체의 뼈가 백골이 되어 조개껍질 같은 색깔이 된 것 …

뼈가 무더기가 되어 일 년이 넘은 …

뼈가 삭아 가루로 부서지는 것을 보고 그것을 자신의 몸과 똑같이 비교한다: "이 몸도 같은 성품이고, 그와 같을 것이며, 그런 운명에서 제외되지 않는다."

이 설명들은 시체가 산야에 버려지고 나서 점차적으로 진행되는 부패의 여러 단계들과 우리 자신의 몸을 '비교하는 것'에 대해 말한다. 해부학적인 부분들과 마찬가지로, 이 명상 자체는 마음챙김의 형태로 제시되는 것은 아니다. 실제로 이 경우의 수행은 심상화의 어떤 형태처럼 보인다. 텍스트는 "마치 수행자가 시체를 보는 것처럼"이라는 어구로 부패의 여러 단계들을 소개한다. 빠알리 정형구는 상상의 여지를 활짝 열어 놓고 있어서, 우리가 실제로 본 것을 기억해 내는 것만을 관련시킬 필요가 없다.

이와 같은 부패의 여러 단계가 제시되는 방식은 우리가 그것들 가운데 하나를 선택하거나 그렇지 않으면 단계별로 전체 시리즈를 진행할 수 있다는 인상을 준다. 이 명상의 목적은 두 가지이다. 이 수행을 취하는 한 방향은 「괴로움의 무더기의 긴 경 (Mahādukkhakkhandha-sutta)」에서 분명해진다(『맛지마 니까야』 13; 아날라요 2003: 153f, 2013: 101f). 그 법문은 아름답고 매력적인 어린 소녀를 보는 것을 그녀가 죽어서 몸이 시체가 되어 여러 부패의 단계들을 겪은 후의 상태와 대조한다. 이것은 「마음챙김의 확립 경」에서 설명되는 것에 상응한다. 이런 이해 방식은 이 수행을 그것의 기본적인 방향에서 해부학적인 부분들에 대한 명상과 유사한 것으로 만든다.

죽음에 대한 명상

내가 여기에서 제시하게 될 방식은 이 수행을 취하는 다른 대안적인 방향으로 몸이 결국은 사망에 이른다는 것을 명상하는 것이다. 이것은 내 생각에 매우 중요한 주제여서 나는 나 자신이 하고 있고 다른 사람들에게도 가르치는 수행방법 안에 그것을 항상 포함시키고 있다. 만일 내가 단 하나의 명상 수행법을 추천해 달라는 부탁을 받으면, 나는 아마도 죽음에 대한 명상을 선택할 것이다. 이것은 그것의 변화시키는 능력 때문이다.

현대 사회에 사는 우리는 죽음의 사실을 피하는 데 매우 익숙하다. 우리 자신의 죽음과 다른 사람들의 죽음을 무시하기 위해 사용되는 다양한 방어기제들은 임상심리학에서 상세하게 연구되어

왔다. 다양한 출판물들이 공포관리이론(TMT)의 표제로 나왔으며 그것을 이용할 수 있다. 이것은 인간이 어떻게 그들의 실존적인 공포를 관리하는가를 설명하는 이론이다.

인간은 동물과 마찬가지로 자기보존의 본능을 공유하고 있다. 인간의 경우는 스스로 죽음이 불가피하다는 사실을 알기 때문에 특별한 관점을 갖는다. 자기보존에 대한 본능적인 욕구와 죽음의 불가피성에 대한 지식의 결합은 사람을 무력하게 만드는 공포의 가능성을 만들어 낸다. 죽음이 주의의 범위 안에 이르는 순간, 인간은 다양한 방어기제들로 반응하는 경향이 있다. 가장 흔한 기제들은 주의를 딴 데로 돌리거나 그렇지 않으면 죽음의 문제를 먼 미래로 밀어버리려고 애쓰는 것이다.

죽음에 대해 알게 되는 결과, 인간은 위협받고 있다는 느낌을 떨쳐버리려는 방법으로서 그들의 정체성에 관한 관점과 의미에 강하게 집착하는 경향을 갖는다. 죽음에 대한 사실을 잠시 기억하는 것만으로도 개인들로 하여금 그들 자신의 죽음에 대한 자각을 떨쳐버리기 위해 보다 편협하고 편견을 갖는 방법으로 반응하도록 만든다.

미래 붓다가 자신의 해탈을 추구한 것은 [질병, 죽음과 함께] 둑카(dukkha, 苦)의 중심적인 차원들 가운데 하나로 그 자신의 죽음에 대한 통찰로 시작되었다. 『앙굿따라 니까야』의 한 법문은 다른 사람들이 어떤 사람이 죽은 것을 보자마자 그것에 혐오감을 느끼고 그들 자신이 똑같은 운명에 처할 것이라는 사실을 무시한다는 그의 회상을 보고한다(『앙굿따라 니까야』 3.38; 아날라요 2017c: 5ff). 미래 붓다는 이런 유형의 반응이 부적절하다는 것을 깨달았다. 그는 자신이 똑같은 운명에 처할 것이라는 진실을 수용하고 마음에 새겼다. 그 결과 그의 모든 삶에 대한 도취는 사라졌다.

「성스러움을 구함 경(Ariyapariyesanā-sutta)」(『맛지마 니까야』 26; 아날라요 2013: 109f, 2017c: 8ff)에 따르면, 늙음과 질병 같은 둑카의 나타남과 함께, 죽음의 운명은 미래 붓다로 하여금 깨달음의 추구를 시작하도록 동기를 부여했다. 깨달음을 얻는 데 성공한 후, 붓다는 자신이 불사(不死)를 실현했다고 선언했다. 이것은 어떤 형태상의 불사가 아니다. 그의 몸은 여전히 죽음 상황에 처해 있었다. 그러나 그는 더 이상 그 자신의 죽음이든 다른 사람들의 죽음이든 죽음에 영향을 받지 않았다. 다시 말해서, 초기불교 사상에 따르면, 죽음으로부터의 해탈은 아직 살아 있는 동안에 성취되는 것이다.

다음에 죽음을 넘어서는 것을 추구하도록 그를 촉발시켰던 똑같은 죽음의 운명에 처할 것이라는 미래 붓다의 깨달음은 아마도 앞에서 제시한 가르침의 정형구에서 반복되고 있을 것이다. 「마음챙김의 확립 경」은 우리가 실제로 '똑같은 성품'이고 우리가 다양한 부패 단계들에 있는 '그와 같은 시체가 될 것'이라는 명상을 하도록 권고한다. 요컨대, 우리는 "그 운명에서 제외되지 않는다."는 것이다. 이 정형구들은 우리 자신의 죽음에 대해 규칙적으로 명상하고, 그렇게 하여 실제로 명상을 하는 동안 이런 이해를 적용하기 위한 기반을 형성하기 위해 필요하다.

실제적인 접근법

죽음 명상의 실제적인 수행은 해골의 이미지를 취하여 시작할 수 있다. 이것은 앞에서 기술된 부패의 여러 단계들 가운데 "살과 피는 없지만 힘줄에 의해 함께 얽혀 있는 해골"이 될 것이다. 우선, 우리는 단순히 하나의 해골[또는 우리가 선호하는 분해의 또 다른 단계]의 이미지를 마음에 떠올릴 수 있다. 해골에 대한 정신적인 이미지는 이 책에서 기술되는 다양한 모든 수행에서 빠짐없이 실행되고 있는 우리 몸 전체에 대한 알아차림이 해골을 더 중요하게 관찰하는 방식으로 시작된다면 더욱 강화될 수 있을 것이다. 이것은 우리가 이전의 두 가지 마음챙김의 확립 수행에서 했던 수행방법에 기반을 두게 될 것이다. 그곳에서 우리는 해부학적인 부분들에 대한 명상으로 해골을 탐구했고, 흙 요소에 대한 명상으로 어느 정도 전체 몸의 견고성에 대한 알아차림의 일부로 해골을 알아차렸다. 이처럼 점차적인 진행을 통해서 해골을 알아차리게 되는 것 대신에, 이제 우리는 단순히 지금쯤 익숙한 어떤 것이 된 우리 몸 안에 있는 전체 해골을 알아차리는 것이다.

이런 방식으로, 다른 사람의 해골에 대한 정신적인 이미지의 도움을 받아 대상으로 삼았던 것을 이제는 우리 자신의 살아 있는 몸 안에 있는 해골과 직접 관련시킴으로써 명상의 주제에 다가간다. 그 결과, 죽음의 운명은 명백하게 나의 죽음이 된다. "이 몸도 같은 성품이고, 그와 같을 것이며, 그런 운명에서 제외되지 않는다."는 것을 명상하는 데 도움이 될 수 있다.

말할 필요 없이, 명상할 때 우리 자신의 몸은 여전히 살아 있는 반면 죽은 몸은 그것이 겪는 부패 단계들에 대해 느껴지는 어떤 감각도 없다. 그리하여 수행은 비교하는 것이지 우리 자신의 몸이 분해될 때 어떤 느낌인지를 상상하는 것이 아니다. 그 목적은 우리 자신의 몸이 죽은 후에 분해될 것이라는 사실을 단지 납득시키는 것이지, 분해 자체가 더 이상 느껴질 수 없는 어떤 것이 아니라는 것이다.

「마음챙김의 확립 경」에 나오는 설명 전체를 통합하는 방식으로 명상을 시작하려고 하는 사람들에게, 부패의 다양한 단계들은 모두 수행으로 연결될 수 있다. 나는 개인적으로 해골과 같은 하나의 단계만 수행하여 시작하라고 권하고 싶다. 그것에 기반을 두고, 그렇게 하려고 하는 사람들은 법문에서 설명되는 부패의 여러 단계들 모두를 다루기 위해 수행을 확대할 수 있다. 다음에 나는 이렇게 시작할 수 있는 한 가지 방법을 간단하게 제시할 것이다. 죽음에 직면하는 것과 부패의 단계들에 다소 낯선 사람들에게는, 그것에 대한 설명이 마음을 불안하게 할 수도 있기 때문에, 다음 단락을 건너뛰는 것이 더 나을 것이다.

우리 자신의 몸을 방금 죽은 것으로 심상화하면서, 우리는 그것이 점차적으로 부풀어 올라 검푸르게 되고, 곪아터지고, 물질이 줄줄 흐르기 시작하는 것을 마음에 그릴 수 있다. 소화 효소들이 위를 갉아먹기 시작하고 눈은 부풀어 나온다. 까마귀들이 그 눈을 파먹기 위해서 몰려온다. 콧구멍과 입은 혀와 다른 신선한 부분을 먹기 시작하는 구더기들로 가득 채워진다. 구더기들은 또한 뇌 속으로 먹어 들어간다. 매와 독수리들은 심장과 내장을 뜯어내는 반면

아날라요 비구의 마음챙김 확립 수행

개와 자칼들은 생식기를 물어서 끊어내고 팔다리를 아삭아삭 씹어서 떨어뜨린다. 여러 동물들이 포식한 후에 몸의 남은 살은 썩어 없어진다. 결국 피가 묻어 있는 해골만이 남는다. 뼈들을 해골과 얽어매고 있던 힘줄은 부패하여 개개의 뼈들은 여기저기에 흩어지게 된다. 흩어진 뼈들은 빛이 바래고, 삭고, 점차적으로 부스러져 먼지가 된다.

여기에서 제안하는 수행법은 분명히 심상적(心象的) 상상의 요소를 포함한다. 앞에서 언급했듯이, 「마음챙김의 확립 경」의 실제적인 가르침에 사용되는 정형구는 우리 몸을 우리가 묘지에서 볼 수 있는 것과 비교하는 것에 대해서 말한다. 그리고 그것은 심상적 상상의 요소에 이르는 문을 활짝 열어준다.

그런 심상적 상상이 얼마만큼 성공적이고 적절한가에 대한 정도는 그것이 몸과 동일시하는 우리의 생각과 몸의 주인이라는 우리의 생각을 얼마나 손상시키는지를 알아차리는 것에 의해 결정될 수 있다. 동물들이 우리 몸의 여러 부분들을 뜯어먹는 단계는 이런 면에서 특히 효과적이다.

우리가 모기와 진드기에 물릴 때도 관련된 차원을 계발될 수 있다. 실제적인 가려움 외에 추가적으로 우리를 괴롭히는 것은 종종 우리 자신의 몸이 다른 것들의 먹이라는 달갑지 않은 생각이다. 이것이 어쨌든 그것의 최종적인 운명이라는 사실을 명상함으로써, 우리는 이와 같은 추가적인 괴로움을 줄일 수 있고 결국은 완전히 극복할 수 있다.

시체 분해 과정의 또 다른 흥미로운 단계는 해골이 분해될 때이다. 해골이 아직 힘줄에 의해 모양이 유지되고, 그것이 아직 어느 정도 하나의 묶여진 단위로 있는 한, 그것은 사람처럼 보인다. 그러나 일단 힘줄이 부패되면, 흩어진 뼈들은 더 이상 사람이라는 인식을 일으키지 않는다. 이것은 도살된 소가 고깃덩어리들로 바뀌는 것을 이전 장에서 언급한 백정 비유가 전달하는 의미와 비슷하다.

이것과 관련된 관찰은 털과 손발톱이 잘릴 때 계발될 수 있다. 비록 둘 다는 몸에 붙어 있을 때도 죽은 물질이라 할 수 있겠지만, 그것들은 아직도 '우리의' 몸의 통합된 부분으로 인식된다. 그러나 일단 잘려져 버려지면 그것은 빠르게 바뀐다.

그것이 고통을 주는지를 알아차리라는 제안은 마음챙김의 확립 명상과 일반적인 관련성을 가진다. 그리고 이 수행은 그 고통을 탐구하기 위해서 특별히 유용한 경우이다. 어떤 것에도 의존하거나 집착하지 않기 위해서, 우리가 의존하고 있는 것들과 우리가 집착하고 있는 것을 확인하는 것은 도움이 된다. 고통이 있을 때는 언제나, 동요가 있는 곳에는 어디나, 바로 거기에 의존과 집착이 나타난다. 바로 거기에 점차적으로 그것들을 놓아버릴 수 있는 기회가 있다.

호흡과 무상

이 명상으로 죽음에 직면하는 것을 더 많이 권고하기 위해서, 나는 또 다른 수행이 부패 중인 시체를 보는 것과 결합되어야 한다고 제안한다. 이것은 호흡에 기반을 두고 죽음을 명상하는 것이다. 비록 이것은 분명히 마음챙김의 확립 체계의 일부는 아니지만, 그 명상은 『앙굿따라 니까야』의 두 법문에 설명되어 있다(『앙굿따라 니까야』 6.19, 『앙굿따라 니까야』 8.73; 아날라요 2016: 200ff).

　붓다는 그의 제자들 중 몇몇이 어떻게 죽음에 대한 명상을 수행하고 있는지 점검하고 있었다. 그들이 설명했던 다양한 수행법들은 모두 죽음을 멀리 밀쳐내는 것에 기반을 두고 있었다. 그러나 붓다는 죽음이 현재 순간으로 곧장 다가오도록 해야 한다고 제안했다. 우리는 현재 호흡 바로 후에 죽을 수도 있다는 것을 알아야 한다. 먹는 것과 관련된 수행으로도, 우리는 현재 음식을 먹은 후에 죽을 수도 있다는 것을 알아차려야 한다. 이 제안의 요점은 공포관리이론의 결과들과 매우 많은 면에서 일치한다. 죽음의 위협에 대한 주된 방어기제는 정확하게 말해서 죽음을 먼 미래로 밀어내는 것이다.

　부패 중인 시체에 대한 명상은 대체로 현재 호흡이 우리의 마지막 호흡이 될지도 모른다는 것을 알아차리는 것과 결합되어 향상될 수 있다. 그러나 이 수행의 상세한 면들을 설명하기 전에, 나는 호흡기에 문제를 갖고 있거나 자살 경향이 있는 사람들은 이 수행을 채택하지 말라고 말하고 싶다. 더욱이, 나는 죽음에 대한 명상을 시작하는 사람은 누구든지 그것을 매우 조심스럽고 점차적으로 하라고 권하고 싶다. 한 예로, 운전면허를 취득한 직후에 매우 성능이 좋은 차를 구입했다고 상상해 보자. 그렇다고 그 차를 혼잡한 고속도로에서 최고 속도로 운전하는 것은 매우 어리석은 일이 될 것이다. 마찬가지로, 이 수행에서도 너무 빠르게 밀고 나가지 않는 것이 중요하다.

　진정한 지혜는, 가능한 한 빠르게 억지로 나아가려고 시도하는 것이 아니라, 점차적인 성장과 계발의 결과이다. 『앙굿따라 니까야』의 한 법문은 도덕[戒], 집중[定], 지혜[慧]의 세 가지 공부를 농작물을 심고 적당한 시간에 물을 주는 농부에 비유한다(『앙굿따라 니까야』 3.91; 아날라요 2003: 253). 그 정도는 농부가 할 수 있는 것이지만, 그는 농작물을 바로 그 자리에서 익게 할 수는 없다. 지혜의 씨앗을 심고 명상수행을 통해서 적절한 때에 물을 주어 통찰의 줄기를 자라게 하는 것과 같은 인내심이 있는 태도가 [일반적으로는 마음챙김의 확립뿐만 아니라] 이 수행에 적합하다. 우리는 필요한 것을 하고 우리가 심은 것이 점차적으로 자라서 결국에는 그것의 해탈이라는 결실을 얻도록 허용한다. 이와 대조적으로, 수행을 억지로 하려고 하는 것은 에고의 행사가 될 수 있고, 그럼으로써 진정한 지혜의 성장을 가져올 수 있는 적절한 균형에 역행할 수 있다. 그렇게 억지로 하는 태도는 또한 이전의 요소들에 대한 명상으로 계발된 무아에 대한 통찰과 모순된다.

　숨을 알아차리는 것은 이미 요소들에 대한 명상의 마지막 단계로 우리의 주의를 끌었던 바람 요소의 나타남을 가지고 하는 것이다. 몸이 생존하는 데 긴요하게 의존하는 요소는 정확하게 네 가지 요소 가운데 가장 덧없는 [산소 공급 형태로 있는] 바람 요소이다. 이런 방식으로, 요소들에 대한 명상은 몸이라는 존재의 불안정성에 대해 우리를 일깨운다.

　우리는 같은 주제로 들어오고 나가는 공기의 끊임없는 흐름에 대한 알아차림과 몸이 생존하는 데 방해받지 않는 이와 같은 산소 공급의 연속성에 온전히 의존한다는 것에 대한 인식을 결합하여 계속한다. 호흡은 우리를 생명에 연결시키는 것이다. 이런 형태의 수행으로, 우리는 우리를 생명과 연결하는 것들과 연결된다. 이 연결은 흐름, 즉 변하는 호흡의 흐름이 일어나고 사라지는 것과 다른 것이 아니다. 그것은 완전히 무상하고 비실체적이다. 우리 몸은 전적으로 이 끊임없이 변화하는 호흡 과정에 의존한다. 그런 몸이 어떻게 영속적일 수 있는가? 그것은 불가능하다.

이 수행은 특히 몸과 관련하여 일어나고 사라지는 성품을 탐구하는 데 적합하다. 이것은 앞에서 언급된 안팎의 수행 차원에 기반을 두는 정형구에서 언급된 두 번째 측면이다. 이것들은 해부학적인 부분들과 요소들을 가지고 이미 탐구되었다. 실제로 우리가 요소들을 명상할 때 안팎의 차원들은 너무 자명해서 파악하지 못할 수가 없다. 이 수행과 관련된 무상도 똑같이 적용된다. 그것은 너무 자명해서 파악되지 않은 채로 지나칠 수 없다.

말할 필요 없이, 무상은 마치 수행의 안팎 차원들이 이 수행에도 적용되듯이, 해부학적인 부분들과 요소들에 대한 명상에도 관련된다. 사실, 다른 사람들의 죽음은 수행자들에게 죽음에 대한 명상으로 들어가는 자연스러운 입구가 된다. 그러나 이 접근방법을 따를 때, 이것이 우리 자신의 죽음을 피하는 방법이 되지 않는다는 것을 확실히 하는 것이 바람직할 것이다.

이 수행은, 무상이란 바로 이 몸이 조만간 죽게 되는 것을 의미한다는 사실까지, 무상의 궁극에 온전한 주의를 기울이는 것을 포함한다. 이 수행이 특히 일어나고 사라지는 성품을 명상하는 정형 구의 가르침을 실행하는 강력한 방법이 될 수 있는 것은 바로 이 이 유 때문이다. 우리가 너무나 쉽게 당연한 것으로 받아들이는 몸의 연속성이란 다만 완전히 호흡이 끊임없이 일어나고 사라지는 것에 의존할 뿐이다. 그리고 호흡 자체는 너무 분명하게 무상한 것이다. 그것은 단지 변하는 흐름에 불과하다.

호흡에 이와 같이 의존하는 것은 동시에 이미 요소들에 대한 명상에서 분명해진 몸의 공성을 예증해 준다. 우리는 물론 어느 정 도 몸을 통제한다. 우리는 손발을 움직이거나 이런저런 식으로 이 동시킬 때 결정을 내린다. 이에 자연스럽게 일시적인 정도의 소유 권과 정체성의 관념이 있다. 우리는 우리의 몸과 다른 사람의 몸을 구별할 수 있다. 그러나 그런 통제와 소유권은 제한되어 있다. 그것 은 조건들의 관계 안에서만 작용할 뿐이다. 그리고 그 조건들 가운 데 몇 가지는 우리의 완전한 통제와 소유권의 영역 밖에 있다.

우리는 몸에 대한 온전하고 완전한 통제권을 갖고 있지 않다. 그렇지 않다면 몸은 단지 우리가 원하는 방식이 될 것이다. 그것은 결코 아프지 않고 확실히 죽지 않을 것이다. 우리는 또한 이 몸의 유일하고 진정한 소유자가 아니다. 이전 장에서 언급했듯이, 이 과 정 동안 어느 시점에서 음식과 음료의 형태로 밖에서 취하는 요소 들은 '나의 것'이 된 것으로 경험된다. 그러나 곧 이 섭취물 중 일부 는 대변과 소변으로 변하여 빠져나가고, 몸에 남아 있는 것은 죽음 과 함께 우리가 소유하고 있다는 생각의 영역을 확실히 벗어난다. 이런 면에서 볼 때, 죽음은 몸의 무상과 공성의 함의를 분명하게 하는 데 도움이 된다.

　결국 호흡이 흐르는 것을 멈추고 이 몸이 죽을 때가 올 것이다. 그리고 시체가 산야에 남겨지면, 그것은 「마음챙김의 확립 경」에서 설명하는 부패의 단계들을 겪을 것이다. 시체에 대한 어떤 심상 이미지를 우리가 채택하기로 결정했든지 그것을 기억하고, 각각의 호흡에서 우리는 이것이 마지막 호흡이 될지도 모른다는 사실을 알아차릴 수 있다. 우리가 바로 지금도 죽을 수 있다는 인식이 일어나고, 결과적으로 우리 자신의 몸이 점차 부패해가기 시작할 것이다. 우리는 우리의 호흡이 현재 순간에 일어나는 것을 넘어서 계속된다는 것을 확신할 수 없다. 일단 이런 불안정성이 제대로 인식되면, 우리는 더 이상 호흡을 당연하게 여기지 않을 것이다.

　실제 수행을 위해서, 나는 이런 유형의 알아차림을 특히 들숨에 연결시키는 것을 제안한다. 모든 날숨으로 우리는 이제 긴장완화와 내려놓음의 태도를 계발할 수 있고, 죽음의 순간을 마주하는 가장 좋은 방법으로 우리 자신을 훈련시킬 수 있다. 이 두 가지 방식으로 수행을 우리의 개인적인 필요에 따라 미세하게 조정하는 것이 가능해진다. 들숨이나 또는 날숨에 보다 많은 주의를 기울임으로써 조정이 발생할 수 있다. 이것은 어떤 방식으로든 호흡의 성격이나 길이를 바꾸는 것을 의미하지는 않는다. 호흡은 자연스러움을 유지한다. 중요한 점은 마음의 주의를 어디로 향하게 하는가이다.

　때로는 우리 자신이 죽을 것이라는 사실이 정말로 마음에 와 닿지 않는다. 이것을 마음챙겨 알아차리면, 우리는 들숨과 이것이 우리의 마지막 호흡이 될 수도 있다는 사실에 보다 많은 강조점을 둘 수 있다. 때로는 마음이 동요할 수 있다. 이것을 알아차리면, 우리는 날숨, 놓아버림, 긴장완화에 보다 많은 강조점을 둔다. 이런 식으로 동시에 마음의 균형을 유지하면서 진보를 성취할 수 있도록 수행을 조절하는 것이 가능해진다.

내가 '죽음 호흡'이라고 부르고 싶은 수행을 통해서 우리 자신의 죽음에 직면하면서, 우리 자신의 죽음의 확실성을 호흡의 경험과 관련시키는 것은 무명 또는 무지와 정면으로 마주하는 것이다. 인간이 그들 자신의 죽음만큼 무시하고 싶은 것은 아마 없을 것이다. 이것은 공포관리이론과 관련된 연구에 의해서 확인되는 방어기제를 설명해 준다. 그럼으로써, 이런 유형의 명상수행이 반응을 유발시킨다면, 그것은 전혀 놀랄 일이 아니다. 일이 늘 잘 되어 갈 것이라고 기대하는 것은 불합리한 생각이다.

이 수행의 어려운 성격은 이전의 두 가지 명상에서 했던 준비 작업을 통해서 얼마간의 완충 작용을 받아들인다. 해부학적인 부분들에 대한 명상을 통한 무집착의 계발은 몸과의 동일시를 줄이는 것을 용이하게 해준다. 몸의 공성은 요소들에 대한 명상을 통하여 드러난다. 이 수행 둘 다는 몸에 대해 집착과 소유관념에 덜 지배되는 태도를 일으킨다. 이것은 이제 이 몸이 결국에는 죽을 것이라는 사실을 직면할 수 있게 하는 기반을 마련한다. 그것은 분명히 그런 운명에서 제외되지 않는다.

그럼에도 불구하고, 수행은 십중팔구 반응을 초래한다. 일반적인 반응의 한 유형은 정신의 몽롱함과 명료성의 결핍이다. 이것은 무지 또는 무명이 미혹시키는 힘을 나타낼 때 일어난다. 그때에는 죽음의 사실이 마음에 충격을 줄 수 없다. 정신적인 숙고는 단지 빈말처럼 보이고 수행은 무의미한 것으로 보인다. 우리가 예상할 수 있는 것이 이것이라는 것을 알아차리는 것은 도움이 된다. 무명의 힘이 오랫동안 마음을 통제해 왔기에 그 힘이 당장 굴복해서 사라질 것이라고는 거의 기대할 수 없다. 대신에, 이런 유형의 무명을 줄이고 결국에는 그것에서 빠져나오기 위해 점차적으로 접근하는 지속적인 노력이 필요하다.

이런 측면에서 하나의 도움이 되는 도구는 현재 순간에 존재하는 것에 중요성을 두는 것이다. 이것은 수행을 자동적으로, 또는 기계적으로 타성화하는 무명의 경향성에 대응한다. 현재 순간 경험의 변하는 성품에 활짝 열리는 상태가 되는 것은 우리가 자동조종장치 모드에서 나오도록 돕는다. 일단 그것이 성취되면, 이 현재 순간의 취약성에 대한 알아차림은 우리가 호흡에 의존하고 있다는 것을 회상하는 것에 의해서 시작될 수 있다.

다음 호흡이 마지막이 될 수 있다는 생각은 '비록 이 호흡이 마지막은 아닐지라도, 그것은 분명히 죽음에 더 가까운 하나의 호흡이다'라는 또 다른 생각을 더하는 것에 의해서 더욱 강화될 수 있다. 우리는 언제 죽음이 닥쳐올지는 모르지만 그것이 분명히 올 것이라는 것은 실제로 알고 있다. 모든 호흡과 함께, 우리는 명백히 죽음의 시간에 더 가까이 가고 있다. 바로 지금의 호흡은 결국 우리가 완전히 '호흡이 없는' 상태가 될 때까지 '한 호흡 더 적은' 호흡인 것이다.

죽음은 모든 인간의 몸이 존재하게 되는 바로 그때 받는 생일

선물이라는 말에는 놀라울 것이 없다. 그럼에도 불구하고, 대부분의 인간들이 떨쳐내고 싶은 것, 즉 '죽음은 확실하다'라는 사실에 직면하는 데는 용기와 노력이 필요하다.

주의해서 분별 있게 사용되어야 하는 또 다른 도구는 호흡을 멈추는 것이다. 우리는 숨을 내쉬고 잠시 동안 숨을 들이쉬지 않는다. 이런 방식으로 호흡을 잠시 멈추면, 우리는 곧 숨을 다시 쉬고 싶은 욕구를 알아차린다. 이것은 육체적 존재의 불안정성과 다음 숨을 쉴 수 있다는 확실성의 부재를 깨닫게 한다.

그러나 호흡을 멈추는 것은 지속적인 수행의 형태가 되어서는 안 된다. 다시 말해서, 이 제안은 어떤 형태의 호흡 지체를 권하기 위한 것이 아니다. 그렇게 하는 것은 일반적으로 관여하지 않는 관찰이라는 마음챙김 명상의 주된 특징을 못 보는 위험이 있을 것이다. 호흡과 관련해서 볼 때, 이것은 그 수행이 어떤 방식으로든 호흡에 영향을 미치기보다는 호흡을 있는 그대로 관찰하는 것이다. 호흡을 한번 멈추는 것의 목적은 우리를 깨우는 알람시계와 다소 비슷하다. 그것은 알람시계가 항상 울리는 것을 알아차리는 것이 아니다. 알람시계는 우리가 깨어나는 순간 자신의 기능을 다한다. 마찬가지로, 호흡을 한번 멈추는 것이 우리 존재의 불안정성에 대해 우리를 깨워주면, 우리는 호흡에 간섭하지 않고 그것이 자연스럽게 일어나는 대로 정상적인 호흡으로 그 불안정성에 대한 알아차림을 계속 계발한다.

무명의 영향을 받는 반대 유형의 반응은 "이것은 너무 과하다. 나는 이것을 해낼 수 없다."와 같은 두려움과 동요이다. 그런 생각이 일어날 때마다 우리는 즉시 내려놓음과 긴장완화에 강조점을 둔다. 마음을 고요하게 하고 자신에게 자신의 죽음의 진실을 마주할 수 있다는 것을 납득시킴으로써, 동요하는 경향은 점차적으로 극복될 수 있다.

죽음에 직면하기

「요소의 분석 경(Dhātuvibhaṅga-sutta)」은 그것 자체의 범주로서 죽음에 가까운 완성된 수행자가 경험하는 느낌의 유형을 언급하고, [다음 장에서 토론될] 두 번째 마음챙김 확립의 표제 하에서 다루어지는 느낌의 세 가지 유형으로서 죽음에 대한 명상을 같은 방식으로 할 것을 권유한다. 그 패턴은 언제나 어떤 유형의 느낌을 느낄 때, 수행자는 "나는 이런 유형의 느낌을 안다."는 것이다. 여기서 이 패턴은 '삶이 끝나는(jīvitapariyantika)'으로 수식되는 느낌에 적용된다(『맛지마 니까야』 140).

죽음에 아주 가까이 온 사람들은, 마치 모든 것이 느린 동작인 것처럼, 때로는 다른 시간감각과 함께 오는 죽음의 가장자리에 있다는 뚜렷한 정서적인 성격, 마음의 강도와 그 결과로 나타나는 마음의 현존을 알고 있다. 앞에서 언급한 방법으로 죽음에 대한 명상 수행을 지속하면, 이런 강도와 전체적 현존은 때로 우리 자신의 죽음을 직면하는 명상 수행을 수반하게 된다. 그러나 뚜렷한 차이점 하나는 괴로움과 두려움이라는 고통스러운 느낌들은 마음의 평정이라는 중립적인 느낌들로 대체된다.

이런 방식으로 죽음에 직면하는 것을 완성해 나가는 것은 실제 죽음의 순간뿐 아니라 일상생활에도 상당히 많은 기여를 한다. 평정한 마음으로 죽음에 직면하는 것을 배운다면 삶의 부침(浮沈)에도 흔들리지 않는 내면의 평화를 키울 것이다. 내면의 침착함이라는 이런 유리한 위치를 얻기 위해 필요한 모든 것은 우리 자신의 죽음을 마주하는 명상 수행에서 지속적으로 노력하는 것이다.

미래의 어느 때에, 우리는 어쨌든 죽음에 직면하게 될 것이다. 이것은 확실하다. 누가 그때 어떤 조건들이 있을 것인지 알겠는가? 우리는 아픔과 고통 속에서, 울고 당황해하는 다른 사람들에 둘러싸여, 못 다한 일들이 허공에서 아른거리고 걱정이 우리의 마음을 내리누를지도 모른다. 우리가 자신을 준비시키지 않으면, 그런 상황에서 죽음에 직면하는 것은 매우 힘든 일이 될 것이다.

죽음을 준비할 시간은 바로 지금 여기이다. 다른 언제일 수 있겠는가? 우리가 시험 보는 날에 공부를 시작할 수 없듯이, 우리가 경기하는 날에 훈련할 수 없듯이, 마찬가지로 죽음을 준비하기 위해 죽는 시간을 기다린다는 것은 좋은 생각이 아니다. 아직은 꽤 건강하고 우리가 죽는다는 사실에 조금씩 다가가고 있을 때, 그런 준비를 미리 하는 것이 더 낫다. 죽음에 조금씩 직면하는 것을 배우면서, 우리는 죽음의 기술을 훈련하고 있는 것이다. 죽음의 기술을 훈련하는 것은 동시에 삶의 기술을 훈련하는 것이다.

죽음에 대한 명상은 죽음을 준비하는 것일 뿐만 아니라, 삶을 온전하게 살아가는 방식이기도 하다. 우리 자신의 죽음과 다른 사람의 죽음을 알아차리는 것은 현재 순간이 우리가 살 수 있는 유일한 시간이라는 것을 분명하게 알게 해 준다. 죽음에서 달아나는 대신에, 자신의 죽음의 그림자에 직면함으로써 우리는 점차적으로 온전하게 된다. 죽음이 우리 삶의 필수적인 부분이 되도록 허용함으로써 이것은 실제로 치유의 과정이 된다. 죽음은 삶과 분리될 수 없다. 그것의 존재를 무시하면, 우리는 결코 온전하게 살 수 없다.

우리의 죽음에 대해 알아차리는 것은 우리가 만나는 사람들과 온전하게 함께할 수 있도록 고무시킨다. 내가 죽을지 아니면 내가 만나는 그 사람이 죽을지 누가 알겠는가? 그러므로 내가 누구를 만나든지 그에게 온전한 주의를 기울임으로써 현재 순간을 가장 잘 사용하도록 하자. 만일 죽음이 우리를 헤어지게 한다 할지라도 어떤 후회도 남지 않도록, 내 능력을 최대한도로 사용하여 그들과 함께하도록 하자. 내가 말하려고 했지만 못 다한 말은 없게 될 것이다. 내가 해결하려고 했지만 해결하지 못한 일은 없게 될 것이다. 가장 중요한 것은, 내가 용서하거나 사과하려고 했지만 용서하지 못한 일은 없게 될 것이다.

죽음에 대한 명상은 우리 삶의 우선순위를 분명하게 만든다. 죽음에 직면하여, 우리는 어떻게 후회 없이 죽을 수 있는 방식으로 삶을 살아야 하는가? 나는 그런 알아차림에 도움이 되는 수행으로서, 죽음의 주제를 혼자 걸을 때 채택할 것을 추천한다. 산책을 하는 동안, 우리는 이 산책에서 되돌아올 수 없다면 어떻게 할지에 대해 숙고할 수도 있다. 우리의 재산, 친구, 친척, 사회에서의 역할과 기능은 어떻게 될 것인가?

이런 식으로 숙고하면, 우리는 어쨌든 그것들을 영원히 유지할 수는 없다는 이해와 함께 자신이 가지고 있는 것들을 내려놓는 것을 점점 더 배우게 된다. 우리는 쉽게 우리에게 잘못한 사람들을 용서하고 우리가 다른 사람들의 마음을 상하게 할 때는 언제든지 기꺼이 빠르게 사과하게 될 것이다. 우리는 다른 사람들을 우리가 원하는 방식으로 되도록 하거나 행동하도록 조종 또는 강요하려는 경향성을 내려놓는 것을 배울 것이다.

내가 혹시 지금 죽는다 해도, 그들은 어쨌든 그들 자신의 방식으로 일을 하게 될 것이다. 그래서 그들이 내 방식으로 일을 하도록 강요하지 말고, 나에게 의존하도록 만들지도 말고, 열린 방식으로 지원과 안내를 해주도록 하자. 이런 식의 숙고는 우리의 사회관계망 안에서의 우리의 역할, 일, 기능에 대한 집착을 줄여준다. 우리는 결과에 너무 의존하지 않고, 조만간 다른 사람들이 내가 없이도 그들의 삶을 계속할 것이라는 분명한 이해와 함께, 오직 최선을 다하게 된다. 내가 우선순위로 하는 것들이 분명하게 된다는 것이다. 어떤 일을 계속하기 전에 내가 진정으로 하고 싶은 일은 무엇인가? 어떤 것이 나에게 진정으로 중요한 일인가?

죽음에 대한 명상이 주는 변화의 힘은 좌선에서든, 일상의 활동을 하는 동안이든, 숙고에 의해서든 그것을 수행하는 데 시간을 들이는 것을 가치 있는 것으로 만든다. 죽음에 대한 알아차림은 일상생활을 하는 동안 반복해서 회상하는 것에 의해서 도움을 받을 수 있다. 자동차에 치어 죽은 동물을 보거나 묘지를 지나가는 것은 죽음을 직접적으로 회상시켜 주는 작용을 할 수 있다. 또한 우리는 이미 죽은 다른 사람들이 설계하고 만들어 놓은 많은 것들에 둘러싸여 있다. 일단 우리가 마음을 내어 죽음에 주의를 기울이려고 하면, 죽음을 회상시켜줄 수 있는 많을 것들이 그 모습을 드러낸다. 그런 회상을 단지 한 번만이라도 하면 그것은 모두 우리 자신의 죽음을 무시하려는 뿌리 깊은 경향성인 무지 또는 무명에 대응할 수 있는 또 하나의 발걸음을 내딛는 일이 된다. 그런 모든 발걸음 하나하나는 우리가 불사(不死)의 깨달음에 조금씩 가까워지도록 하는 데 기여할 것이다.

또한 다양한 활동들을 하는 동안에도 계속해서 해골에만 주의를 기울일 수 있다. 좌선에서 행선으로 전환할 때, 우리는 단지 해골에 대한 알아차림을 유지할 수 있다. 해골로서 걷고, 해골로서 서며, 해골로서 먹고, 해골로서 쉬기 위해 눕는 것 등 우리 자신의 해골을 알아차리면서 수행할 수 있는 활동에는 제한이 없다. 이런 방식으로 수행하는 것은 우리가 죽는다는 사실을 생생하게 유지시켜 준다.

실제로 해골에 대한 알아차림은 세 가지 모든 몸에 대한 명상의 편리한 요약으로 사용될 수 있다. 해골과 더불어 모든 성적으로 매력적인 부분들은 없어지고 우리는 그것에 대한 어떤 감각적 욕망도 갖지 않게 된다. 마찬가지로, 동일시될 수 있는 모든 것들도 사라진다. 우리가 어떤 특정한 해골과의 동일시를 인정하는 것은 거의 불가능하다. 그래서 그것을 '나' 또는 '나의 것'이라고 생각할 수 있는 여지는 거의 없다. 죽음을 잊지 않게 하는 것으로 해골을 사용하여 수행하는 이 단일한 마음챙김 방법은 세 가지 모든 몸에 대한 명상의 중심적인 주제를 활성화시켜 준다.

요소들과 죽음

또 다른 수행방법이 죽음에 대한 명상을 요소들과 연결시킨다. 이 것은 죽어가는 단계들을 마음속에 그리는 것으로 시작할 수 있다. 먼저, 죽음이 가까우면, 몸은 무겁게 느껴지고 팔다리에 대한 통제 력을 점차적으로 잃어 간다. 죽어가는 자들은 [만일 그들이 그렇게 할 수 있다면] 얼마간의 무게에 의해서 압박받고 있다는 전반적인 느낌 을 줄이기 위해 그들의 이불을 치우려고 할 것이다. 이것은 흙 요소 가 분해되기 시작할 때의 단계이다. 죽어가고 있는 자들을 돌보는 이들은 죽어가고 있는 자들의 움직일 수 있는 능력이 점차 줄어드 는 것을 알아차리게 될 것이다. 게다가, 죽어가고 있는 자들을 들려 고 하면, 그들이 좀 더 무겁다는 것을 알게 될 것이다. 그 이유는 흙 요소의 분해와 함께 몸의 구조가 그것의 견고함을 잃기 때문이다. 그리하여 이 죽어가는 단계에 도달한 사람을 들어서 옮기는 것은 더 어려워진다.

다음 단계에, 죽어가는 사람은 몸의 액체들에 대한 통제력을 잃는다. 이것은 물 요소의 분해가 시작되는 단계이다. 입은 마르고 그 사람은 목마르게 된다. 그를 간호하는 관찰자들은 눈물이 그의 눈에서 나오고 오줌이 요도에서 떨어지는 것을 알아차릴 수 있다. 때때로 죽어가는 사람들은 마치 음료를 마시기를 원하는 것처럼 입을 벌리고 혀를 밖으로 낼 수도 있다.

다음 단계에, 불 요소가 분해되기 시작한다. 몸은 체온을 잃기 시작한다. 차가운 느낌이 발가락과 손가락 끝에서부터 점차적으로 심장까지 이동한다. 죽어가고 있는 사람 옆에 있는 사람들은 그의

손발이 푸르스름해지고 때로 그 사람이 떨기 시작하는 것을 알아
차릴 것이다. 흙 요소가 분해될 때 죽어가는 자들은 그들의 이불을
치우려고 할지 모르지만, 이 단계에서 그들은 열의 손실을 막기 위
해 이불을 덮어주는 것을 더 좋아한다.

마지막 단계는 바람 요소의 분해와 함께한다. 죽어가고 있는 사
람은 산소를 받아들이는 데 큰 어려움을 경험한다. 들숨은 눈에 띄게
짧아지고 부자연스러우며, 날숨은 더 길고 약하다. 전체 호흡의 과정
은 점점 더 어려워지다가 마지막 날숨과 함께 완전히 멈춘다.

이와 같이 죽어가는 단계를 우리 마음에 그리는 것은 죽음을
잊지 않는 명상을 계발하기 위한 강력한 방법이 된다. 동시에, 그것
은 죽어가는 때를 유용하게 준비하는 것을 제공한다. 물론, 우리는
사고로 갑자기 죽을 수도 있다. 그러나 그렇더라도 정작 죽음에 이
르게 되는 일련의 과정은 이 단계들을 포함할 것이다. 우리 자신이
명상 수행과 알아차림을 통해서 그 단계들에 익숙해지는 것은 균
형 잡힌 마음으로 일어나고 있는 것을 인지하고 그것에 직면할 수
있도록 도움을 준다. 그것은 또한 다른 사람들이 죽어가고 있을 때
겪게 될 것을 인지하도록 도와주고, 우리가 어떻게 그들을 가장 잘
도울 것인지를 알도록 해준다.

열린 수행

해부학적인 부분들에 대한 명상은 우리 수행을 무집착의 의미로
가득 채우고, 요소들에 대한 명상은 우리 수행에 동일시로부터의

자유의 맛을 스며들게 한다. 이것들에 기반을 두고, 죽음에 대한 명상은 우리 자신의 죽음에 대한 알아차림을 통해 무상의 강력한 인식을 확립시킨다. 이 세 가지 몸에 대한 명상을 기반으로 하여, 우리는 현재 순간에 일어나는 어떤 것이든 그것에 우리의 알아차림의 조망을 활짝 열어 놓음으로써 구조화되지 않은 수행법으로 계속 나아간다. 이런 방식으로 진행해서, 우리는 불사(不死)의 경험에 점차적으로 더 가까이 간다.

해부학적인 부분들과 요소들에 대한 명상이 몸에 마음챙김을 뿌리내리게 하는 반면 죽음에 대한 명상은 우리가 진정으로 살 수 있는 유일한 시간인 현재 순간에 우리를 확고하게 존재하게 한다. 이것은 죽음에 대한 명상이 수행바퀴의 중심에 기여하는 것이다. 그것은 현재 순간에 온전하게 살아 있게 되는 것이다. 바퀴테에 기여하는 것은 우리가 죽을 때 어쨌든 내려놓아야 한다는 깨달음을 통해 의존이나 집착을 상당히 줄이는 것이다. 우리는 무상의 궁극이라 할 수 있는 우리 자신의 죽음의 공포에 직면하는 것을 배운다. 이것은 어떤 것에도 의존하거나 집착하지 않고 살아가는 우리의 능력을 실질적으로 키워 준다.

요약

부패해 가는 시체에 대한 명상은 몸이 내재적인 아름다움을 결핍하고 있다는 것, 또는 그것이 죽음을 피할 수 없다는 것을 드러내기 위해 사용될 수 있다. 두 번째 대안을 수행하는 방식으로, 우리는 해골에 대한 [또는 다른 부패 단계에 대한] 정신적인 이미지를 호흡에 대한 알아차림과 결합해서 다음 호흡을 할 수 있는지에 대한 불확정성을 유념한다.

그런 명상은 균형에 대한 날카로운 눈으로 가장 잘 시작할 수 있다. 여기서 들숨이나 날숨에 주의를 기울이는 것은 균형을 유지하기 위해 사용된다. 들숨에 주의를 기울이는 것은 수행을 강화시키기 위해 우리의 죽음을 잊지 않는 것과 쌍으로 수행될 수 있는 반면 날숨에 주의를 기울이는 것은 마음이 너무 동요하게 되면 그것을 고요하게 하기 위해 긴장을 완화하고 내려놓는 태도와 함께할 것이다.

균형 잡히고 지속적인 방식으로 하는 그런 수행은 죽음이 확실하다는, 그리고 그것은 실제로 바로 지금도 일어날 수 있다는 부정할 수 없는 사실을 납득하도록 하는 데 도움이 된다. 이런 방식으로 죽음이 우리 삶의 일부가 되도록 함으로써, 우리의 우선순위는 분명해지고 우리는 현재에 보다 온전하게 사는 법을 배운다.

제6장

느낌

여기에서, 그리고 동시에 두 번째 마음챙김의 확립에서 제시된 수행 바퀴의 네 번째 바큇살은 느낌에 대한 명상이다. 느낌에 해당하는 빠알리어는 웨다나(vedanā)이다. 그것은 경험의 정서적인 성격 또는 쾌락적 특성, 즉 그것의 느낌이다. '웨다나'라는 용어는 감정을 말하는 것이 아니다. 감정은 보다 복잡한 현상이고 다음 마음챙김의 확립 주제인 정신적인 상태들의 항목 하에서 보다 좋은 위치를 점유한다.

느낌들에 대한 명상을 위한 가르침의 첫 번째 부분은 다음과 같이 진행된다(『맛지마 니까야』 10).

> 즐거운 느낌을 느낄 때, 수행자는 '나는 즐거운 느낌을 느낀다'고 안다. 괴로운 느낌을 느낄 때, 수행자는 '나는 괴로운 느낌을 느낀다'고 안다. 중립적인 느낌을 느낄 때, 수행자는 '나는 중립적인 느낌을 느낀다'고 안다.

가르침에서 언급된 세 가지 유형의 느낌은 정서적인 것이라고 알려진 것의 연속적인 대역폭(帶域幅), 즉 가장 즐거운 느낌으로부터 가장 괴로운 느낌까지의 스펙트럼의 부분으로 가장 많이 간주된다. 느껴진 경험들의 이 범위 중간 부분 어디엔가 문자 그대로 '괴롭지도 즐겁지도 않은(adukkhamasukha)' 영역이 있다. 수행자 각자는 마음챙겨 관찰하는 것을 통하여 이 영역의 정확한 범위를 분명하게 밝혀 내야 한다. 느낌에 대한 명상의 계속적인 수행은 느낌의 유형들이 어떤 혐오감으로 인도될 수 있을 만큼 충분히 괴로운 것

아날라요 비구의 마음챙김 확립 수행

이 아니거나 어떤 욕망을 촉발시킬 수 있을 만큼 충분히 즐거운 것이 아닌 것으로 확실히 인지하도록 해줄 것이다. '중립적인'이라고 간주될 수 있는 것은 이런 유형들이다. 그리고 그 두 가지 측면 중 어느 것이든 그것에서 느껴진 경험의 영역은 '즐거운' 느낌과 '괴로운' [또는 적어도 '불쾌한'] 느낌의 이름으로 불린다.

중립적인 느낌에 주의를 기울이는 것은 괴로운 느낌이나 즐거운 느낌이 마치 완전히 구별되는 현상인 것처럼 이 둘 사이를 이원적으로 구별하는 것을 피하도록 돕는다. 결국 즐거움과 괴로움은 뚜렷하게 즐겁지도 않고 정말로 괴롭지도 않은 중간 부분을 갖고 있는 연속적인 느낌의 경험적 차원이다.

느낌과 반응

느낌에 대한 명상에서 주로 해야 할 것은 우리 자신에게 "너는 어떻게 느끼는가?"라는 질문을 하는 것이다. 이 질문은 정말로 알기를 원하는 성실하고 진실한 관심으로 물을 필요가 있다. 이 질문이 그런 중요성을 가지는 이유는 보통 감정의 정서적인 입력이 즉각적인 반응을 초래하기 때문이다.

즐거운 느낌을 느낄 때의 경향성은 욕망과 집착으로 반응하고, 그 즐거움을 유지하기를 원하고 더 많은 즐거움을 가지기를 원한다. 괴로운 느낌을 가질 때의 마음의 경향성은 혐오와 짜증으로 반응하고, 그것이 그쳐 사라지기를 원하고 다시는 일어나지 않기를 원한다. 중립적인 느낌의 경우에 마음은 지루해하는 경향이 있고 그래서 보다 더 재미있는 오락거리를 찾는다. 중립적인 느낌들은 새롭고 재미있는 것에 대한 기약이 없어서 무지, 즉 문자 그대로 무시되는 경향성을 일으킨다.

느낌에 대한 명상은 이 뿌리 깊은 경향성들에 알아차림의 빛을 비추는 것이다. 그것은 자동적인 반응의 무지를 분명한 인지의 지식으로 대체한다. 우리는 경험의 정서적 차원의 영향을 무시하지 않도록 자신을 훈련한다. 이것은 일상의 상황에 상당히 많은 도움을 제공한다. 경험의 정서적인 차원을 알아차리는 법을 배우게 되면 초기 단계에 마음에서 무엇이 일어나고 있는지 더 쉽게 감지할 수가 있다. 그런 정신적인 사건들은, 특정한 느낌이 뒤이은 서투른 반응과 확산을 초래할 때, 보통 정서적인 수준에서 시작된다. 일단 마음챙김이 느낌의 수준에서 확립되면, 그것이 충분한 힘을 얻기 전에 해로운 반응을 알아차리는 것이 가능해진다. 그런 초기 단계에서의 알아차림은 새싹의 상태에 있는 이 반응을 잘라내도록 한다.

더욱이 마음챙김이 초기 단계에서 사물을 포착할 만큼 충분히 신속하지 않았다면, 정신적인 부정성이 증가하는 다음 어떤 순간에 느낌에 주목하는 것은 현재 순간 단순성의 요소로 우리를 데려가는 데 도움이 된다. 느낌의 정서적인 추동(推動)은 정신적인 노력의 어떤 단계 동안에도 작용한다. 그것을 마음챙겨 알아차리는 것은 복잡함을 풀어주는 길을 제공한다. 이런 유형에 기반을 두면 안팎의 수준에서 무엇이 일어나든지 그것에 적절하게 반응하기를 계발하는 것이 더 쉬워진다.

이 놀라운 잠재력은 느낌[受]이 몸[身]과 정신 상태들[心] 사이에 하나의 온전한 마음챙김의 확립 주제로 선택된 이유를 설명해줄 수 있을 것이다. 사실 이 수행은 의존하여 일어남(paṭicca samuppāda, 緣起)의 한 중요한 연결고리에 주의를 기울이게 한다. 느낌은 갈애[愛]가 일어날 수 있는 지점이다. 어떤 면에서, 느낌은 세계를 돌아가게 만드는 것이다. 그러나 그것은 그런 방식일 필요는 없다. 비록 갈애가 느낌에 대한 반응으로 나타나지만, 그것이 꼭 나타나야 할 필요는 없다. 마음챙겨 알아차림으로써 갈애가 일어나는 것을 피하는 것이 가능해진다.

느낌이 보통 반응을 초래하는 속도는 인류 진화의 초기 단계를 상상하는 것에 의해 잘 이해될 수 있다. 네안데르탈인이 정글의 한 모퉁이를 돌아 갑자기 앞에 어떤 것이 있는 것을 본다고 상상해 보자. 눈 깜짝할 사이에 결정을 내려야 한다. 이것은 내가 먹을 수 있는 것인가, 아니면 나를 먹을 수 있는 것인가? 투쟁과 도주에 대한 결정의 속도는 생존에 결정적이다. 느낌은 그러한 빠른 결정을 내리기 위한 중요한 입력을 제공한다. 그러나 평균적인 현대 삶의 상황에서는, 느낌에 의해 촉발되는 그런 반응속도는 해로운 결과들을 가져올 수 있다. 그것은 우리가 냉철하게 숙고할 충분한 시간을 허용했더라면 선택하지 않았을 행위와 반응의 방식으로 우리를 이끌어갈 수 있다. 알아차림의 빛을 느낌에 돌려서, 우리는 우리의 반응에 끌려가기 전에 마음챙김을 지니고 멈춰서 그것의 영향력을 알아차리는 것을 배울 수 있다.

실제적인 접근법

실제 수행에서, 나는 바디 스캔을 사용하는 것을 제안한다. 이전 스캔에서 해야 할 일은 몸의 해부학적인 부분들과 요소들을 알아차리는 것이었다. 이것은 몸의 구성에 대한 우리 지식의 맵을 몸을 느끼는 것과 결합시키는 것에 기반을 두고 있었다. 현재 수행에서, 스캔하는 동안 그와 똑같은 몸의 느낌은 주의를 느낌 자체를 향하여 보다 안으로 돌리도록 사용될 수 있다.

보다 안으로의 그런 주의 기울임을 설명하는 한 가지 예는 우리가 잠시 동안 우리의 주의를 손에 책을 들고 있는 경험으로 바꾸는 것일 수 있다. 책의 종이를 만지면서, 우리는 그것이 만들어진 재료를 알 수 있다. 이 경우, 주의는 손에 들고 있는 대상으로 향하게 된다. 그 똑같은 경험은 또한 만지는 행위를 알아차리는 것에 의해 다른 방향에서 갖게 될 수 있다. 이 경우, 주의는 대신 손을 향하여 기울어진다. 마찬가지로, 느낌에 대한 명상에서도 그와 똑같은 유형의 스캔이 몸을 느끼는 것을 탐구하기 위해 사용된다.

우선 처음에 우리는 개개의 느낌들을 알아차리기 위해 스캔을 한다. 머리에서 발까지의 처음 스캔에서, 우리는 특히 몸의 표면이나 안쪽 어디에서 어떤 즐거운 느낌이 일어나는 것을 살펴볼 수 있다. 발에서 머리까지의 두 번째 스캔에서, 우리는 어떤 괴로운 느낌이 몸 안이나 몸 표면에서 나타나는지를 알 수 있다. 머리에서 발까지의 세 번째 스캔은 몸 안이나 몸 표면의 중립적인 느낌을 발견하는 것이다. 세 가지 느낌에 대한 익숙함이 증가하는 것에 기반을 두고, 우리는 때로 세 가지 전부를 느낌에 대한 단일한 주의 기울임의

아날라요 비구의 마음챙김 확립 수행

방법으로 결합하는 것이 보다 편리하다는 것을 발견할 수 있다. 우리가 한 번의 스캔을 하는 동안 어떤 느낌에 마주하든, 즉 이것이 매끈한 느낌이든 거친 느낌이든, 욱신거리는 느낌이든 고동치는 느낌이든, 압박감이든 가벼움이든, 긴장이든 이완이든, 또는 어떤 다른 유형이든, 그 느낌 개개가 나타나는 세부적인 사항에까지 관여할 필요는 없다. 우리는 단지 그것의 쾌락적 느낌, 즉 그것의 정서적인 특성에 중요성을 부여한다. 간단하게 말해서, 우리는 단지 그 느낌들이 즐거운, 괴로운, 또는 중립적인 것으로 경험되는지를 알아차리기만 한다.

그런 스캔을 한 후에, 우리는 좌선 자세에서 몸 전체에 대한 알아차림을 유지하고 이 세 가지 유형의 느낌 가운데 어떤 것이 나타나더라도 그것을 계속 알아차린다. 어떤 느낌이 일어나든지, 우리는 단지 그것의 정서적인 성격을 계속 알아차린다.

몸 안과 표면에서 느낌들이 나타나는 것을 살피고, 우리는 알아차림의 지평을 어떤 유형의 느낌이든, 심지어 신체적 수준에 두드러진 영향을 미치지 않는 느낌에도 열어두고 수행을 계속한다. 예를 들어, 소리를 들으면서 우리는 그 소리에 대한 인식과 정신적 처리를 수반하는 정서적인 성격을 알아차릴 수 있다. 다른 감각들도 마찬가지이다. 이런 식으로, 우리는 우리 경험의 정서적인 차원을 계속 알아차리는 것을 배운다. 더욱이 우리는 특정한 느낌이 몸 표면에서 일어나는지 또는 정신적인 평가 때문에 일어나는지를 보다 분명하게 구별할 수 있게 된다.

느낌에 대한 명상은 정신적인 사건들에 알아차림의 빛을 비추기 위한 강력한 도구가 될 수 있다. 이런 잠재력은 정신 활동의 다른 측면들의 비교적 더 복잡한 특성과 비교해볼 때, 정서적인 성격의 상대적인 단순성에 존재한다. 마음이 어떤 생각 활동에 관여하고 있는 동안 알아차림을 유지하려고 노력하는 것은 행하는 것보다 말하는 것이 쉽다. 왜냐하면 생각은 쉽게 우리를 끌어들여서 우리는 곧바로 그것을 관찰하기보다는 그 생각에 빠져들게 되기 때문이다. 그러나 마음챙김의 확립 명상은 생각이 없을 때만 수행될 수 있는 것이 아니다. 반대로, 그것은 정식 수행이든 아니면 세상 속에서 살아갈 때이든 모든 가능한 현상들을 망라할 필요가 있다. 우리가 어떤 면에서 마음이 활동하고 있는 동안 마음챙김을 유지할 수 없다면, 어떻게 우리의 마음챙김 확립 수행을 일상생활 속으로 가져갈 수 있겠는가? 그러므로 마음이 생각에 관여하고 있는 동안 마음챙기는 방법을 찾는 것은 중요하고 필요한 요건이다.

여기서 느낌은 편리한 수행 기반을 제공한다. 그것의 단순성 때문에, 느낌은 우리가 그것에 걸리지 않고 정신적인 사건들의 복잡성을 제어하기 위해 사용할 수 있는 손잡이와 다소 비슷하다. 이런 식으로, 마음이 생각에, 심지어 감정적인 반응들에 관여할 때도, 이것을 수행의 장애로 간주할 필요가 없다. 대신에 그것은 상당히 중요한 기술로 우리 자신을 훈련시키는 기회가 될 수 있다. 이것은 현재 순간 경험의 기본적인 정서적 성격을 계속 알아차릴 수 있는 능력이다. 정서적인 수준에서 그렇게 조율하는 것은 하나의 기반을 제공해 준다. 그것은 일어나는 것에 의해 우리가 휩쓸려 가는 것을 막아주는 역할을 한다.

아날라요 비구의 마음챙김 확립 수행

세 가지 유형의 느낌 가운데 중립적인 유형은 보통 무시되는 느낌이다. 이런 종류의 재미없는 경험에 마주하게 될 때, 훈련되지 않은 마음의 경향성은 다른 어떤 것으로 빠르게 이동하는데, 즉 어떤 종류의 오락을 찾아 나서는 것이다. 단지 중립적인 느낌과 함께할 수 없는 것은 일어나는 것이면 무엇이든지 그것을 극화시키고 경험을 좋아하는 것과 싫어하는 것으로 덧칠하려는 경향성 때문이다. 어떤 것도, 그것이 강한 느낌의 흥분을 촉발시키고 우리를 중립적인 느낌의 담백함에서 끌어내는 한, 그것이 즐거운 쪽에 있든 괴로운 쪽에 있든, 우리에게 일어나는 정서적인 성격을 강화시키는 요소로서의 역할을 할 수 있다. 이 경향성에 자유를 부여하게 되면 그 결과는 불가피하게 편향된 인식과 균형 잡히지 않은 반응을 일으킨다. 간단하게 말해서, 무지가 무르익은 상태가 된다. 무지의 드라마를 활성화시킬 수 있는 중립적인 느낌들의 이런 잠재력에 대처하는 한 가지 방법으로, 우리는 중립적인 느낌들에 대한 알아차림을 계속하려는 의식적인 노력을 할 수 있고, 그리하여 그 느낌들을 더 이상 무시하지 않게 된다.

그러나 때로 우리가 어떤 느낌도, 심지어 중립적인 느낌도 느낄 수 없는 일이 생길 수 있다. 그런 경우에도 우리는 그것을 단지 알아차린다. 몸의 모든 부분에 있는 각각의 해부학적인 부분이나 요소를 뚜렷하게 경험할 필요가 없었던 이전의 몸 스캔과 유사하게, 현재의 경우에도 명상을 성공적으로 실행하는 것은 몸의 모든 부분에 있는 느낌들을 뚜렷하게 감각할 수 있는 것에 의존하지 않는다. 수행의 목적은 느낌이 마음에 영향을 미치는 방식을 이해하

는 것이다. 이런 목적에 맞게, 어떤 다양한 유형의 느낌들을 경험
하는 것으로 충분하다. 느낌에 대한 완전히 종합적인 경험을 갖기
위해 맨 먼저 (몸에서) 어떤 느낌도 일어나지 않은 곳을 찾으려고 할
필요는 없다. (느낌이 없으면 그것을 단지 알아차린다.)

느낌의 추동(推動)

느낌이 마음에 미치는 영향은 특히 우리가 불쾌하거나 괴로운 느
낌들과 마주할 때 탐구될 수 있다. 이 느낌들 가운데 일부는 만성적
인 고통 때문이기도 하다. 그런 경우, 우리는 간단히 그 느낌을 알
아차리고 스캔하기를 계속할 수 있다. 만일 그 고통이 강해지면, 우
리는 그 고통에만 집중하기보다는 몸 전체를 알아차림으로써 그것
주위에 공간을 만든다. 고통스럽지 않은 몸의 다른 부분들이 있는
지를 알아차리는 것은 가끔 유용하기도 하다. 이것은 균형을 유지
하는 데 도움이 된다.

    스캔하는 동안 마주치는 다른 불쾌하거나 고통스러운 느낌들
은 단순히 앉아 있는 자세 때문이거나, 아니면 가려움 같은 증상이
일어났을 수 있다. 그런 경우에는 좀 더 고통에 집중할 수 있다. 잠
시 동안 그 고통스러운 느낌과 함께하면서 마음에서 발현되는 추
동과 함께 그 불쾌한 감각 또는 가려움을 관찰하는 것을 추천하고
싶다. 관찰의 대상은, 우리의 주의와 반응이 일어나기를 요구하는,
그 가려움과 불쾌한 느낌을 그치게 하기 위해 어떤 행동을 시작할
것을 요구하는, 느낌의 추동이다.

여기에서 해야 할 일은 고문에 가까운 고통을 견디면서 앉아 있는 것이 아니다. 우리는 마음챙김의 확립을 어떤 고행 수행으로 바꾸려고 하는 것이 아니다. 단지 잠시 동안 머물러서 불쾌한 느낌들을 그것들의 조건의 측면에서 관찰하는 것이 해야 할 일이다. 우리는 이 느낌들이 어떻게 마음에 영향을 미치는지를 이해하기 위해서 불쾌한 느낌을 관찰하는 것이다. 이것은 연기에 대한 우리 자신의 개인적이고 직접적인 경험을 개발하기 위한 기회를 제공한다.

느낌의 추동을 알아차린 후에, 우리는 자유롭게 조치를 취한다. 상황이 요구하는 것에 따라 긁거나 우리의 자세를 바꾼다. 그리고 안도의 즐거운 느낌들과 이 유쾌함이 지속되기를 바라는 마음의 반응을 알아차린다. 말할 필요 없이, 즐거운 느낌들은 불쾌한 느낌들만큼 마음을 추동시킬 수 있다. 고통의 경우에 일어나는 느낌의 추동을 탐구하라고 추천하고 싶다. 왜냐하면 이것은 그런 탐구를 위해 쉽게 접근할 수 있고 분명한 기회를 제공하기 때문이다. 일단 이해가 되면, 느낌의 추동은 어떤 유형의 느낌들과 함께해도 알아차려질 수 있다. 때로는 아마도 보다 재미있는 어떤 것을 위한 중립적인 느낌들의 미묘한 추동도 알아차릴 수 있을 것이다.

이 추동을 알아차리는 지속적인 수행과 함께, 마침내 세 가지 유형의 느낌 각각에 대한 경험은 그것들의 상응하는 경향성에 대한 고유한 알아차림과 함께한다. 즐거운 느낌은 끌어들이는 경향이 있고, 불쾌한 느낌은 저항을 일으키는 경향이 있으며, 중립적인 느낌은 덜 지루한 다른 어떤 것을 찾도록 촉발시키는 경향이 있다. 느낌들과 그 밑에 있는 경향성들의 관계를 잘 이해하는 것은 깊이를 더해 간다. 이것은 차례로 우리의 외견상 매우 논리 정연한 평가와 반응이 경험되는 느낌의 정서적인 성격 유형에 의해 영향을 받는 정도가 놀랄 만하다는 것을 깨닫게 만든다.

느낌에 의해 발휘되는 추동의 내적인 발현에 점점 익숙해지는 것은, 그것이 다른 사람들에게서 발현될 때, 자연스럽게 밖에서도 같은 것을 알아차리는 것으로 유도된다. 그런 알아차림은 다른 사람들도 그들의 통각과 그것에 뒤따르는 행위에서 느낌의 영향을 받는 정도를 드러낸다. 그런 영향을 알아차릴 수 있는 것은 다른 사람들과 대화를 하고 상호작용할 때 상당히 많은 도움이 된다.

정규 명상수행으로 돌아가서, 몸 스캔에 뒤이어 우리는 느낌의 일어남이 몸에 뚜렷한 영향을 미치는지에 상관없이 발현되는 느낌들이 어떤 것이든 그 느낌을 계속 알아차린다. 어떤 느낌은 거의 몸에 영향을 미치지 않는다. 그런 이유로 그것에 대한 마음챙김 관찰은 마음의 영역 안에서 일어날 필요가 있다. 어떤 유형의 느낌이 발현되든, 해야 할 일은 현재 순간 경험의 정서적인 차원에 대해 줄곧 알아차리는 것이다. 이 정서적인 경험이 특별히 뚜렷한 추동과 함께할 때마다 우리는 그것을 알아차리려고 노력한다.

느낌에 대한 알아차림을 계발하는 것의 이점은 무엇이 몸과 마음 사이의 중재자 역할을 하는지를 알고 인식하게 되는 것이다. 느낌은 몸에서 일어나는 것과 마음에서 일어나는 것 사이의 메신저로 생각될 수 있다. 그렇지 않으면 느낌은 몸과 마음 사이의 인터페이스로 간주될 수 있다. 느낌을 매개로 하여 마음 상태는 몸 상태에 영향을 미칠 수 있고, 마찬가지로 느낌을 매개로 하여 몸 상태는

아날라요 비구의 마음챙김 확립 수행

마음에 영향을 미칠 수 있다(아날라요 2013: 121f). 아마도 이것은 「마음챙김의 확립 상윳따」에 있는 법문이 느낌의 세 가지 유형에 대한 통찰적 이해(pariñña)를 위해 세 가지 모든 마음챙김의 확립의 계발을 명시하는 이유를 설명해 준다(『상윳따 니까야』 47.49). 비록 이 세 가지 유형이 느낌 명상으로만 상세하게 다루어지지만, 분명히 다른 세 가지 마음챙김 확립 계발의 도움과 더불어 함께하는 노력은 두 번째 마음챙김의 명상으로 탐구를 그것의 적절한 맥락에 위치시킨다. 이것은 그 결과로 나오는 통찰이 실제로 사물을 꿰뚫어보는 것을 보장해 준다.

느낌은 동시에 조건 지어지고 조건 짓는다. 느낌은 그것을 일어나게 한 접촉의 유형에 의해 조건 지어진다. 이것은 몸의 감촉에 따른 접촉일 수 있다. 그러나 그것은 또한 다른 육체적인 감각의 문을 통한, 또는 특정한 생각이나 아이디어를 가질 때와 같은 그 자체로 마음의 문을 통한 접촉일 수도 있다.

느낌의 다양성은 그것을 일어나게 하는 접촉의 유형으로부터만 나오는 것은 아니다. 그것의 실제 발현도 다르다. 느낌은 몸과 마음 둘 다에 영향을 미친다. 그러나 그것은 다양한 정도로 그렇게 한다. 성냄과 같은 어떤 정신 상태를 느끼는 경험은, 예를 들어 자만과 같은 다른 정신 상태와 함께 일어나는 느낌들보다 더 강한 [신체적인 긴장, 얼굴 표정 등과 같은] 요소를 갖는다.

이런 다양성의 관점에서, 종합적인 방법으로 느낌에 대한 명상을 계발하는 것이 중요하다. 신체적인 감각들로 발현되는 느낌들만 명상하는 것은 쉽게 식별되는 몸의 감각들과 뚜렷한 관련성이 없는 정신 상태와 함께 나타나는 느낌들을 놓치게 되는 위험이 있다. 신체 감각으로 발현되는 그 느낌들에만 명상을 제한하는 것은 이 수행의 영역을 상당히 제한시킬 것이고, 그렇게 하여 그것의 해탈 잠재력의 상당한 부분을 놓치게 될 것이다.

몸과 고통

그럼에도 불구하고, 몸의 감각들은 이 명상에 두드러진 영역이다. 느낌에 주의를 기울이면서 지속적으로 몸 스캔 수행을 하는 것은 몸이 끊임없는 고통의 원천이라는 놀라운 경지를 드러낸다. 좌선을 하다 보면, 조만간 몸의 고통으로 자세를 바꾸지 않을 수 없게 된다. 심지어 누워 있는 자세도 끝내 고통을 일으키지 않고 몸을 돌려 자세를 바꿀 필요 없이 오랫동안 지속될 수 없다.

어떤 자세로 움직이지 않고 있을 때 본래 몸에 일어나는 고통을 차치하고라도, 외부 기온에 의해 짜증이 일어나게 되기도 한다. 어떤 때는 너무 덥다가 어떤 때는 너무 춥다. 기온 때문에 몸이 고통을 일으키는 것을 막기 위해 옷을 맞춰 입거나 선풍기나 난방기를 켜야 할 필요가 끊임없이 생긴다.

이와 같은 상태의 또 다른 차원은 음식과 음료의 필요성이다. 너무 많은 주의, 시간, 자원들이 우리가 먹고 싶은 것과 마시고 싶은 것을 공급하는 데에 소비된다. 다른 사람들에게 우리가 좋아하는 것을 불러일으키고 강요할 뿐만 아니라, 우리가 좋아하는 것을 충족시키는 것은 많은 주의와 관심을 받는다. 그러나 그 문제의 진실은 우리가 단순히 배고픔과 갈증의 고통을 피하기 위해 먹어야 하고 마셔야 한다는 것이다. 적어도 잠시 동안 그 고통이 성공적으로 해결되고 나면, 그 뒤에는 불가피하게 대변을 보고 소변을 보아야 하는 결과가 따른다. 이것들을 해소할 수 없으면 그것은 또 다른 고통의 원천이 된다. 식당에서 화장실에 이르는 이 모든 것들은 단지 고통 경감을 위한 시설들에 불과하다.

깊은 숨을 들이쉬는 것은 즐겁다. 왜 그럴까? 잠시 동안 몸이 산소를 끊임없이 요구하는 것이 충족되었기 때문이다. 우리는 산소 부족의 고통을 피하기 위해 숨을 쉬어야 한다.

몸의 고통의 다양한 차원들에 대해 명상하는 것은 또한 여기서 제시되는 두 번째 수행 바큇살인 요소들과도 관련이 있다. 먹고 배변해야 하는 것과 더불어, 어떤 자세에서든 몸 무게의 압력 때문에 생기는 몸의 기본적인 고통은 흙 요소의 영향을 반영하는 몸의 고통의 한 가지 형태이다. 마시고 소변을 보아야 하는 것은 물 요소와 관련이 있다. 몸의 온도를 일정하게 유지해야 하는 것은 불 요소를 가리킨다. 다양한 몸의 움직임 가운데 숨을 쉬어야 하는 것은 바람 요소와 관련된 고통 잠재력이 특히 뚜렷하게 나타나는 예이다.

느낌들에 대한 명상 장소는 차치하고, 몸에 본래 내재된 끊임없는 미묘한 고통은 그 자체가 수행이 될 수 있다. 필요한 모든 것은 잠 자는 것, 먹는 것, 마시는 것, 옷 입는 것, 닦는 것 등과 같이 보다 덜 고통스런 상태의 몸을 유지하기 위해 하루 종일 보내는 시간과 활동의 양을 알아차리는 것이다.

이런 유형의 명상 또는 알아차림은 몸에 대한 우리의 태도에 눈에 띄는 변화를 일으킬 수 있다. 그것은 다양한 형태의 몸의 즐거움들을 추구하는 것에 다소 깨어 있게 만드는 영향을 미칠 뿐만 아니라, 질병이 있을 경우에는 주목할 만한 도움이 되기도 한다. 몸의 감각적 욕망과 몸의 질병은 사실 동전의 양면이다. 우리가 감각적 욕망을 추구하여 어느 정도까지 몸에 집착하든지, 그와 같은 정도까지 우리는 몸이 아파 괴로울 때 고통을 겪게 될 것이다.

같은 수행의 또 다른 측면은 종종 질병의 고통에 대한 경험이 우리가 어떤 면에서 당연히 건강해야 한다는 암묵적인 가정과 함께한다는 것이다. 어쨌든 우리가 아프고 그래서 고통을 경험하는 것은 거의 부당하게 보인다. 몸의 진정한 성품을 자연스럽게 고통을 일으키는 어떤 것으로 적절하게 평가하는 것은 이런 불합리한 가정으로부터 우리를 자유롭게 하는 데 도움이 될 것이다. 이것에는 부당하거나 심지어 놀라운 어떤 것도 없다. 이런 이해는 어떤 신체적 고통이든 그것을 마음의 평온함을 가지고 직면할 수 있도록 해준다.

고통에 대한 신체적 경험은 몸의 고통에 의해 야기된 고뇌와 걱정이라는 정신적 고통과 결합하여 나타난다. 「화살 경(Salla-sutta)」은 화살에 맞는 예로 이 상황을 설명한다(『상윳따 니까야』 36.6; 아날라요 2013: 120f, 2016: 27ff). 우리가 정신적인 괴로움을 일으키지 않고 육체적인 고통을 경험하면, 우리는 하나의 화살만 맞은 사람과 비슷하다. 그러나 고뇌와 걱정으로 반응하는 것은 추가적인 화살을 더 맞는 것과 같다. 마음챙김이 현존하면, 이 추가적이고 불필요한 화살은 피할 수 있다. 경험되는 느낌들은 정신적인 반응에 의

　　　　　아날라요 비구의 마음챙김 확립 수행

해 야기되는 추가적인 느낌들을 계속 일으키기보다는 문자 그대로 "몸에서 끝나는(kāyapariyantika)" 것이 될 것이다.

이것은 네 가지 성스러운 진리의 관점에서 바른 견해에 이르는 직접적인 경험의 접근법이 될 수 있다. 고통의 경험에 의해 정신적으로 괴로워하는 것은 첫 번째 고(苦, dukkha)의 진리의 분명한 발현이다. 정신적인 고뇌와 걱정의 두 번째 화살은 고통이 없기를 바라는 갈애 때문에 일어나고, 이것은 갈애의 역할에 대한 두 번째 진리[集]의 가르침이다. 어떤 정신적인 반응 없이 첫 번째 화살만을 경험하는 상황은 고뇌와 걱정의 둑카로부터 [적어도 순간적인] 자유에 관한 세 번째 진리[滅]를 가리킨다. 느낌에 대한 마음챙김 수행은 육체적인 고통의 경험에 대한 고뇌와 걱정으로부터의 자유가 증가하는 정도를 성취하는 실제적인 길[道]의 역할을 할 수 있다.

초기 법문들은 마음챙김이 질병의 고통스러운 느낌들에 직면할 수 있는 강력한 도구를 제공한다는 것을 분명하게 인정한다. 『상윳따 니까야』의 한 법문은 특출한 집중능력을 갖고 있는 탁월한 제자인 아누룻다가 단지 마음챙김만을 가지고 심각한 질병의 고통에 직면했다는 것을 우리에게 전한다(『상윳따 니까야』 52.10; 아날라요 2013: 135, 2016: 53). 또 다른 법문은 붓다 자신도 아팠을 때 마음챙김을 수행했다는 내용을 전해준다(『상윳따 니까야』 1.38; 아날라요 2016: 61). 붓다와 아누룻다는 마음챙김 대신에 그 고통의 경험을 억누르기 위해 그들의 집중력을 사용할 수도 있었기 때문에, 이 두 경우는 놀랍다. 단지 신경을 차단하는 것 대신에, 그 두 분은 마음챙김으로 그 고통에 직면하는 것을 선택했다. 나는, 특히 이 느낌들이 고통스런 유형일 때, 이것이 느낌들에 대한 명상에 본래 있는 능력을 가리킨다고 여긴다.

마음과 기쁨

몸에 본래 있는 미묘한 고통을 알아차리는 것 외에도, 이 명상을 지속적으로 수행하는 것은 또 다른 느낌을 드러낼 것이다. 다행히 이것은 즐거운 느낌이다. 그것은 현재 순간에 있는 매우 미묘한 기쁨이다. 이 미묘한 기쁨을 알아차리는 것은 몸에 본래 내재한 고통의 발견을 상쇄시켜 균형을 잡아준다. 이 두 가지 유형의 느낌은 보통 알아차려지지 않는다. 그것들을 알아차리는 데는 시간과 수행이 필요하다.

현재 순간에 있는 미묘한 즐거운 느낌들은 마음이 산란해지려는 경향 때문에 쉽게 놓친다. 이와 같은 특별한 즐거운 느낌을 알아차릴 수 없는 또 다른 이유는 우리가 너무 지나치게 밀어붙이고 과도하게 노력하기 때문일 수 있다. 그 결과로 나타나는 마음의 긴장은 현재 순간에 있는 미묘한 기쁨이 일어나지 못하도록 한다. 이런 식으로, 이 미묘한 기쁨을 알아차리는 것은 너무 느슨해져서 산란함을 초래하는 것과 너무 조여서 위축을 초래하는 것 사이의 균형에 이르렀는지에 대한 직접적인 피드백을 제공해 준다. 마치 줄이 너무 팽팽하지도 않고 너무 느슨하지도 않게 조율된 류트가 듣기 좋은 소리를 만들어 내듯이(『앙굿따라 니까야』 6.55; 아날라요 2003: 38), 비교적 균형 잡힌 상태의 마음은 미묘한 기쁨이라는 듣기 좋은 소리를 만들어 낼 것이다.

일단 이런 유형의 즐거운 느낌이 알아차려지면, 그것은 어떤 상황에서도 원리적으로 사용할 수 있다. 허드렛일이 현재 순간에 잘 확립된 알아차림과 함께 행해진다면, 심지어 가장 지루한 허드렛일도 미묘한 기쁨을 경험할 수 있는 기회가 될 수 있다. 치과에서 기다리는 것, 교통체증에 걸리는 것, 줄서기 등에도 똑같은 원리가 적용된다. 현재 순간으로 되돌아가서 불쾌한 것으로 쉽게 경험될 수 있는 것을 유익한 즐거운 느낌들이 일어날 수 있는 기회로 바꿀 수 있는 순간들은 한없이 많다.

이 미묘한 즐거운 유형의 느낌을 의식적으로 계발하는 것은 산란해지려는 마음 고유의 경향성에 오랫동안 대처할 수 있다. 결국, 산란함이 일어나는 가장 두드러진 이유는 마음이 보다 재미있고 즐거운 어떤 것을 찾기 때문이다. 우리의 명상 수행을 현재 순간에 있는 이 미묘한 기쁨을 경험하는 것과 결합시킴으로써 마음은 다른 어떤 것을 찾아 헤매기보다는 자연스럽게 지금 여기에서 수행과 함께 머물 수 있다. 나는 가능한 한 많이 현재 순간에 있는 것으로부터 일어나는 미묘한 즐거운 느낌에 대한 알아차림을 두 번째 마음챙김의 확립 수행을 위한 기준점으로 만들기를 추천한다. 일단 일어나면, 이 미묘한 느낌의 유형은 [물론 우리가 현재 순간을 계속 마음챙김하는 동안] 꽤 지속적으로 명상될 수 있다. 이런 식으로 느낌에 대해 명상하는 것은, 그것의 다른 많은 이익들 외에도 지금 여기에서 마음챙김을 유지하도록 도와주는 마음챙김 확립 명상의 주된 과업과 관련하여 즉각적인 보답을 준다. 현재 순간을 관찰하는 유리한 이 기준점에서 마음챙김이 확립되는 것은 다음에 두 번째 마음챙김 확립의 종합적인 수행에서 마음의 대상이 될 수 있는 [그리고 보통은 더 강한] 다른 느낌의 유형들이 일어날 때 알아차리는 것을 쉽게 만든다.

앞에서 설명한 대로 느낌에 대한 명상을 시작하여 생기는 중심적인 하나의 깨달음은 몸을 고요하게 유지하는 것은 고통스런 느낌들을 일으키지만 마음을 고요하게 유지하는 것은 즐거운 느낌들을 일으킨다는 것이 느낌의 수준에서 식별될 수 있는 방식으로 몸과 마음의 정서적인 잠재력에 대한 통찰을 하는 것이다. 이 놀라운 대조는 몸을 통한 감각적인 행복을 추구하기보다는 마음에서 일어나는 유익한 행복을 추구하는 것이 훨씬 더 유의미하다는 사실을 강조한다.

행복은 결국 정신적인 것이다. 그것은 마음에서 일어난다. 몸을 통해 행복을 찾는 것은 돌아서 가는 길이다. 유익한 것을 계발함으로써 마음을 통한 행복을 찾는 것이 훨씬 더 직접적이다. 그것은 보다 더 직접적일 뿐만 아니라, 그렇게 하는 것이 기쁨을 일으킬 수 있는 것에 확립된 마음의 자연스러운 경향과 일치하기 때문에, 그것은 또한 성공할 가능성이 훨씬 더 크다. 마지막으로, 몸의 감각적 즐거움을 통해 행복을 추구하는 것은 우리를 계속 속박 상태에 있게 하지만, 마음의 유익한 상태를 확립하여 행복을 추구하는 것은 우리를 계속해서 해탈을 향해 나아가도록 한다.

바른 견해

우리의 행복 탐구가 어떻게 가장 잘 행해져야 하는지에 대한 자각은 바른 견해의 문제이다. 사물을 바르게 보는 것은 실제로 지속적인 행복으로 이끌 수 있는 행위의 과정을 추구하기 위한 매우 중요한 방향을 제공한다.

　　사성제 형태의 바른 견해는 둑카(dukkha, 苦)와 그것의 원인의 인식과 관련이 있는 처음 두 가지 진리로부터 세 번째와 네 번째 진리로의 전환을 포함한다. 이것들은 둑카로부터 자유롭게 될 가능성과 팔정도인 그런 자유로 인도하는 길에 대한 인식과 관련이 있다. 첫 번째와 두 번째 진리로부터 세 번째와 네 번째 진리로의 전환은 부정적인 것으로부터 긍정적인 것으로 나아가는 것이다. 방금 설명한 느낌에 대한 명상의 두 가지 차원은 유사한 전환을 포함한다. 이 전환은 몸에 본래 미묘한 고통이 있다는 자각으로부터 현재 순간에 있는 미묘한 기쁨에 대한 인식으로 나아간다. 이런 고통의 경감은 우리의 활동들 배후에서 작용하는 원동력이 된다. 느낌에 대한 명상이 사성제에 의한 바른 견해를 직접적인 개인의 경험으로 만드는 문을 제공한다는 점에서 그런 유사성은 위에서 이미 언급했던 요점을 지지한다.

세속적인 느낌과 비세속적인 느낌

느낌을 즐거운, 괴로운, 또는 중립적인 느낌으로 인식하는 것 외에도, 「마음챙김의 확립 경」의 가르침은 또 다른 독특한 가르침을 제시한다. 원문에 쓰인 이런 방식은 나에게 전체 가르침이 두 단계 과정이라는 인상을 준다. 첫 번째 단계는 단지 세 가지 기본적인 정서적인 성격을 인식하는 것만을 요구한다. 이것은 지금까지 탐구된 주제였다. 일단 이런 유형의 수행에 대한 어느 정도의 익숙함이 얻어지면, 두 번째 단계가 작용하게 된다. 다음과 같은 가르침이 있다.

> 수행자가 세속적인 즐거운 느낌을 느낄 때, 그는 '나는 세속적인 즐거운 느낌을 느낀다'고 안다. 수행자가 비세속적인 즐거운 느낌을 느낄 때, 그는 '나는 비세속적인 즐거운 느낌을 느낀다'고 안다. 수행자가 세속적인 괴로운 느낌을 느낄 때, 그는 '나는 세속적인 괴로운 느낌을 느낀다'고 안다. 수행자가 비세속적인 괴로운 느낌을 느낄 때, 그는 '나는 비세속적인 괴로운 느낌을 느낀다'고 안다. 수행자가 세속적인 중립적인 느낌을 느낄 때, 그는 '나는 세속적인 중립적인 느낌을 느낀다'고 안다. 수행자가 비세속적인 중립적인 느낌을 느낄 때, 그는 '나는 비세속적인 중립적인 느낌을 느낀다'고 안다.

세속적인 것과 비세속적인 것 사이의 구별은 육체(āmisa)와 관련된 느낌들과 육체와 관련되지 않은 느낌들 사이의 구별을 문자 그대로 번역하는 빠알리 단어들을 포함하고 있다. 나는 이런 구별이 수행에 윤리적인 차원을 도입하기 위해 의도된 것이라고 간주한다. 그래서 그것은 정신적인 상태들에 대한 명상보다 우위에서 작용

아날라요 비구의 마음챙김 확립 수행

할 수 있다. 간단하게 말해서, 세속적인 즐거운·괴로운·중립적인 느낌의 유형들은 마음이 탐욕, 성냄, 또는 미혹과 함께할 때 일어난다. 같은 세 가지 유형의 비세속적인 느낌들은 적어도 일시적으로 탐욕·성냄·미혹으로부터 자유로운 마음과 함께 일어난다.

어떤 면에서는 단지 유익한 느낌과 해로운 느낌에 대해서 말하는 것이 더 간단했을 것이다. 그러나 그것의 일반적인 용법에서, 유익한 것(kusala)과 해로운 것(akusala) 사이의 구별은 의도들, 그리고 의도적인 행위들과 긴밀한 관련이 있다. 그러나 느낌은 그 자체가 의도의 문제가 아니다. 지각과 의도적 형성들은 의도와 직접적인 관련이 있고 정신적인 훈련을 잘 받아들이는 반면에 느낌과 의식은 오히려 지각과 의도적 형성들에 의해 만들어진 상황의 결과이다. 이런 기본적인 차이점은 이 법문이 느낌과 의식을 감각 대상에 연결시키는 반면에 지각과 의도적인 형성들은 감각의 문에 관련되는 충분한 이유가 될 수 있다(아날라요 2003: 204). 다시 말해서, 느낌과 의식은 경험의 수용적인 면에 속하고, 그럼으로써 의도의 직접적인 영향을 덜 받아들인다. 이것은 더 익숙한 유익한 것과 해로운 것 사이의 구별 대신에 느낌에 대한 명상을 위해 세속적인 것과 비세속적인 것 사이의 덜 흔한 구별이 사용된 이유를 설명해 줄 수 있다.

세속적인 느낌과 비세속적인 느낌 사이의 구별을 도입하는 것은 붓다 자신의 깨달음에 이르는 진보의 빛으로 더욱 제대로 인식될 수 있다. 「삿짜까 긴 경(Mahāsaccaka-sutta)」에 따르면, 고행을 하는 동안 미래 붓다는 극심한 고통을 경험했지만, 그런 고통은 그의 마음을 압도하지 못했다. 마찬가지로, 그가 깨달음을 얻기 전 몰입[禪定]을 계발할 때, 그의 마음이 그것에 압도당하지 않고, 그는 깊은 집중의 기쁨과 행복을 경험할 수 있었다(『맛지마 니까야 36; 아날라요 2017c: 92).

붓다의 경우에, 마음이 느낌에 의해서 압도당하지 않도록 하는 것은 그가 하고 있는 것을 끊임없이 관찰하는 통합된 부분이었다. 그런 관찰은 필요했다. 왜냐하면 그는 어떤 도닦음과 수행이 그를 깨달음으로 인도할지 확신하지 못했기 때문이다. 그럼으로써 그는 그가 하고 있는 것이 해탈이라는 마지막 목표를 향한 진보를 가져올지 평가할 수 있기 위해서 계속 관찰을 해야 했다. 나는 아마도 스승의 안내 없이 얻은 수행의 결과인 그의 그런 관찰 자체는 매우 유익한 것으로 판단되었기에 다른 사람들을 가르칠 때, 그는 마음챙김의 확립 명상에서 그것에 중요한 위치를 부여하기로 결정했다고 생각한다.

특별히 느낌이 마음에 미치는 영향을 관찰함으로써, 그는 느낌의 성품에 대한 분명한 구별을 개발할 수 있었다. 훈련되지 않은 마음의 평균적인 태도는 즐거움은 추구하고 고통은 피하는 것이다. 고행은 이런 태도가 속박을 초래한다는 인식에 기반을 두고 있다. 고행주의를 따르는 사람들이 옹호하는 대안은 정반대, 즉 고통은 추구하고 즐거움은 피하는 것이었다. 젊은 시절의 감각적 욕망의 탐닉과 고행 수행을 하면서 자초했던 고통에 대한 자신의 경험으로부터, 붓다는 그 두 가지 태도를 넘어서게 되었다. 그는 어떤 형태의 즐거움은 칭찬할 만하고 다른 어떤 즐거움은 피해야 한다는 것을 깨달았다. 또한 어떤 형태의 고통은 칭찬할 만하고 다른 고통은 피해야 한다(『맛지마 니까야』 70; 아날라요 2017c: 74ff)는 사실도 깨달았다. 이런 이해는 중요한 관점의 변화를 포함한다. 여기서 느낌은 그 정서적인 성격보다는 그것의 영향에 따라 평가된다. 이와 같이 다른 관점의 발견은 「마음챙김의 확립 경」의 가르침에서 소개된 세속적인 느낌과 비세속적인 느낌 사이의 구별을 알게 하는 것일 수 있다.

「교리문답의 짧은 경(Cūḷavedalla-sutta)」은 느낌의 정서적인 성격과 그것의 영향들 사이의 이와 같은 구분을 기반으로 한다. 이 법문은 첫 번째 몰입[初禪]을 감각적 욕망을 자극하지 않는 즐거운 느낌들의 예로 제시한다. 네 번째 몰입은 무지 또는 무명을 자극하지 않는 중립적인 느낌들의 전형적인 예이다. 해탈을 바라는 것은 혐오감을 자극하지 않는 즐겁지 않은 느낌들의 전형적인 예이다(『맛지마 니까야』 44; 아날라요 2013: 127f).

이런 면에서, 세속적인 유형의 즐거운 느낌들은 감각적 욕망과 관련된 느낌들이다. 비세속적인 유형의 느낌들은 깊은 집중의 즐거움과 행복이다. 그러나 그것보다 훨씬 더 비세속적인 것은 해탈의 행복이다(『상윳따 니까야』 36.29; 아날라요 2003: 158n9). 이런 제시유형 배후의 원리는 세속적인 즐거운 느낌들이 감각적 욕망의 증가를 초래하는 느낌들이라는 것이다. 그런데 비세속적인 느낌들은 감각적 욕망의 감소를 가져온다. 실제로 깊은 집중의 행복은 감각적 욕망에 대한 흥미를 감소시킨다. 완전하게 해탈한 마음은 영원히 감각적 욕망에서 자유롭다. 결과적으로 해탈의 즐거움은 최고의 비세속적인 즐거운 느낌의 유형이다.

세속적인 유형의 즐겁지 않은 느낌들은 감각적인 즐거움을 박탈당한 데서 오는 느낌들일 것이다. 비세속적인 유형의 즐겁지 않은 느낌들에 관하여, 「교리문답의 짧은 경」은 어떻게 그런 느낌들이 해탈에 대한 소망 때문에 일어나는지를 설명한다. 이것은 원리상 해탈하려는 소망 또는 열망에는 잘못된 것이 없다는 것을 보여주려 한다. 아직 목표에 도달하지 못했다는 인식은 더 이상의 진보를 위해 필요한 에너지를 불러일으키는 데 유용할 수 있다. 그러나 이것은 과도하지 않도록 적절하게 다루어질 필요가 있다. 그런 열망이 의기소침과 과도한 절망감을 가져올 때, 그것은 장애로 변할 수 있다.

우리가 우리 자신의 행동과 행위의 기준에 따라 살지 못했다는 것을 인정하는 경우들은 비세속적인 유형의 즐겁지 않은 느낌의 주제와 관련된다. 우리 자신에게 그런 경험들이 도닦음의 필수적인 요소라는 것을 상기시키는 것은 매우 유용하다. 그런 때 일어나는 즐겁지 않은 느낌을 인내심을 가지고 참는 것을 배우는 것은 단순히 우리 자신의 단점을 무시함으로써 그런 불쾌함을 피하려는 자연스러운 경향성에 대처하게 해준다. 이런 경향성이 그냥 일어나도록 허용되면, 마지막 결과는 우리가 우리의 실제 모습보다 더 나은 것처럼 가장하도록 우리 자신을 훈련시킬 가능성이 있다. 이것은 실제로 더 이상의 진보에 장애가 될 것이다.

자신의 오염원들과 단점을 정직하게 인정하는 것은 그것들에 대해 무엇인가를 할 수 있는 반드시 필요한 기반이다. 비세속적인

아날라요 비구의 마음챙김 확립 수행

유형의 즐겁지 않은 느낌들은 분명히 존재하는 이유가 있다. 이것은 우리가 의기소침에 빠질 수밖에 없다는 것을 의미하는 것은 아니다. 다른 마음챙김의 확립 수행과 마찬가지로, 우리가 해야 할 일은 균형을 유지하는 것이다. 그런 균형을 성취하기 위한 도구는 항상 마음챙김이다. 마음챙겨 관찰하는 것은 우리가 균형에서 벗어나자마자 우리에게 피드백을 제공한다.

세속적인 유형의 중립적인 느낌들은 우리가 순간적으로 감각적 욕망에 실컷 만족하고, 적어도 당분간은, 더 이상의 탐닉에 대해 자극받지 않을 때 있을 수 있다. 배불리 먹고 난 후 맛있는 음식이 더 차려졌다고 생각해 보자. 이때 일어나는 느낌은 우리가 정말로 배고플 때 같은 음식이 앞에 놓였을 때 경험되는 느낌과는 본질적으로 다를 것이다. 여기서 중요한 점은 중립적인 느낌이 통찰의 결과가 아니라, 오히려 무지의 영역 안에 남아 있는 일종의 무관심이라는 것이다.

비세속적인 중립적 느낌들의 두드러진 예는 네 번째 몰입[四禪]이다. 명상 중에, 또는 평정을 가져오는 통찰의 결과로 경험되는 다른 중립적인 느낌들이 같은 범주에 속한다.

세속적인 느낌들과 비세속적인 중립적 느낌들 사이의 대조는 「여섯 감각장소의 분석 경(Saḷāyatanavibhaṅga-sutta)」의 관점에서 볼 수도 있다(『맛지마 니까야』 137; 아날라요 2003: 172, 2013: 131). 이 법문은 계발되어야 하는 느낌들의 계층을 설명한다. 여기서 통찰의 계발로 경험되는 중립적인 느낌 상태는 최고의 느낌으로 두드러진다. 중립적인 느낌들이, 그것의 단조로운 성품 때문에 권태를 일으키는 경향이 있다는 것을 고려할 때, 이 특별한 유형의 중립적인 느낌의 탁월함을 제대로 인식하는 것은 안거(安居) 수행 기간에 명상 수행의 탄력을 유지하는 데 도움이 될 수 있다. 다시 말해서 때로는 마음이 덜 재미있는 집중 명상을 발견하고는 흥미를 자극하는 다른 어떤 것을 찾으러 가는 것은 어떤 면에서 자연스럽다. 그러나 가르침의 관점에서 볼 때, 느낌들의 경험에서 정점을 이루는 것은 바로 현상의 무상한 성품을 볼 때 경험되는 중립적인 느낌들이다. 계발되어야 하는 것은 바로 이 경험의 유형이다.

무상(無常)

얼마 동안 느낌에 대한 명상을 수행하고 나면, 또 다른 특성이 점점 더 두드러진다. 그것은 변하는 성품이다. 우리가 전에 특정한 즐거운 성격의 느낌이 일어난 것을 알아차린 곳에서, 우리는 이내 그것이 사라진 것을 발견한다. 어떤 면에서 이와 같이 끊임없이 일어나서 사라지는 모든 느낌은 무상의 소식을 전해주는 메신저이다. 느낌들은 매우 덧없어서 비가 내릴 때 물의 표면에 생기는 거품들과 같다(『상윳따 니까야』 22.95; 아날라요 2003: 206). 그것들은 끊임없이 계속 일어나서 사라진다. 그것의 무상한 성품은 느낌을 무상에 대한 통찰의 심화를 계발하기 위한 편리한 도구로 만든다. 이 수행을 통하여 그런 통찰은 감지할 수 있고 직접 느껴지는 경험이 된다. 우리는 무상을 실제로 느낀다. 무상을 느끼는 것은 즐거움과 고통이 영원히 계속되는 것이 아니라는 것을 의심할 여지없이 분명하게 만든다. 우리 스스로 이와 같이 직접 경험하는 것은 느낌이 강한 반응을 촉발시키는 경향성을 점차적으로 약화시킨다.

느낌의 변하는 성품을 제대로 인식하는 것은 의도적인 노력을 필요로 한다. 어떤 면에서, 부패 상태에 있는 시체에 대한 이전의 몸에 대한 명상과 함께, 무상의 진리는 놓칠 수 없다. 그러나 정신적인 상태뿐만 아니라 느낌들과 함께, 무상은 「마음챙김의 확립경」의 정형구에 있는 설명에 따른 수행을 계속하기 위해 적극 장려될 필요가 있다. 그 정형구에 따라 우리가 해야 할 일은 일어나고 사라지는 성품을 명상하는 것이다.

일단 우리가 무상의 그 느껴진 감각을 확립하면, 생각은 더 이상 느낌에 대한 명상으로부터 집중을 방해하는 것으로 간주될 필요가 없다. 우리가 몸 전체에 대한 알아차림에 뿌리를 내리고 변화에 대한 이와 같은 직접적으로 느껴지는 감각에 마음이 조율되어 있기만 하면, 생각들은 있는 그대로 남겨질 수 있다. 느낌을 명상하기 위해서 그 생각들을 마음에서 억지로 내보낼 필요는 없다. 우리가 그 생각들에 관여하지 않고 그냥 그대로 놔두면, 그 생각들은 마음을 끌고 다닐 수 있는 능력을 점차적으로 잃게 될 것이다. 결국 그 생각들은 무상에 대한 종합적인 경험의 일부가 될 뿐이다.

무상에 대한 같은 종합적인 경험은 앉기 명상에서 걷기 명상으로 계속될 수 있다. 실제 걷기 명상 동안 이 활동과 관련된 감각들에 주의를 기울일 수 있다. 그 감각들은 발바닥의 닿는 감각들, 다리 또는 몸 전체의 감각들이다. 이와 같은 다양한 감각들을 알아차릴 때, 그 감각들의 무상한 성품에 특별히 주의를 기울일 수 있다. 이런 방식으로 변화를 느끼는 감각은 연속적인 수행이 된다.

느낌은 여러 방향에서 불어오는 바람과 같다(『상윳따 니까야』 36.12; 아날라요 2003: 160, 2013: 132). 날씨의 변화무쌍함과 싸우는 것이 무의미한 것과 마찬가지로 느낌의 변화무쌍함과 싸우는 것은 무의미하다. 가장 좋은 태도는 느낌과 바람 둘 다를 그냥 지나가게 놔두는 것이다. 그것들이 어쨌든 변할 것이라는 것을 알고 그것들의 자연스러운 과정을 따르도록 둘 다를 놔둘 수 있다.

텅 빈 하늘과 같은
마음을 계발하라.
느낌의 바람이
그냥 지나가도록 하라.

바퀴 비유의 견지에서 볼 때, 느낌에 대한 명상이 바퀴의 중심축에 공헌하는 것은 몸에 대해 느껴진 감각에 직접 주의를 기울이고 그것을 현재 순간에 존재하는 기쁨과 결합함으로써 마음챙김을 몸에 훨씬 더 굳건하게 뿌리내리게 하는 것이다. 더욱이 몸의 현존에 대해 느껴진 감각은 변화의 사실에 고유한 지시와 함께 온다. 바퀴테에 공헌하는 것은 무집착의 감각이 깊어지는 것이다.

매우 덧없고 끊임없이 변하는 느낌들에 집착하는 것은 헛된 일이다. 갈애를 일으켜서 느낌들에 반응하는 경향이 침식되고 점차적으로 약화될 뿐이다. 특히 몸을 통한 감각적 즐거움을 추구하는 것의 무의미함이 드러난다. 그것은 의미가 없을 뿐만 아니라, 완

전히 위험하기까지 하다. 이 위험은 특히 몸이 아파서 고통을 받을 때 분명하게 된다. 우리가 감각적 욕망을 추구하는 동안 이전에 몸의 느낌들에 집착했던 정도까지, 질병이 생길 때 우리는 그 정도까지 고통을 당할 것이다.

열린 수행

세 가지 몸에 대한 명상을 통해 계발되는 통찰과 느낌들의 데이터에 기반을 두고, 우리는 지시 없는 수행 모드로 계속 나아간다. 몸 전체에 대한 알아차림에 뿌리를 내리고 무상에 대해 느껴진 감각의 연속과 함께, 우리는 어떤 방식으로 그것이 펼쳐지든 현재 순간에 활짝 열린 상태가 된다. 우리는 '느낌이 있다(atthi vedanā)'는 것을 알아차린다. 그것은 느낌들의 매개를 통해 몸 전체에 대한 알아차림의 뿌리를 경험하는 형태를 가진다. 이런 방식으로 우리는 느낌과 관련된 모든 해로운 반응으로부터 자유에 이르는 길로 계속 나아간다.

마음이 산란해진 것을 알아차리면, 우리는 미소를 지으며 마음이 정처 없이 떠돈다는 사실을 인식하고, 그 느낌의 상태를 식별하려는 노력을 기울인다. 그런 산란함을 일으킨 생각, 경험, 기억 또는 공상의 정서적인 성격은 무엇인가? 그것은 즐거운 것인가, 괴로운 것인가, 아니면 중립적인 것인가? 두드러진 느낌의 상태를 그와 같이 알아차리는 것은 특히 탐욕, 성냄, 미혹의 발현을 식별할 필요와 관련하여, 다음 마음챙김의 확립인 마음 명상에 대한 지원을 제공한다. 나는 다음 장에서 두 번째와 세 번째 마음챙김의 확립 사이의 관계로 다시 돌아올 것이다.

통찰의 관점에서 볼 때, 느낌에 대한 명상이 하는 중요한 공헌은 연기의 원리에 대한 직접적이고 개인적인 깨달음을 제공하는 것이다. 어떤 면에서 연기의 마지막 연결고리가 이전의 죽음에 관한 명상으로 이미 분명해졌다. 죽음에 직면함으로써, 우리는 보통 죽음의 경험과 뒤얽힌 슬픔과 비탄으로 반응하지 않도록 우리 자신을 훈련시켰다. 그런 유형의 훈련은 암암리에 갈애와 집착, 즉 죽음에 영향을 받지 않고 삶에 대한 집착에도 영향을 받지 않는 갈애를 가리킨다.

둑카(dukkha, 苦)의 두드러진 발현으로서 몸의 죽음을 알아차리는 것에 기반을 둔 이 수행은 둑카의 연기로 이끄는 일련의 연결고리들의 중요한 단계로 돌아간다. 이것은 느낌에 의존하여 갈애가 일어나는 것이다. 느낌이 마음에 행사하는 뚜렷한 영향은 느낌과 갈애 사이의 연결고리가 그렇게 중요한 이유를 매우 분명하게 만든다. 마음챙김이 엄청난 차이를 만들 수 있는 것은 이 연기의 단계에서이다.

요약

세 가지 느낌의 유형들은 몸 스캔의 도움으로 탐구될 수 있다. 그것은 분명하게 뚜렷한 몸의 구성 요소를 갖고 있지 않은 정신적인 요소들을 포함하여 어떤 느낌이든지 그것을 종합적으로 알아차리는 것으로 인도되어야 한다. 어떤 반응을 일으키는 느낌의 추동(推動)을 알아차리는 것은 그것이 마음에 미치는 연기적인 영향을 드러낸다. 지속적인 명상은 몸이 반복되는 고통스러운 느낌들의 원천이라는 것을 드러내는 반면 현재 순간에 확립된 마음은 미묘한 즐거운 느낌을 만들어 낸다. 어떤 느낌이든지 그것은 무상에 대한 직접적인 경험의 입구로서의 역할을 할 수 있다.

아날라요 비구의 마음챙김 확립 수행

제7장

마음

세 번째 마음챙김의 확립이면서, 여기에서 다섯 번째 수행의 바큇살로 제시되는 것은 정신적인 상태들에 대한 명상이다. 「마음챙김의 확립 경」에 제시된 그 가르침의 첫 번째 부분은 다음과 같이 진행된다(『맛지마 니까야』 10).

> 수행자는 탐욕 있는 마음을 '탐욕 있는 마음'이라고 알고, 탐욕 없는 마음을 '탐욕 없는 마음'이라고 안다. 수행자는 성냄 있는 마음을 '성냄 있는 마음'이라고 알고, 성냄 없는 마음을 '성냄 없는 마음'이라고 안다. 수행자는 미혹 있는 마음을 '미혹 있는 마음'이라고 알고, 미혹 없는 마음을 '미혹 없는 마음'이라고 안다. 수행자는 위축된 마음을 '위축된 마음'이라고 알고, 산란해진 마음을 '산란해진 마음'이라고 안다.

다음에 위에서 언급된 마음의 개개의 상태들에 대해서 상세하게 다룰 것이지만, 우선 나는 이 수행의 요지가 "마음이 어떠한가?"라는 질문을 가지고 지속적으로 내면을 관찰하는 것으로 요약될 수 있다는 사실을 언급하고 싶다. 보통 우리가 우리의 모든 주의를 기울이는 곳인 밖에서 무슨 일이 일어나든지, 그것은 이 관점에서 보면 부차적인 것이 된다. 정말로 중요한 것은 마음이 그것에 어떻게 반응하는가이다. 이것이 우리가 계속 알아차릴 필요가 있는 것이다. 이 마음챙김 확립의 주된 관심은 우리 자신의 마음을 그렇게 아는 것이다. 그 목적을 위해 경에서 열거된 실제적인 정신적 상태들

아날라요 비구의 마음챙김 확립 수행

은 도움이나 예의 역할을 한다.

탐욕, 성냄, 미혹

앞에서 언급된 마음의 처음 세 가지 상태는 탐욕, 성냄, 미혹의 존재와 부재를 다룬다. 나는 실제 수행 시에 이 세 가지를 특별히 강조하길 제안한다. 산란함이 일어날 때마다 그것은 어떤 형태의 욕망 또는 탐욕이거나, 그렇지 않으면 어떤 정도의 혐오 또는 성냄과 관련이 있다. 세 번째 대안은, 탐욕 또는 성냄에 의해 두드러지게 영향을 받지 않는 산란함의 상태인, 마음이 단지 한가롭게 여기저기를 노니는 것이다. 이런 마음의 상태는 미혹의 발현으로 간주될 수 있다. 말할 필요 없이, 미혹은 또한 탐욕과 성냄의 기저를 이룬다. 그러나 수행의 목적을 위해 이 범주를 가르침에서 언급된 처음 두 가지 해로운 상태를 보충하는 것으로 사용할 수 있도록 하는 것이 내가 더 선호하는 것이다.

안에 있는 탐욕, 성냄, 미혹의 존재 또는 부재에 익숙해지는 것은 그런 존재 또는 부재가 다른 사람들에게 발현될 때, 밖에 있는 같은 대상을 인식하는 것을 용이하게 해줄 것이다. 그런 인식은 다른 사람의 정신적인 상태를 나타내는 얼굴 표정, 목소리의 상태, 몸의 자세에 의존할 수 있다(아날라요 2003: 97, 2017a: 37n39).

이 세 가지 범주를 사용하는 것은, 특히 세속적인 느낌들에 관련된, 이전의 느낌들에 대한 명상에 연결되는 다리를 놓는 데 도움이 된다. 탐욕의 마음이 있을 때, 그것은 아마도 세속적인 느낌들과 함께할 것이다. 마찬가지로, 성냄이 일어날 때, 그런 일어남은 아마도 세속적인 느낌들과 함께할 것이다. 미혹이 일어날 때, 세속적인 중립적 느낌들이 아마도 마음에 존재할 것이다.

　이런 관계를 염두에 두고 수행하는 것은 이 해로운 상태들이 일어나는 것을 인식하는 데 상당한 도움을 제공할 수 있다. 그런 인식은 마음 상태에 대한 명상이 요구하는 기본적인 과업과 관련이 있다. 이 과업은 기저의 정신적 흐름을 식별하기 위해서 하나의 특별한 생각과 그것과 관련된 연상들을 꿰뚫어보는 것이다. 우리의 현재 마음 상태를 마음챙겨 인식하기 위해서 필요한 것은 무엇보다도 어떤 생각의 흐름과 그 생각과 관련된 연상들이 발생하든지 그것들의 세부사항에 관여하지 않고 그것들을 명료하게 인식하는 것이다. 이 세부사항들은 종종 특별한 생각들의 연쇄에 빠지거나 엮이게 하기에 그런 인식을 성취하는 데는 행하는 것보다 말하는 것이 보다 쉽다. 우리의 현재 경험의 느낌 상태를 인식하는 것은 이 과업에 도움을 준다. 그것은 현재 순간의 정서적인 실재에 대한 알아차림의 기초를 제공함으로써 무엇이 일어나든지 그것에 우리가 주관적으로 관여하는 것에 주의를 기울이게 된다. 이런 방식으로 우리는 특별한 생각들의 세부사항들보다는 마음의 기본 상태에 주의를 기울이는 것을 배운다.

　인간은 상응하는 마음의 기본 감정 상태를 동시에 완전히 무시하면서 그들의 생각에 깊이 빠져 있을 수 있기 때문에, 이것은 매우 중요하다. 역사상에는 특정한 정치적 또는 종교적 이상에 홀린 상태에서 믿을 수 없을 정도로 잔인하게 행사된 예가 많다. 그리고 그것들은 [가끔 다른 사람들에게 가해지는 피해에 대한 책임을 어떤 보다 높은 권위에 떠넘기는 것과 결합하여] 친절과 자비와 같은 기본적인 자질로부터의 완전한 분리를 초래한다. 끔찍한 사건의 다른 예들은, 마음이 이성적인 능력과 완전히 분리되어 감정에 빠지는 일이 일어날 때, 같은 동전의 다른 면을 보여준다. 이 수행은, 경험적 느낌 상태에 대한 체화된 알아차림과 분명한 인식의 기초 준비에 기반을 두고, 분리의 작은 경향성에 대항하여 작용한다.

이것은 이제 지금까지 탐구된 세 가지 마음챙김의 확립에 대한 중요성과 서로 분리되는 것보다 결합하여 그것들을 수행하는 중요성을 이끌어 낸다. 이 마음챙김의 확립이 그것의 완전한 잠재 능력을 얻게 되는 것은 정확히 신체와 정서 영역에서 지금까지 수행한 준비 작업을 통해서이다. 이런 방식으로 계발되는 마음챙김은 다른 영역들 사이의 의사소통 채널을 활짝 열어주는 것으로 마음속에 그려질 수 있다. 그것은 우리 자신의 이성적·감정적 차원들의 통합점을 제공한다. 이것은 각각에 그 둘이 특정한 상황에 대한 완전한 평가에 공헌하고 그것에 대한 적절한 반응을 발견하는 것에 공헌하는 방식으로 동등하게 들음으로써 일어난다. 이런 방식으로 직관과 추론은 마음챙김에 의해 제공되는 지원에 기반을 두고 균형점에 이르게 된다. 이것은 처음 세 가지 마음챙김 확립의 기저를 이루고 있는 수행의 역학에서 생긴다.

이런 면에서 세 번째 마음챙김의 확립에 의해 행해진 특정한 공헌은 우리 마음의 실제적인 상태를 정직한 인식에 이르는 직접적인 접근법으로 확인하는 것이고 우리 안에서 일어나는 것에 책임을 지는 것이다. 수행의 용어로 설명하면, 이것은 마음이 바로 지금 어떻게 작용하고 있는지를 알아보기 위해 규칙적으로 점검하는 형태를 가질 수 있다. 경험의 대상들에 모든 주의를 기울이는 뿌리 깊은 경향으로부터 방향을 돌려, 우리는 그것 대신에 우리 마음 안의 영역에서 그 대상들을 경험하는 것의 영향에 약간의 주의를 기울이는 것이다.

어떤 면에서 우리는 밖에서 일어나고 있는 일, 또는 우리가 관여하고 있는 일에 집중하는 것에 너무 익숙해서 우리 정신의 가시거리는 육체적 눈의 제한된 가시거리를 닮게 되었다. 그 기본 패턴은 바로 우리 앞에 있는 것에 모든 주의를 기울이는 것이다. 그렇지 않고 정말로 강한 어떤 것이 감정의 영역에 다가오면, 좁게 집중된 광선이 그것을 향하여 방향을 바꾼다. 이를테면 우리는 돌아서서 다른 모든 것을 완전히 잊어버린다.

그러나 그런 제한된 정신적 가시거리는 필연적인 것이라기보다는 하나의 습관이다. 마음은 인간의 눈에 비유되는 방식으로 본래 제한되지 않는다. 이 잠재능력을 실현하는 것은 너무 좁은 주의 집중으로부터 물러나서 우리의 알아차림이 보다 종합적인 것이 되도록 허용하는 것이다. 이런 방식으로 우리는 경험이 무엇인가와 더불어 경험의 방법을 통각(統覺)하는 것을 배운다. 주관적인 수준에서, 우리는 일어나고 있는 것에 대한 정신적인 영향을 식별한다. 그것은 어떤 면에서든 우리 능력이 밖에서 일어나고 있는 것을 인식하고 그것에 반응하지 못하도록 하지 않는 식별이다. 실제로, 그 결과로 생기는 마음의 폭은 우리가 정보를 받아들이는 것과 무엇

아날라요 비구의 마음챙김 확립 수행

이 일어나든 그것을 적절한 방식으로 다루는 우리의 능력을 향상시킨다.

우리의 정신적인 시력의 범위를 넓히는 기본적인 훈련은 마음챙김의 확립 수행들을 통해 점차적으로 소개되었다. 그곳에서 해부학적인 부분들과 요소들을 대상으로, 보다 내적인 측면들에 주의를 기울임으로써, 우리는 이미 그것의 표면 모습에 주로 관심을 갖는 몸에 대한 평균 인식을 넘어섰다. 느낌에 대한 명상에서, 우리는 몸을 느꼈던 것으로부터 몸을 느끼는 것에 대해 알아차리는 것으로, 즉 안으로 향하는 것을 배웠다. 이제 우리가 해야 할 일은 몸을 아는 것과 느낌들을 아는 것에 주의를 기울임으로써 그와 같은 내적인 방향으로 계속해 나가는 것이다.

이전 장에서 사용된 우리 손에 이 책을 들고 있는 예에서, 주의는 책의 접촉 감각에서 그 책을 접촉하고 있는 손을 느끼는 것으로 진행됐다. 이 마음챙김 수행의 전반적인 요점을 따라서 볼 때, 이제 주의는 우리 손에 책을 들고 있는 경험을 아는 것으로, 보다 안으로, 즉 마음으로 향한다.

우리 자신의 마음의 실제적인 상태를 포함시켜, 그 결과로 명상의 주의력을 넓히는 것은 마음챙김의 확립 명상에 근본적으로 중요하다. 그것은 이 마음챙김의 확립과 장애들과 깨달음의 요소들에 관심을 갖는 법에 대한 명상인 다음의 마음챙김의 확립을 위한 기초를 놓아 준다. 안에서 무엇이 일어나고 있는지를 관찰하는 능력과 우리 자신의 마음의 상태를 분명하게 인식하는 능력을 계발하는 것은 네 가지 마음챙김의 확립 가운데 이 두 가지 잠재능력을 완전하게 탐구하는 데 필수적이다.

실제로 어떤 면에서, 우리가 하는 일이 우리의 마음에 어떻게 영향을 미치는지를 관찰할 필요가 있다는 점에서, 같은 것이 모든 마음챙김의 확립 명상을 위해 요구된다. 이것은 이미 첫 번째 수행인 해부학적인 부분들에 대한 명상에서 분명해졌다. 균형을 잃은 이 명상 수행으로 인해 수행승들이 자살했다는 이야기는 마음에서 일어나는 것을 계속 주시하지 않는 것의 위험에 대한 강력한 경고 역할을 한다(106쪽 참조).

마음의 실제 상태를 점검하기 위해 필요한 안으로의 전향은 우리가 곧 좋은 친구와 만날 약속이 있다는 것을 알고 재미있는 책을 읽는 것과 다소 비슷하다. 책을 읽는 동안, 우리는 시간의 경과를 명심한다. 우리는 만날 시간을 놓치지 않기 위해서 규칙적으로 시간을 흘끗 볼지도 모른다. 이것은 스트레스가 많고 불안하게 하는 어떤 것이 될 필요는 없고, 책을 읽는 동안 시간의 경과를 우리 주변의 일로 알아차리는 이완된 방법일 수 있다. 마찬가지로, 주변의 알아차림은 우리 안에서 일들이 어떻게 펼쳐지고 있는지를 이완된 방식으로 계속 지켜보고 우리 마음의 상태를 관찰하는 것이다.

점차적인 도닦음에 대한 설명의 맥락에서, 다른 사람들의 정신 상태에 대한 명상은 거울을 보는 것을 실례로 들 수 있다(『디가 니까야』 2; 아날라요 2014a: 80). 그러나 이것은 우리 자신에 관련해서 이 수행이 무엇인지를 잘 설명해 준다. 그것은 바로 지금 우리 자신의 마음 상태를 있는 그대로 분명하게 보기 위해서 안에 있는 마음챙김의 거울을 들고 있는 것이다. 이렇게 내관적으로 우리 자신의 마

음의 상태를 점검하는 행위는 운전하는 동안 백미러를 보는 것에 비유될 수 있다. 이것은 우리 앞에서 일어나는 것만 보기보다는 우리가 전체 교통 상황을 보도록 도와준다. 마찬가지로, 무슨 일이 일어나든 마음이 그것과 어떻게 관련을 맺는지를 알기 위해서 우리는 우리 안에 있는 백미러를 보는 것이다. 또한 우리의 외모가 깨끗한지 아니면 더러운지를 확인하기 위해 거울을 보듯이, 마찬가지로 우리의 마음 상태를 확인하기 위해 마음챙김의 거울을 본다.

우리가 자신에게 "어떻게 지내?"라고 묻듯이, 우리는 지금 자신에게 "마음이 어때?"라고 계속 묻는다. 그리고 이것은 앞에서 언급된 마음에 대한 명상의 세 가지 범주의 견지에서의 표현을 의미한다: "마음이 어때? 탐욕이 있어, 아니면 탐욕이 없어? 성냄이 있어, 아니면 성냄이 없어? 미혹이 있어, 아니면 미혹이 없어?"

느낌에 대한 마음챙김은 해로운 생각들이 충분한 힘을 얻기 전에 그 생각들을 인식하는 데 특별히 도움이 된다. 이전 장에서 언급되었듯이, 해로운 생각들이 축적되는 초기 단계에서 그렇게 인식하는 것은 그 생각들을 미연에 방지할 수 있게 만든다. 초기 단계에서, 해로운 생각들과 연상들은 아직 크게 활약하고 있지 않다. 만일 그것들이 계속되면 결국에는 강력해지는 만큼 우리의 동일시의 정도는 아직 그렇게 강하지 못하다. 이것은 그 생각에서 빠져나와 그것을 놓아버리고 마음의 과정을 바꾸는 것을 보다 쉽게 만든다.

눈덩어리가 언덕 밑으로 굴러가는 것을 상상해 보자. 우리가 언덕 꼭대기 가까운 곳에서 그것을 잡는다면, 그것의 경로를 바꾸거나 그것을 굴러가지 못하도록 하는 것이 보다 쉬울 것이다. 일단

아날라요 비구의 마음챙김 확립 수행

그것이 더 많이 밑으로 내려가 크기가 더 커지고 속도가 더 빨라지면, 그것을 중간에서 붙잡는 것은 훨씬 더 어려워질 것이다.

이런 잠재능력을 활성화시키는 것은 우리 자신의 단점을 보려는 의지를 필요로 한다. 이것은 이전 장에서 이미 다루었던 것과는 또 다른 주제이다. 그것은 인내심을 가지고 우리 자신의 기준에 따라 살지 못하는 것을 인식하는 중요성에 관한 주제이다. 그때 경험되는 느낌들은 필시 불쾌한 유형의 느낌들일 것이다. 그런 느낌들은 우리가 도닦음으로 계속 나아가도록 하기 때문에 비세속적인 차원을 가질 수 있다. 자신의 단점을 보는 불쾌함을 피하기 위한 수단으로서의 자기기만은 마음챙김 확립 명상 수행의 전체적인 진보의 취지와 정반대가 된다.

정직하고 분명한 인식의 중요성은 「흠 없음 경(Anaṅgaṇa-sutta)」에 나온다(『맛지마 니까야』 5; 아날라요 2013: 160f). 이 법문은 오염원에 대해 어떤 것을 할 수 있기 위한 필수적인 전제조건으로 그 오염원의 존재를 분명하게 인식하는 것의 중요성에 역점을 둔다. 알아차림이 거기에 없으면, 이 해로운 상태에서 나오기 위한 기반이 부족하게 된다.

오염원들의 부재

마찬가지로, 같은 「흠 없음 경」은 오염원의 부재를 인식하는 것의 중요성을 제시한다. 이 원리도 「마음챙김의 확립 경」에 있는 마음에 대한 명상을 위한 가르침이 기저를 이루고 있다. 예를 들어, 탐욕이 있는 정신 상태를 인식할 필요성에 대해 언급한 후에, 가르침은 "수행자는 탐욕이 없는 마음을 '탐욕이 없는 마음'이라고 안다."라고 계속해서 설명한다. 같은 가르침이 성냄과 미혹에도 해당된다. 탐욕, 성냄, 미혹의 부재는 그것들의 존재만큼 똑같이 중요하다. 이런 식으로, 부재하는 것은 그것의 부재에 주의를 기울이는 것을 통해 현존하는 것이 된다.

존재와 부재를 인식할 필요는 또한 일어남과 사라짐을 명상할 것을 말하는 정형구의 가르침에도 암시되어 있다. 예를 들어, 탐욕이나 성냄이 일어난 것을 알아차리고 나서, 해야 할 일은 그 알아차림과 같이 탐욕과 성냄이 뒤이어 사라진 것을 알아차리는 것이다. 이런 필요성은 장애들[五蓋]과 깨달음의 구성요소들[七覺支]에 관한 법에 대한 두 가지 명상 밑에 열거된 정신적인 상태들에도 적용된다. 어떤 특정한 정신적인 상태가 일어나는 것을 알아차리고 나서 그것이 결국에는 사라지는 것을 알아차리는 것에서 알아차림이 완성된다. 이 두 가지의 결합은 어떤 정신적인 상태이든 그것은 일어나서 사라진다는 사실을 분명하게 만든다.

정형구에서뿐만 아니라 정신적 상태들의 목록에서 분명한, 오염된 정신적 상태의 사라짐에 주의를 기울여야 함을 인식하는 것은 상당히 중요하다. 마음챙김으로 해야 할 일은 단지 어떤 오염원의 현존에 주의를 기울이는 것만이 아니다. 그것은 또한 어떤 오염원의 부재에도 주의를 기울이는 것이다. 우리는 그때 그 마음의 상태를 음미할 수 있고, 그것의 성품에 대한 느낌을 얻을 수 있으며, 그것에 익숙해질 수 있다. 우리는 스스로 그런 상태가 오염된 마음의 상태와 비교해서 얼마나 훨씬 더 즐거운지를 경험할 수 있다. 마음의 성품과 정취(靜趣)의 견지에서 오염원의 현존과 부재 사이의 차이점에 익숙해지는 것은 후자가 전자보다 선호되는 이유를 직관적으로 분명하게 만들 것이다.

마음은 어린 아이나 강아지와 다소 비슷하다. 마음은 그것이 원하는 것을 하도록 격려되어야 할 필요가 있다. 전에 잘못된 어떤 일을 했기 때문에, 강아지나 어린 아이를 불러서 때리는 경우를 상상해 보자. 이렇게 여러 번 하면 그 강아지와 어린 아이는 나중에는 불렀을 때 오지 않는 것을 배울 것이다. 마찬가지로, 만일 우리가 어떤 오염원이 마음에 발현될 때마다 좌절하고 화를 내는 것으로써 우리 자신을 계속 때리면, 우리는 마음이 마침내 더 이상 오염원을 인식하지 못하는 방식으로 마음을 실제로 훈련시키는 위험을 감수하게 된다.

만일 강아지나 어린 아이의 이름을 불러 오게 하려면, 강아지나 어린 아이에게 어떤 보상을 주는 것이 낫다. 오염되지 않은 마음 상태에 대해 보상하지 않을 이유가 있는가? 오염원들의 부재에 대해 기뻐하는 것은 오염원들로부터 영구적인 자유에 이르는 도닦음의 빠른 진보를 이룰 수 있게 해줄 것이다.

이것은 오염원들을 못 본 척하는 것이 아니다. 이 오염원들을 정직하게 인식해야 하지만 이상적으로는 혐오감 없이 인식해야 한다. 어떤 오염원이 마음에 있는 것을 인식하고 미소 짓는 것이 가능하다. 우리는 마음이 우리에게 해주기를 바라는 것과 반대로 하는 마음의 경향성에 미소를 짓는다. 우리는 우리가 도닦음의 길을 조금씩 가고 있다는 것을 알고, 우리가 명상하려고 앉자마자 마음이 그냥 우리가 원하는 것을 해주리라고 기대하는 것은 불합리한 것이라는 것을 알고 미소를 짓는다.

실제의 수행에서, 이전의 네 가지 명상을 고려해 보면, 아마도 마음챙김의 확립 명상의 이 단계에서 우리가 경험하는 마음의 유형은 적어도 순간적으로 탐욕이 없고, 성냄이 없으며, 아마도 심지어 미혹된 산란함도 없을 것이다. 이것을 알아차리는 것은 중요하다. 그런 알아차림은 이제 탐욕, 성냄, 미혹으로부터의 일시적인 자유 상태를 기뻐하도록 인도한다. 비록 오염원들의 뿌리가 아직 마음속에 있지만, 적어도 이 오염원들은 표면에서는 발현되고 있지 않다. 이 정도는 기뻐하는 것으로 충분하다. 이런 방식으로 기뻐함으로써 우리는 유익한 행복의 유형들의 해탈에 이르는 점차적인 도닦음에서 그 유형들이 당연히 받을 만한 자리를 부여하는 것이다. 이 유형의 기쁨과 행복의 중요성은 이전 법문들에서 분명하게 인식된다. 예를 들어, 「깐다라까 경(Kandaraka-sutta)」에 따르면, 점차적인 도닦음의 진보는 비감각적인 행복의 유형들의 점차적인 정제를 포함한다(『맛지마 니까야』 51; 아날라요 2003: 167).

마음이 일시적으로 자유롭다는 것을 알아차릴 때, 기쁨을 의도적으로 일으키는 것은 유익함의 영역에 마음이 머물려는 경향성을 오랫동안 강화시킬 것이다. 그것은 또한 수행을 위한 영감을 제공하는 역할도 한다.

마음의 유익한 상태를 기뻐하는 습관을 계발하는 것은 명상을 훨씬 더 매력적인 것으로 만들고, 명상을 의무감에서 하는 어떤 것

아날라요 비구의 마음챙김 확립 수행

이 아니라 즐거운 마음으로 기다리는 것으로 바꿀 것이다. 더욱이, 그것은 또한 마지막 목표의 맛보기를 제공하기도 한다. 마지막 목표는 모든 오염원들로부터 마음이 정화되는 것이다. 추상적인 개념으로 남아 있는 것 대신에, 오염원들로부터 일시적으로 자유로운 마음의 즐거운 상태를 통해서, 우리는 우리 수행 목표의 직접적인 경험을 가질 수 있다.

> 비록 일시적으로나마
> 마음이 자유로울 때
> 명상은 큰 기쁨이 될 수 있다.

위축된 마음과 산란한 마음

탐욕, 성냄, 미혹을 언급하는 것 외에도 이 가르침의 첫 부분은 위축된 마음의 상태와 산란한 마음의 상태를 구별한다. 위축된 마음이 함축하는 것은 의문의 여지가 있다(아날라요 2003: 178). 이를 해석하는 하나의 양식은 이 경우 두 마음의 상태는 해로운 것이라고 가정하는 것이다. 이 해석에서 위축된 정신 상태는 나태와 무기력의 결과이거나 아니면 마음이 좁아지거나 두려움이나 혐오로부터 정신적으로 위축되는 결과일 수 있다. 그리고 산란함은 어떤 흐트러진 마음의 상태를 말한다.

그렇지 않으면, 이 쌍은 「마음챙김의 확립 경」에 설명된 정신적 상태들의 열거에 있는 일반적인 패턴에 맞춰서 긍정적인 상태와 부정적인 상태, 또는 우월한 정신적 상태와 열등한 정신적 상태 사이의 대조를 포함하고 있는 것으로 해석될 수 있다. 이 해석의 방법에 따라, 이 쌍은 모아진 것이라는 의미인 산란하지 않은 마음과 산란한 마음 사이의 차이를 포함한다. 비록 내 마음에는 그 용어의 실제적인 의미가 첫 번째 해석을 보다 가능성 있는 것으로 만들지만, 나는 이 두 가지 해석 중 어느 것이 실제 수행을 위해 보다 의미 있는 것으로 보이는지를 결정하는 것은 수행자 개인에게 남길 것이다.

우리가 어떤 해석을 선택하든, 그 가르침에 대한 이 부분의 해석은 정신적인 산란함의 상태가 무엇인지를 확인할 것을 요구한다. 여기에서 어려운 문제는 산란함이 때로는 다소 미묘할 수 있고, 또한 종종 매우 유혹적일 수 있다는 것이다. 이런 이유로 인해, 마음챙겨 알아차리는 것을 계속하는 것이 특히 중요하다. 이것은 산란한 마음의 [적어도 일시적으로] 즐거운 상태에 의해 우리 자신이 끌려가도록 허용하는 유혹을 이겨내도록 할 것이다. 자유에 이르는 진정한 진보를 위해서, 심지어 미묘한 산란함도 있는 그대로 알아차려져야 할 필요가 있다. 우리의 주의를 다른 곳으로 돌리고, 그렇게 하여 우리의 명상의 진보에 도움이 되지 않는 마음의 상태를 알아차려야 하는 것이다.

보다 높은 마음의 상태들

가르침의 나머지 네 가지 쌍은 오염원들과의 관련성이 덜하다. 관

아날라요 비구의 마음챙김 확립 수행

련 구절은 다음과 같다.

> 수행자는 '고귀한 마음'을 고귀해진 마음이라고 알고 '고
> 귀하지 않은 마음'을 고귀해지지 않은 마음이라고 안다.
> 수행자는 '능가할 수 있는 마음'을 능가할 수 있는 마음이
> 라고 알고 '능가할 수 없는 마음'을 능가할 수 없는 마음이
> 라고 안다. 수행자는 '집중된 마음'을 집중된 마음이라고
> 알고 '집중되지 않은 마음'을 집중되지 않은 마음이라고
> 안다. 수행자는 '해탈한 마음'을 해탈한 마음이라고 알고
> '해탈하지 않은 마음'을 해탈하지 않은 마음이라고 안다.

가르침의 후반부에 언급된 네 가지 용어는 다음과 같은 마음을 말
한다.

- 고귀한 [또는 고귀하지 않은]
- 능가할 수 있는 [또는 능가할 수 없는]
- 집중된 [또는 집중되지 않은]
- 해탈한 [또는 해탈하지 않은]

이것들 가운데 첫 번째로 사용된 '고귀한'이라는 수식어는 브라흐
마위하라(brahmavihāra, 梵住)의 계발을 위해서도 사용된다(아날라요
2003: 179, 2015: 55f). 보다 일반적인 의미에서, 이 범주는 마음의 열
림을 가리키기 위해서 사용될 수 있다. 게다가 고귀한 마음은 고요

함을 계발하는 다른 방법들을 통해서도 생길 수 있다. 그러나 실제 수행에 적용될 때 독특한 의미들을 이 다양한 범주들과 관련시키기 위해서, 나는 이것들을 오히려 세 번째 용어인 '집중된 마음'의 표제어 아래 포함시킬 것을 제안한다.

가르침에서 언급된 두 번째 쌍은 능가할 수 있는 마음 또는 능가할 수 없는 마음에 관련되어 있다. 몰입 증득의 영역 안에서, 능가할 수 없는 마음의 상태는 가장 높은 몰입 증득의 성취에 도달될 수 있다(아날라요 2003: 179). 그러나 일반적인 의미에서, 나는 이 쌍을 특정한 명상 경험을 더 많이 할 수 있는지를 알 수 있는 능력을 가리키기 위해 사용하고 싶다. 다시 말해서, 우리가 명상하는 동안 바로 지금 일어나고 있는 것이 무엇이든, 그것은 보다 높은 어떤 것에 이를 수 있는 잠재력을 가지고 있는가? 아니면 우리는 이미 특정한 좌선 명상 수행이나 과정에서 가능한 것에 도달했는가? 더욱이 능가할 수 있는 마음은 실제로 능가될 수 있고 능가되어야 하는 장애들의 경우에도 적합할 수 있다.

세 번째 용어는 고요함의 심화와 몰입의 최종적인 성취를 위해 필요한 마음챙김 관찰을 가리키는 데 효과적으로 사용될 수 있는 집중된 마음 또는 집중되지 않은 마음을 언급한다. 마음챙김은 실제로 몰입 증득 전반에 걸쳐 존재한다. 거기서 마음챙김은 세 번째와 네 번째 몰입에서 특히 두드러진다(아날라요 2017a: 150).

초기불교 명상 이론에서 매우 두드러지게 나타나는 것은 이전의 두 가지 범주뿐만 아니라 현재의 범주와 관련된 것이다(아날라요 2003: 180f). 특정한 명상 경험에 의해 넋을 잃는 것 대신에 우리가 해야 할 일은 성취된 집중의 정도를 인식하고 이 마음의 상태에 어떤 정신적인 요소[禪支]들이 존재하는지를 알아차리는 것이다. 다시 말해서, 수행 중에 마음이 보다 깊은 수준의 집중으로 향하는 경향이 있으면, 우리는 단지 그런 자연스러운 진보와 함께 그것을 마음챙겨 관찰하기만 하면 된다. 보다 깊은 고요함의 상태들은, 그것들의 무상하고 궁극적으로는 불만족스러운 성품을 분명하게 이해하기만 하면, 그리고 그 경험들과의 동일시 또는 심지어 실체화를 피하기만 하면, 도닦음의 필수적인 부분이 된다.

「마음챙김의 확립 경」에 나와 있는 가르침의 마지막 쌍은 해탈한 마음과 해탈하지 않은 마음을 구별한다. 가장 높은 의미에서 볼 때, 이것은 마음이 완전하게 해탈했음을 깨달은 아라한의 반조하는 지혜를 말하는 것이다(아날라요 2003: 180). 이 용어는 또한, 마음이 몰입 증득의 장애들로부터 해탈했다는 의미에서, 고요의 계발에 관련된 것일 수 있다. 몰입이 이미 집중된 마음의 표제로 다루어졌기 때문에, 나는 이 표제를 통찰의 계발과 관련하여 사용하는 것을 선호한다. 나의 제안은 마음이 자가생식(自家生殖, selfing)에서 적어도 잠정적으로나마 자유롭게 되었는지를 확인하라는 것이다. 우리는 에고가 제1면을 만들지 않고, 명상 경험을 소유할 어떤 것으로 사물화(私物化)하는 명상자의 자기 지칭의 의미를 구성하지 않고 명상할 수 있는가? '나'라는 자만이 우리의 실제 수행 동안 중지되도록 허용될 수 있는가?

이런 방식으로, 여기에서 제시된 해석방법에 따라 이 부문의 법문에서 소개된 네 가지 범주는 다음과 같은 실제적이고 함축된 내용으로 사용될 수 있다: 고귀한 [또는 고귀하지 않은] 마음은 범주(梵住, brahmavihāra)로 도달할 수 있는 것과 같은 마음의 열림을 반영한다. 능가할 수 있는 [또는 능가할 수 없는] 마음은 명상을 더 할 수 있을 것인가에 대한 인식을 가리킨다. 집중된 [또는 집중되지 않은] 마음은 몰입에 도달하기 위한 정신적 고요함의 심화를 관찰하는 것을 포함한다. 해탈한 [또는 해탈하지 않은] 마음은 자아와의 동일시의 부재와 자아의 의미를 숙고한다.

말할 필요도 없이, 이것들은 단지 나의 제안이다. 수행자들은 자신들의 개인적인 이해와 선호에 따라 이것들을 자유롭게 조절하면 된다. 우리가 어떤 해석을 선호하든 장애에 의해 마음이 압도되면, 마음은 분명히 좁아지고 고귀하지 않으며, 집중되지 않고 해탈하지도 않는다. 이미 앞에서 언급했듯이 그 마음은 틀림없이 능가할 수 있는 것이 된다. 다음 마음챙김의 확립에서 해야 할 일은 우리가 장애에서 빠져나오도록 하고 그 장애를 능가함으로써 장애가 여전히 존재할 때보다 마음이 더 고귀하고 더 집중되며 더 해탈하도록 도와주는 상태들을 정확하게 탐구하는 것이다.

어떤 면에서, 이 마음챙김의 확립을 위한 가르침에서 열거된 '고귀한, 집중된, 해탈한, 심지어 능가할 수 없는'과 같은 마음의 수식어들은 명상의 진보를 관찰할 때 마음챙김의 역할을 반영하는 것이다. 장애를 식별하고 극복하는 것으로부터 깊은 수준의 집중과 통찰의 경험까지 범위가 다양한 그런 관찰을 위해 명심해야 할 중요한 요소 하나는 마음챙김 확립 명상에서의 진보는 단지 특별한 경험들을 갖는 것에 관한 것이 아니라는 것이다. 특별한 경험들은 분명 그 자리가 있지만, 그것들은 목표 자체가 아니다. 목표는

아날라요 비구의 마음챙김 확립 수행

오히려 내적 변화이다. 심지어 몰입이나 어느 한 깨달음의 단계는 그것이 지속적인 내적 변화를 만들어 내는 정도에서 그것의 진정한 가치를 갖는다. 명상 수행은 우리가 존재하는 방식, 우리가 다른 사람들과 관계를 맺는 방식, 우리가 외부의 환경을 다루는 방식의 향상을 가져와야 한다. 그런 내적인 변화들이 특별한 경험들을 우리의 명상 전문기술로 사용(私用)하는 것보다 더 중요하다.

초기불교 사상에서 도(道)와 과(果)의 구별이 후기 전통들에서 이 용어들이 사용되는 방식과 다르다는 것을 아는 것은 이 맥락에서 의미가 있다. 도와 과는 서로를 곧바로 뒤따르는 두 마음순간만이 아니다. 그보다도, 도는 심지어 수년간의 수행의 전체 궤적을 망라하고 그것의 과는 개인의 변화, 즉 족쇄들과 오염원들의 제거에서 찾아질 수 있을 것이다. 이것은 후기 전통의 도와 과에 관한 관점의 의해 영향을 받은 경우보다 실제 명상 경험에 다소 보다 적은 무게를 부여한다.

마음 열기

나는 친절함과 자비의 자질들에 마음을 진정으로 여는 것이 그런 개인적인 변화와 관련하여 특별히 중요하다고 믿는다. 나의 개인적인 견해로는, 그렇게 마음을 여는 것이 비범한 경험들을 갖는 것보다 우리 수행의 진보를 위해 더 좋은 측정도구가 된다. 이 수행의 차원을 장려하기 위해서, 그리고 또한 붓다 자신의 깨달음을 위한 확고한 추구를 잘 보여주는 방법으로서, 나는 각각의 정규 좌선을 시작할 때 우리의 의도를 확립하는 정식 요소를 도입할 것을 권한다. 이것은 "나 자신의 이익과 다른 사람들의 이익을 위해, 내가 해탈에 이르는 도닦음에서 진보할 수 있기를"과 같은 열망이 될 수 있다.

그런 열망을 불러일으키는 것은 바른 의도[正思惟]라는 도의 요소를 가져올 수 있는 기회를 제공한다. 말할 필요 없이, 마음챙김의 확립 명상이 그것의 완전한 잠재력을 만들어 내기 위해서는, 그것이 성스러운 팔정도의 맥락에 위치할 필요가 있다.

정규 명상을 시작할 때 우리의 동기를 명확하게 진술하는 것은 우리의 수행과정을 위한 기준점을 제공한다. 그것은 우리가 가려고 하는 방향을 분명하게 정해준다. 이 유형의 기준점에 이타적인 의향을 포함시키는 것은 특히 유익하다. 그것은 자비의 마음을 열도록 격려할 뿐만 아니라 어려운 때에 힘을 주기도 한다. 간단하게 말해서, 우리는 자신만을 위해 수행하는 것이 아니라 다른 사람들을 위해서도 수행한다. 명상 수행의 이와 같은 외적인 차원을 알아차리는 것은 의심과 좌절 등의 맹공격을 견디어 내는 것을 더 용이하게 해준다. 자비의 차원을 빠뜨리는 것은 명상 수행을 자기중심적인 사업으로 바꿀 위험이 있다. 우리 자신의 이익만을 위해 명상하는 것은 어려움이 있을 때 수행을 유지하는 것을 더 어렵게 만든다.

엄격하게 말해서, 자비는 마음챙김의 확립 명상의 부분이 아니다. 그것은 다른 사람들에게 [그리고 우리 자신에게] 해로운 것을 피하려는 의도의 형태로, 바른 의도라는 도의 요소에 들어간다. 비록 「마음챙김의 확립 경」에 명시적으로 언급되어 있지는 않지만, 자비는 이 수행 전반에 걸쳐 겉으로는 드러나지 않지만 기저의 흐름으로 존재하고 있다.

해부학적인 부분들에 대한 명상은 강간이나 어린이 학대와 같은 끔찍한 일들을 초래할 수 있는 통제할 수 없는 감각적 욕망에 대한 경향성에 직접 대처한다. 이와 같은 일은 친절함과 자비의 정반대이다.

요소들에 대한 명상은 우리가 밖의 자연과 분리될 수 없는 부분이라는 것을 의심할 여지없이 분명하게 해준다. 인종이나 체격 때문에 다른 사람들을 차별하는 것은, 일단 우리 모두가 같은 요소들로 구성되어 있다는 것을 깨달으면, 무의미한 것이 된다. 그런 깨달음은 우리가 자비심을 갖고 환경에 대한 진정한 관심을 계발하는 것을 보다 쉽게 만들어 준다.

죽음에 대한 명상은 용서하고 사과하려는 마음을 고무시킨다. 시간이 너무 짧아서 원한을 품거나 불필요하게 갈등을 연장할 수 없다. 더욱이, 우리 자신의 죽음에 직면하는 것을 배우는 것은 죽어 가고 있거나 슬퍼하는 다른 사람들을 진정으로 돕도록 해준다.

이 세 가지 몸에 대한 명상을 기반으로, 느낌에 대한 명상은 자연스럽게 일어나는 일에 대해 정서적인 수준에서 감수성이 증가하도록 한다. 이 기초 작업에 기반을 두고, 그것의 내적인 [그리고 그것의 훨씬 더 외적인] 차원에서 마음에 대한 명상은 마음을 진정으로 열기 위한 경우가 될 수 있다. 마음챙김 확립 명상을 설명하기 위해 내가 사용하기 좋아하는 연꽃의 이미지에서, 자비는 이 꽃 안에서 발견되는 씨앗과 같은 것이다(74쪽과 324쪽 참조).

능숙한 이름의 사용

실제 수행의 견지에서, 법문의 다른 부분들의 가르침뿐만 아니라 정신적인 상태들에 대한 명상을 위한 가르침에서 이름의 사용을 포함하고 있다는 것은 주목할 만하다. 마음챙김 확립 명상이 개념의 부재에서 일어난다는 것은 분명 사실이 아니다. 이것은 다시 마음챙김과 개념의 공존에 대한 주제(27쪽 참조)와 맵과 실재의 관계(97쪽 참조)와 관련된다. 이 경우에, 가르침은 그것이 어느 정도의 마음으로 말하기를 포함하고 있는 방식으로 구성되어 있다. 예를 들어, 성냄이 있는 마음에 대한 언급 다음에는 빠알리어에서 인용의 끝을 표시하는 '이띠(iti)'라는 소사(小辭)가 뒤따른다. 분명히 그것이 암시하는 것은 명시적인 개념적 이름이, 마치 우리 자신에게 "성냄"이라고 마음속으로 말하는 것처럼, 알아차림의 명료성을 날카롭게 하기 위해서 사용되어야 한다는 것이다.

그러나 동시에 마음챙김의 확립 명상은 끊임없이 이름붙이기를 하는 것은 아니다. 분명한 알아차림을 위해 하나의 이름을 사용하는 것 다음에는 단지 마음의 성품에 대한 알아차림에 머물며, 그것의 상태와 정취(靜趣)를 맛보는 것이 뒤따른다. 이런 방식으로, 하나의 이름을 떠올리는 것은 우리가 옳은 방향으로 가고 있는지를 확인하기 위해 나침반을 빠르게 점검하는 것과 같은 기능을 한다. 계속 나침반을 점검하거나 또한 상세하게 반복해서 연구하기 위해 로드맵을 계속 점검할 필요 없이, 그 정도만으로 충분하다.

과도한 사유 활동을 알아차릴 필요를 제대로 인식하기 위한 것을 「두 가지 사유 경(Dvedhāvitakka-sutta)」에서 설명하고 있다(『맛지마 니까야』19; 아날라요 2013: 146ff). 이 법문은, 그가 깨달음을 얻기 전, 미래 붓다가 그의 생각들을 어떻게 두 가지 유형으로 나누었는가를 설명한다: 새로운 생각들과 유익한 생각들. 이와 같은 기본적인 구별이 「마음챙김의 확립 경」에 열거된 첫 번째 마음의 상태들의 기저를 이루고 있다. 해로운 생각들과는 다르게, 그것의 상대인 유익한 생각에서 미래 붓다는 그런 생각들을 갖는 데 어떤 위험도 보지 못했다. 그렇지만 그는 또한 과도한 사유가 몸과 마음을 피곤하게 하고 집중을 깊게 하는 데 장애가 될 것이라고 보았다.

이와 같은 방식이 마음챙김의 확립에 적용된다. 이름을 사용하는 것은 유용한 도구가 될 수 있지만, 그것은 과도하게 사용되어서는 안 된다. 과도한 이름붙이기는 몸과 마음을 피곤하게 하고 우리 수행을 심화시키는 데 장애가 될 것이다. 이런 관점에서, 나는 이 마음챙김 확립의 가르침에서 제시된 정신적인 상태들의 목록을 단순화하기를 제안한다. 어떤 면에서, 가르침에 언급된 정신적인 상태들 중 어떤 것을 알아차리는 것은 마음챙김의 현존에 의존한다. 그리고 수행의 방법으로 내가 여기에서 제시하는 것은 체화된 형태의 마음챙김이다. 이런 이유 때문에, 마음에 대한 명상의 요약으로, 그런 마음챙김이 계속 존재하는지 아니면 잃어버리게 되었는지를 단순하게 알아차리는 것은 합리적인 것으로 보인다. 그런 요약은 더 많은 이름들을 사용하는 것이 마음을 피곤하게 하고 명상 수행의 흐름을 방해할 위험이 있을 때에도 적용될 수 있다. 이런 간결한 방식에 기반을 두고, 특정한 경우에는 더 많은 이름들이 적절하게 사용될 수도 있다.

마음챙김이 잘 확립되어 있는 마음은 '열려 있는, 수용적인, 유연한, 살아 있는, 중심이 잡혀 있는, 명료한, 고요한' 등의 독특한 정취(靜趣)와 성격을 갖는다. 우리가 마음챙길 때 우리의 마음이 실제로 느끼는 방식에 익숙해지는 것은 어떤 이름붙이기도 할 필요 없이 이 상태를 알아차리도록 도와준다. 그것은 또한 우리가 막 마음챙김을 잃어버리려 할 때, 마음이 막 닫히려고 하여 약간 덜 수용적이고, 다소 위축되며, 일어나고 있는 일에 대해 정말로 살아 있기보다는 다소 무의식적으로 되어 더 이상 온전하게 중심이 잡혀 있지 않고 분명하지 않으며, 이전만큼 분명하지 않게 되는 것을 빠르게 알아차릴 수 있도록 도와준다. 마음챙김을 곧 잃게 되는 것에 대한 표시들을 알아차리는 것은 마음챙김의 현존에 다시 적절하게 기반을 다질 수 있도록 하기 위해 빠르게 대응하고 적절한 조치를 취하는 것을 보다 용이하게 만들어 준다.

마음챙김의 현존에 기반을 잘 다지는 것은 명상의 진보를 위해 반드시 필요한 것이다. 마음챙김은 고요함을 계발할 때는 몰입의 요소들이, 그리고 통찰을 계발할 때는 깨달음의 요소들이 일어나서 균형을 유지하는 것을 관찰하는 역할을 한다. 두 가지 경우에, 마음챙김의 기반이 없이는 수행이 온전한 잠재력을 펼치지 못할 것이다. 그런 이유로, 우리가 마음챙김이 잘 확립된 마음의 독특한 정취와 성품에 익숙해지고 싶다면, 언제든지 그런 정신적인 상태를 진작시키는 방법과 마음챙김을 잃어버린 것을 알아차리는 방법을 배우는 것은 여러 면에서 우리의 명상 수행에 이익을 가져올 시간적 투자라 하겠다.

　　　　　　　　아날라요 비구의 마음챙김 확립 수행

열린 수행

이와 같은 기초는 열린 알아차림으로 전환될 때도 계속된다. 마음 챙김이 잘 확립된 마음의 성품에 익숙해지는 것은 우리가 '마음이 있다'는 것을 알아차리는 것을 용이하게 만들어 준다. 몸 전체에 대한 알아차림에 뿌리를 내리고 있으면, 우리는 어떤 방식으로 현상들이 현재 순간에 발현되든, 그 현상의 무상한 성품을 알아차리게 된다. 우리가 여전히 정신적으로 제대로 하고 있는지에 대한 단순한 알아차림은 마음챙김의 확립 수행 동안 하나의 지속적인 요소 역할을 한다. 체화된 마음챙김의 현존이라는 독특한 의미는, 연속적인 마음에 대한 명상 방법을 확립하는 것이라는 의미에서, 세 번째 마음챙김의 확립을 위한 기준점이 될 수 있다. 이런 기준점에서의 수행은, 법문에서 열거된 다른 정신적인 상태들이 발현될 때, 그것이 어떤 것이든 그것을 알아차리게 하기 위한 견고한 기초를 제공한다. 이런 방식으로, 자기 수용적 알아차림의 지속적인 현존이 우리에게 몸의 균형을 잃은 것이 어떤 것이든 그것을 알려주듯이, 체화된 마음챙김의 지속적인 현존은 우리에게 정신의 균형을 잃은 것이 어떤 것이든 그것을 알게 해준다.

상당한 산란함이 일어날 때, 처음 세 가지 범주는 그 산란함이 알아차려지는 순간 사용될 수 있다. 상당한 산란함으로 인정되는 것은, 이미 앞에서 언급되었듯이(135쪽 참조), 길에서 어떤 사람을 만나는 것을 실례로 들어 설명할 수 있다. 만일 그 만남이 간단한 인사만 하고 우리가 가던 길을 계속 가는 정도라면, 그것은 상당한 산란함이라고 간주될 필요가 없다. 그러나 앉아서 수다를 떨게 되는 상황이라면, 이것은 상당한 산란함의 자격이 있다.

상당한 산란함의 경우에, 일단 그것을 알아차리면, 우리는 반조하여 탐욕, 성냄, 미혹을 경험하고 있었는지를 식별할 수 있고, 또한 이상적으로는 그 경험의 느낌 상태를 알아차릴 수 있다. 그렇게 마음챙겨 알아차리기 때문에, 탐욕, 성냄, 또는 미혹은 곧 사라지게 된다. 그럼에도 불구하고 우리는 잠시 동안 이 상태들의 재발을 방심하지 않고 계속 경계할 수 있을 것이다. 그런 경계는 그 상태들의 부재를 알아차리는 방법이 될 수 있고, 그것들의 부재를 기뻐하는 것은 그것들의 재발을 오랫동안 예방하게 될 것이다.

만일 우리가 수행 중에 마음이 계속 탐욕과 성냄으로 물든 생각들 속으로 빠져들고 있는 것을 발견하면, 우리는 주된 수행 방법에 무상의 중요성을 좀 더 부여함으로써 이 상황에 적응할 수 있다. 무상에 대한 알아차림은, 특히 즐거운 느낌과 불쾌한 느낌 각각에 대해, 욕망과 혐오로 반응하지 않고 피하는 것을 더 용이하게 만들어 준다. 또는 우리의 마음이 계속 미혹된 산란함으로 빠져들면, 우리의 주된 수행 방법에 현재 순간에 온전히 살아 있는 것의 중요성을 좀 더 부여할 수도 있다. 특히 현재 순간에 존재하는 것의 미묘한 기쁨은 종종 산란함이 일어나도록 연료를 제공하는 권태의 형태를 예방해 준다.

무상

지속적인 수행은 마음이 끊임없이 변한다는 사실을 오해의 여지없

아날라요 비구의 마음챙김 확립 수행

이 분명하게 해줄 것이다. 하나의 특정한 마음 상태가 일어나서 사라지고 또 다른 하나의 정신적인 상태가 뒤따른다. 인식하는 것도 단지 하나의 과정에 불과하다. 만약 그것이 영구적이라면, 그것은 영원히 단 하나의 사물을 아는 상태에 멈추게 될 것이다. 마음이 다양한 사물들을 인식한다는 사실은 그 마음이 영구적인 것이 될 수 없다는 사실을 의심할 여지없이 분명하게 해준다.

어떤 인식이나 생각도 단지 어떤 느낌만큼이나 무상을 전해주는 것이다. 이렇게 수행하는 것은 분명하게 아는 것(sampajañña)의 함축된 의미를 충족시킨다. 이 문제에 대해 정경(正經)의 구절은 느낌, 인식, 생각이 일어나서 지속되다가 사라지기 때문에 그것들의 무상한 성품에 대한 알아차림의 견지에서 그것을 명료하게 정의한다(『상윳따 니까야』 47.35; 아날라요 2003 : 39f).

끊임없이 변하는 마음의 성품은, 우리가 다소 피하고 싶은 생각의 유형 속으로 빠져들 때 특히 분명해진다. 비록 우리가 유익한 것을 계발하려는 의도를 가지고 앉아 있을지라도, 우리는 곧 마음이 우리를 기만하고 우리가 분명히 가고 싶지 않은 장소에 간 것을 발견하게 된다. 그것은 너무나 틀림없이 명백해서 우리는 자신의 마음을 통제할 수 없게 된다. 마음은 몸과 같이 공(空)하다.

흥미롭게도, 완전한 깨달음을 통해 공성(空性)을 완전하게 깨달은 이들은 또한 마음에 대한 통제력을 얻은 이들이다. 마음을 통제하는 것은 점차적인 수행을 통해서 마음의 상태들을 능숙하게 처리하는 것의 결과이다. 그것은 마음이 우리가 원하는 대로만 억지로 될 수 있다는 불합리한 기대로 우리의 의지력을 강요함으로써 성취될 수 있는 것이 아니다.

비록 우리가 억지로 원하는 대로 마음을 강요할 수는 없어도, 우리는 적절한 원인과 조건들을 계발함으로써 마음에 영향을 미칠 수 있다. 마음의 조건 지어진 성품에 대해 깨닫는 것은 우리가 우리 자신의 생각, 견해, 의견과 동일시하는 것을 약화시킨다. 이 깨달음의 긍정적인 측면에 현재 우리가 존재하는 방식이 선천적이고 불변하는 특징이 아니라는 통찰이 있다. 대신에 그것은 조건들의 산물이다. 조건들은 영향을 받을 수 있고 변화될 수 있다. 그리고 이것이 정확히 명상 수행이 있는 자리이다. 이 측면과 중요한 관련성을 가지는 조건들이 네 번째 마음챙김 확립의 주제이다.

마음에 대한 명상으로 계발될 수 있는 통찰의 관점들은 무상, 고(dukkha), 무아라는 세 가지 특성을 우리가 명상에서 제대로 인식하는 것을 완성해 준다. 몸, 느낌, 마음은 예외 없이 무상하다. 무상한 것은 지속적인 만족을 만들어 내지 못한다. 그것은 둑카이다. 첫 번째 성스러운 진리에서 제시된 정의에 따르면, 둑카의 차원들 중 하나는 우리가 원하는 것을 얻지 못하는 것이다. 이것은 우리가 사물들을 완전하게 통제할 수 없다는 것을 반영한다. 몸, 느낌, 마음은 분명히 우리의 완전한 통제 밖에 있다. 이 이유 때문에, 그것들은 자아가 공한 것으로 간주되어야 한다. 여기서 말하는 자아 개념은 정확히 완전한 통제에 관한 것이다. 그럼으로써 무상하고 둑카인 것은 자아가 공한 것이다.

같은 이해가 좌선에서 행선으로 전달된다. 실제로 걷는 동안, 그 걷는 것을 알아차리는 마음의 끊임없이 변하는 성품에 중요성이

아날라요 비구의 마음챙김 확립 수행

부여된다. 그런 관찰은 둑카의 무상에 대한 알아차림에서부터 결국에는 현상이 일어날 때마다 모든 현상들의 공한 성품으로 전환될 수 있다. 몸, 느낌, 마음을 그것들의 안팎의 차원에서 세 가지 특성[三法印]의 지배를 받는 것으로 종합적으로 보는 것은 이 시점에서 그것의 완전함에 도달한다. 이런 방식으로 시작된, 세 가지 특성에 대한 통찰은 어떤 활동을 하든지 우리의 변함없는 동료가 될 것이다.

네 가지 성스러운 진리[四聖諦]

어떤 활동을 하든지 세 가지 특성에 대한 통찰은 그것의 기준점으로 네 가지 성스러운 진리 형태의 바른 견해[正見]를 취한다. 이전 마음챙김의 확립 수행과 함께, 이것은 이미 어느 정도는 개인적인 경험의 문제가 되었다. 이 진단 체계의 실제적인 관련성을 확인했기 때문에, 일상생활의 어떤 문제나 도전도 그것의 도움으로 접근할 수 있다. 이것은 우선 문제나 도전의 스트레스가 많고 심지어 고통스러운 차원(첫 번째 진리)에 대해 정직하게 인식하는 것에 의해, 그 다음에 우리 자신의 태도, 경험, 또는 관점이 그 스트레스나 고통의 원인(두 번째 진리)이 되는 정도를 식별하는 것에 의해 시작될 수 있다. 그런 식별은 우리의 태도, 기대, 또는 관점을 조정함으로써 스트레스나 고통을 완전히 제거(세 번째 진리)하지는 않더라도 줄일 수 있는 좋은 가능성을 가진다는 것을 분명하게 해준다. 적용될 수 있는 명상(네 번째 진리)은 세 가지 특성에 대한 통찰의 형태를 갖는다. 무엇이 일어나든지, 그것은 분명히 무상하고, 그럼으로써 그것은 어쨌든 둑카(dukkha)이며, 가장 확실하게 말해서 그것은 자아가 공하다. 상황이 요구하는 것에 따라, 명상은 세 가지 특성 중 하나에 중점을 두든지, 아니면 세 가지 모두를 결합한 것에 중점을 두는 방식이 될 수 있다. 그에 따른 바른 견해는 심지어 그 상황에서 스트레스가 많거나 고통스러운 영향들을 없애는 정도까지 상당한 변화의 효과를 가질 수 있다.

바른 견해의 그런 실제적인 실행은 성스러운 팔정도의 더 많은 차원들을 제대로 알 수 있도록 하는 기초를 만든다. 바른 견해와 바른 의도[正思惟]에서 특히 자비 측면의 정보에 기반을 두면, 말·행위·생계가 이 지도적인 정보와 조화를 이루어야 할 필요가 있다는 사실이 분명해진다. 이 모든 것은 마음챙김의 지원을 받는 행동이 되도록 전개될 필요가 있다. 마음은 어떤 면에서 받침대가 없으면 쉽게 넘어지는 냄비에 비유될 수 있다. 마음이 흔들리지 않도록 균형을 잡아주는 받침대는 정확히 성스러운 팔정도이다(『상윳따 니까야』45.27).

확고한 도덕적 기반의 필요성은 「마음챙김의 확립 상윳따」에 있는 몇 개의 법문에 표현되어 있다. 이 법문들 각각은 안거에 들어가 집중적인 수행을 하길 원하는 수행승이 붓다께 가르침을 요청하는 것을 설명하고 있다. 주어진 가르침들은 도덕적인 행위를 정화시킬 필요성에 대해 강조한다(『상윳따 니까야』47.3, 47.15, 47.16, 47.46, 47.47). 정화된 도덕적인 행위를 확립한 수행승은 그 다음에 마음챙김의 확립을 계발해야 한다. 또 다른 하나의 법문은 심지어 붓다의 도덕성에 대한 가르침은 정확히 네 가지 마음챙김의 확립을 계발

아날라요 비구의 마음챙김 확립 수행

하기 위한 것이라는 사실을 말하기도 한다(『상윳따 니까야』 47.21). 초기불교의 관점에서 볼 때, 건전한 도덕적 기반은 적절한 마음챙김 계발을 위해 필수불가결하다.

왜곡된 인식들

마음에 대한 명상이 수행 바퀴의 중심에 기여하는 것은 몸에 대한 마음챙김이 잘 확립되어 있을 때의 마음의 특정한 성격을 아는 것이다. 게다가 이 지점의 수행에서, 무상에 대한 통찰은 종합적으로 몸, 느낌, 마음을 망라하게 된다. 몸은 변하고, 몸을 느끼는 것도 변하며, 몸과 느낌을 아는 것도 변한다. 바퀴테에 기여하는 것은 마음과의 동일시를 점차적으로 줄이는 것이다. 이런 면에서, 공성에 대한 인식도 종합적이 된다.

이때까지 계발된 마음챙김의 확립 명상을 되돌아볼 때, 처음 다섯 가지 바큇살은 통찰을 점진적으로 계발하는 것을 포함한다. 이 진전은 네 가지 인식의 왜곡(vipallāsa)과 관련이 있다. 이것들은 실제로 그렇지 않은 것에 영구성[常], 행복[樂], 자아[我], 아름다움[淨]을 잘못 귀속시킨 것이다(『앙굿따라 니까야』 4.49; 아날라요 2003: 25).

해부학적인 부분들에 대한 명상은 아름다움을 육체적인 몸에 잘못 투사하는 것을 약화시킨다. 요소들을 대상으로 하는 수행은 몸의 어디에서든지 실체적인 자아가 발견될 것이라는 잘못된 가정을 해체시킨다. 이것은 이 수행을 통해 마음의 공성에 대한 통찰에서 그것의 보완물을 발견한다. 우리 자신의 죽음에 주의를 기울이는 것은 무상의 궁극을 가져옴으로써 구현된 존재의 영구성에 대한 그릇된 가정을 약화시킨다. 이것은 또한 마음에 대한 현재적 응시에서 그것의 보완물을 발견하고, 전체 정신의 영역이 또한 어떤 영구적이라 할 것이 없음을 분명하게 만든다. 느낌에 대한 명상은 느껴진 경험의 진정한 성품을 드러낸다. 이것은 실제로는 영원한 행복을 가져올 수 없는 것, 즉 몸을 통한 감각적 욕망의 추구에 행복을 잘못 귀속시키는 것에도 대응한다. 그것은 행복에 대한 우리의 선천적인 열망에 보다 유망한 활동무대를 드러냄으로써 그렇게 한다. 그것은 유익한 기쁨과 행복의 원천이 되는 방식으로 마음을 계발하는 것이다.

이 마음챙김 확립의 기본적인 주제는 발생하는 어떤 것에 대해서도 마음을 중요하게 여기는 것이다. 『법구경(Dhammapada)』의 첫 구절에서 분명히 밝히듯이, 마음은 법들의 선구자이다(『법구경』 1; 아날라요 2013: 145f). 이와 같은 선구자로서의 마음의 역할은 우리의 정신 상태를 마음챙겨 관찰하는 것이 확고하게 확립되어야 한다는 것을 더욱 중요하게 만든다. 이런 방식으로 얻은 통찰은 어떤 것에도 집착하거나 의존하지 않고 머무는 것에 점점 더 능숙하게 되도록 인도한다.

요약

마음에 대한 명상의 요지는 거울을 보는 것으로 비유할 수 있듯이 우리 자신의 마음 상태를 정확하게 비춰보는 것에 대한 것이다. 밖

아날라요 비구의 마음챙김 확립 수행

에서 일어나는 것에 모든 주의를 기울이는 것 대신에, 우리는 안에서 일어나는 것을 지켜보는 것을 배운다. 여기서 아마도 알아차리고 육성해야 할 가장 중요한 상태는 마음챙김의 현존이다. 그렇게 사띠(sati, 念)를 확립하는 것은 마음속에 있는 탐욕, 성냄, 미혹의 현존이나 부재에 대해 우리를 깨어 있게 만든다. 그것은 또한 우리가 집중과 통찰의 더 깊은 차원들을 관찰할 수 있게 만든다. 지속적인 수행은 그것 자체를 아는 자질을 포함하여 모든 정신적인 사건들의 무상한 성품을 드러낸다.

제8장

장애들[蓋]

여기서 제시되는 수행의 여섯 번째 바큇살과 함께, 우리는 네 번째 마음챙김 확립, 즉 법에 대한 명상의 영역으로 들어간다. 어떤 면에서, 네 번째 마음챙김의 확립은, 특정한 정신적인 요소들과 장애들 및 깨달음의 요소들을 선택하는 방법에 의해, 마음에 대한 명상을 계속하는 것이다. 여기서 제시되는 수행방법에서, 첫 번째 마음챙김의 확립 하에 있는 세 가지 몸에 대한 명상은 세 번째와 네 번째 마음챙김의 확립 하에서 발견되는 마음에 관한 세 가지 명상에 그것들의 상대를 갖고 있다.

조건

세 번째와 네 번째 마음챙김의 확립 사이의 독특한 차이점은 직접 조건을 대상으로 하고 있다는 것이다. 지금까지 한 수행과 함께, 조건은 이미 요소들에 대한 명상과 죽음에 대한 명상과 함께했다. 그것은 몸이 요소들에 의존하고 있고, 특히 끊임없는 산소의 공급에 의존하며, 산소 공급의 중단은 생명이 끝난다는 것과 동일하다는 것을 알아차리는 형식이었다. 거기서 조건은 두 번째 마음챙김의 확립과 함께 관심의 전면에 떠올랐다. 그것은 의존하여 일어남[緣起], 즉 갈애[愛]가 일어나기 위한 조건으로서의 느낌[受]이라는 중요한 연결을 직접 알아차리는 것에 의한 것이었다. 조건은 또한 정신적인 상태들에 대한 명상에서 중요한 저류(低流)를 이룬다. 그것은 곧바로 우리가 우리 자신의 마음을 통제하지 못한다는 것을 분명하게 만든다. 마음의 상태는 원인과 조건들의 산물이다. 그리고 오직 그 일부만이 우리의 직접적인 영향권에 들어간다.

　법에 대한 명상과 함께 조건에 대한 적극적인 탐구는 가르침의 명시적인 부분이 된다. 장애들이나 깨달음의 요소들이 일어나도록 하는 조건은 무엇인가? 장애의 요소들을 극복하고 깨달음의 요소들을 육성하기 위한 조건은 무엇인가? 이 조건들을 마음챙겨 탐구하는 것이 법에 대한 명상의 중심 과업이다.

　이 두 가지 법에 대한 명상의 결과로 얻어지는 요지는 어떤 면에서 유명한 언구의 예시로 대치할 수 있다: 연기를 보는 자는 법을 보고 법을 보는 자는 연기를 본다(『맛지마 니까야』 28; 아날라요 2003: 186). 조건을 향한 우리의 명상 관찰은 이 마음챙김의 확립에서 깨달음에 이르는 비약적인 발전이 일어날 수 있는 정신적인 균형 상태로 이끌 정신적인 조건들에 특정한 초점을 맞추는 것과 함께 온다. 말할 필요 없이, 닙바나를 실현하는 것은 모든 가르침, 즉 법의 수렴점이다. 그럼으로써 특별하게 적용된 조건을 깨달음에 이르는 과정의 전반적인 방향과 결합하는 것은 법에 대한 이 두 가지 명상의 요점을 파악하는 것처럼 보인다.

　정식 명상 이외의 상황들에 적용되는 이 요점은 어떤 상태들이 어떤 상황에 나타나든지 그 상태를 고려한 다음에 그것을 이런저런 방법으로 해탈의 가르침에 관련시키는 것에 의해 실현될 수 있다. 비록 모든 상황이 깨달음의 요소를 계발하는 것에 도움이 되는 것은 아니지만, 가르침의 관점에서 고려될 수 없는 상황이나 경험은 거의 없다. 예를 들어, '모든 것은 무상하다'는 것을 따른 반조는 법의 맛이 우리의 모든 경험에 스며들게 되도록 하는 데 필요한 조언을 제공할 수 있다.

다섯 가지 장애[五蓋] 가운데 첫 번째에 대한 명상을 위한 실제적인 가르침은 다음과 같다(『맛지마 니까야』10).

감각적 욕망이 안에 있으면, 수행자는 '감각적 욕망이 내 안에 있다'고 안다. 감각적 욕망이 안에 없으면, 수행자는 '감각적 욕망이 내 안에 없다'고 안다. 수행자는 일어나지 않은 감각적 욕망이 어떻게 일어나는지를 알고, 일어난 감각적 욕망이 어떻게 제거되는지를 안다. 수행자는 제거된 감각적 욕망이 어떻게 미래에 일어나지 않는지를 안다.

이 가르침은 다음과 같은 다섯 가지 장애 각각에 적용된다.

- 감각적 욕망
- 성냄
- 해태와 혼침
- 들뜸과 후회
- 의심

느낌에 대한 명상에서 분명한 두 단계 절차와 비슷하게, 장애에 대한 명상도 두 단계를 거쳐 진행되는 것처럼 보인다. 첫 번째 단계는 마음속 장애의 현존과 부재에 대한 알아차림이다. 두 번째 단계는 실제적인 조건의 탐구 형식으로 법에 대한 명상의 독특한 정취를

아날라요 비구의 마음챙김 확립 수행

포함한다. 그런 탐구는 특정한 장애를 일으키는 조건들, 그것의 제거에 이르게 하는 조건들, 그리고 그것의 재발을 방지하는 조건들에 관심을 갖는다.

　이 두 단계 절차는 장애가 다양한 정도의 강도로 발현될 수 있다는 사실과 관련이 있다. 약한 장애가 일어날 경우, 마음챙겨 알아차리는 것으로 그것이 사라지도록 하는 데 충분하다. 그런 경우, 실제적인 관점에서 볼 때 우리는 우리의 주된 수행을 재개할 수 있다. 어쨌든, 그것이 일어나기 위한 조건들은 다소 약했음에 틀림이 없고 그것의 제거에 이르는 조건은 분명히 마음챙김 자체였을 것이다.

　다른 때에는 장애가 보다 큰 강도로 나타날 수 있다. 그것을 알아차리는 것 자체만으로는 충분하지 않다. 이것은 장애들에 대한 명상의 두 번째 단계에 이르기 위한 적절한 상황처럼 보인다. 이런 식으로 마음속 장애의 현존은 공부 기회가 될 수 있다. 그것이 제공하는 공부 기회는 우리 자신의 마음의 조건, 특히 그 장애를 일어나게 하는 조건들뿐만 아니라 그 장애에서 벗어나고 그것의 재발을 방지하기 위해 가장 많은 도움이 되는 조건들에 관심이 있다.

장애에 직면하기

이런 유형의 명상을 위해 내가 제안하고 싶은 태도는 예를 들어 훌륭한 체스 선수의 태도와 비슷하다. 좋은 친구와 함께 체스 경기를 한다고 상상해 보자. 친구가 막 위협적으로 말을 움직였고, 나의 여왕을 공격했다. 그렇다고 내가 그것 때문에 화가 나지는 않을 것이다. 어쨌든 그것은 그저 게임이고 상대 선수는 나의 좋은 친구이기 때문이다. 그런데도 동시에 우리는 이기기를 원한다.

이와 같은 태도로, 화를 내지 않고 이기기를 바라면서, 나는 '보자. 어떻게 내가 여기에 들어왔지? 내 여왕을 잃게 될 상황에 빠지면 어떻게 하지?' 등과 같이 상황을 점검한다. 이 상황이 어떻게 일어났는지를 점검하자마자, 나는 나의 여왕을 구할 말의 움직임에 방심하지 않고 경계를 계속한다. 다시 말해서, 우리는 이 상황에서 나가도록 해주는 조건을 찾으려고 한다.

장애에 대한 명상을 위해서도 나는 같은 유형의 태도를 제안한다. 이것은 경기에 이기려는 강한 의도와 결합된 재미와 같은 요소를 포함한다. 우리가 이런 유형의 게임에 더 많은 경험을 가질수록, 우리의 여왕이 처음에 위험에 처하는 것을 피할 수 있을 정도까지, 우리는 앞으로 이길 수 있는 기회를 더 많이 가질 것이다. 이 관점에서 볼 때, 장애의 발생은 좌절과 부정적인 자기 평가를 촉발시키기보다는 우리의 기술을 훈련시킬 기회가 된다.

그런 태도를 계발함으로써, 우리는 장애를 덜 개인적인 것으로 간주하는 것을 배운다. 장애가 있음을 정직하게 인정하는 것은 우리가 그것을 소유하고 그것을 '나의 것'으로 만들어야 한다는 것을 의미하지는 않는다. 그것은 단지 마음속에서 발현되어 적절한 조치를 취하기를 요구하는 어떤 것으로 간주될 수 있다.

장애를 덜 개인적인 것으로 간주하는 것은 장애의 존재를 알아차렸을 때 가능한 한 마음의 긴장을 완화시킬 뿐만 아니라, 또한 그것이 앞으로 재발할 때도 그것을 성공적으로 제거할 것이다. 우

아날라요 비구의 마음챙김 확립 수행

리 내면의 명료성을 방해한다는 의미에서, 이 특별한 정신적인 조건이 실제로 '장애'의 역할을 하는 정도는 그것이 마음속에서 만들어 내는 이미지들과 연상들을 우리가 알아차리는 정도와 분명하게 연결되어 있다. 우리가 더 이상 그것을 개인적인 것으로 간주하지 않는 데 익숙해질수록, 다음에 우리가 동일시의 덩굴손에 쉽게 붙잡힐 가능성이 줄어들 것이다. 바로 이런 이유 때문에, 우리는 보다 쉽게 만들어진 이미지들을 믿는 것으로부터 물러나서 무슨 일이 일어나고 있는지를 알아차릴 수 있게 될 것이다.

정신적인 상태들에 대한 명상의 경우에서와 유사하게, 장애의 영향 하에 있는 마음의 상태를 탐구하여 그것을 분명하게 음미하고 그것의 정취를 분명하게 알아차리는 것은 도움이 된다.

마음에 대한 명상에 관해 이전 장에서 언급했듯이, 장애가 있을 때 우리의 마음은 고귀하지도 않고 집중되어 있지도 않으며 해방되어 있지도 않다. 그러나 그것을 뛰어넘을 수도 있고, 이 장애가 되는 조건을 뛰어넘는 방법을 배우는 것은 마음이 점점 더 고귀해지고 더 집중되며 더 해방되는 방향으로 인도할 것이다. 이것이 일어날 때마다 우리는 단순히 장애가 없는 마음의 상태를 탐구하고 이 상태를 분명하게 음미하며 그 정취를 분명하게 알아차린다.

엄밀하게 말해서, 실제로 장애를 제거하는 것이 마음챙김 확립의 과업은 아니다. 대신에 그것은 바른 노력의 영역에 속한다. 이전 장에서도 언급했듯이, 마음챙김의 확립이 깨달음으로 인도되기 위해서 그것은 성스러운 팔정도의 체계 안에서 수행될 필요가 있다. 「마음챙김의 확립 상윳따」의 한 법문은 마음챙김 확립의 계발에 이르는 길이 성스러운 팔정도라는 것을 분명하게 밝힌다(『상윳따 니까야』 47.40).

이 성스러운 팔정도는 바른 견해[正見]에 대한 최초의 올바른 인식과 바른 의도[正思惟]를 일으키는 것을 요구한다. 그리고 그것은 계속해서 그것의 정신적·언어적·신체적 차원에서 도덕적 행위의 기반을 놓도록 인도한다. 이 기반과 바른 견해에 의한 분명한 방향 감각을 바탕으로 바른 노력은 적절한 위치에 서서 마음챙기는 명상만으로 부족할 때 도움을 줄 준비를 한다.

말할 필요도 없이, 바른 노력을 사용하는 것은 그것 홀로 서는 것이 아니다. 그것은 그것의 전개에서 과도함과 부족함 둘 다를 피하기 위해 마음챙겨 관찰하는 것을 요구한다.

감각적 욕망

이전 장에서 이미 언급했듯이, 감각적 욕망(kāmacchanda)이라는 첫 번째 장애는 일반적으로 말하는 욕구와는 구별될 필요가 있다(94쪽 참조). 욕구(chanda)는 해탈에 대한 욕구 또는 다른 사람들의 행복에 대한 욕구와 같은 유익한 기능들을 수행할 수 있다. 장애로 여겨지는 욕망은 성행위와 감각적 욕망의 탐닉을 통해 행복을 추구하는 감각적 욕망이다.

가끔은 감각적 욕망이 있음을 마음챙겨 알아차리거나 그것을 일어나게 했던 원인들을 조사하는 것만으로도 그것에서 빠져나오기에 충분하다. 이것이 원인이 아니라면, 그리고 우리가 여기에서 제시되는 마음챙김 확립 명상의 체계 안에 남아 있는 것에 의해 감각적 욕망이 일어나는 것에 반응하길 원한다면, 다음 단계는 즐거운 느낌의 무상한 성품에 강조점을 둘 수 있다. 즐거운 느낌은 반드시 변하기 마련이고 지속되지 않는다. 이것을 알아차리는 것은 성적 욕망을 통해 행복을 추구하는 경향성을 약화시킨다. 즐거운 느낌은 반드시 변할 뿐만 아니라, 그것의 사라짐은 조만간 괴로운 느낌이 일어날 여지를 만들 것이다. 우리가 성적 욕망을 추구하는 한 몸에 집착하는 정도만큼 우리는 괴로움이 발현될 때 고통을 당한다. 이 내재적인 위험을 염두에 두는 것은 성적 욕망에 끌리는 것을 기꺼이 물리치고자 하는 의지를 강화시킨다.

이것이 아직도 충분하지 않다면, 우리는 마음속에 내재한 감각적 욕망에 대한 표준적인 해독제를 가져올 수 있다. 그것은 그런 욕망을 촉발시켰던 것에 대한 내재적 끌림의 부재에 주의를 기울이는 것이다(아날라요 2003: 194, 2013: 183). 성적인 욕망의 경우, 이것은 해부학적인 부분들에 대한 명상이 될 것이다. 피부, 살, 뼈에 대한 세 가지 몸 스캔을 진행시켜 나가는 것은 마음에 해야 할 어떤 것을 제시하고 몸에 대한 마음챙김을 확립한다. 그러나 그것의 주된 기여는 무집착의 태도를 심어주는 것이다. 비록 이 마음챙김의 확립 수행이 특별히 성적인 욕망을 유발하는 육체적 아름다움이라는 생각에 관한 것이지만, 그것은 또한 몸에 관련된 모든 문제에 대해 일반적인 무집착의 생각을 일으킨다. 그 결과, 이것은 우리의 감각적 욕망의 대부분이 무성해지는 기반을 약화시킨다.

감각적 욕망이 빈번하게 일어나는 것을 다루는 다른 보조 조건들은 감각을 단속하고 음식을 적당하게 섭취하는 것이다(아날라요 2003: 200). 그 둘 다는 마음챙김을 계발하는 방법으로 사용될 수 있다. 감각의 단속은, 내가 '정의'라고 말하기를 좋아하는 법문의 부분에 따라서 고려해 볼 때, 마음챙김의 확립 명상과 같은 목적을 갖는다. 제2장에서 언급했듯이(67쪽 참조), 그 정의는 마음챙김의 확립 명상을 세상에 대한 욕망과 불만에서 자유롭게 살아가는 것에 관련시킨다. 마찬가지로, 감각에 대한 단속은 이 두 가지 조건이 일어나는 것을 피하는 목적을 가진다. 이것은 실제적인 관점에서 볼 때 마음챙김의 확립과 감각 단속 사이에 오버랩이 있다는 것을 확인시켜 준다(아날라요 2003: 60).

마음챙김이 감각의 문들에 확립될 때, 그것은 보호 기능을 수행할 수 있다. 보는 것이든, 듣는 것이든, 냄새 맡는 것이든, 맛보는 것이든, 감촉하는 것이든, 각각의 경우에 마음챙김은 자료가 마음에 해로운 영향을 가져올 가능성이 많은 감각 문을 통해 들어올 때 우리를 빠르게 일깨워줄 수 있다. 감각의 단속은 더 많은 망상의 확산이 일어나지 않도록 실제 감각 자료를 인지하는 것을 의미한다. 그런 감각 단속은 눈을 아래로 내리고 은둔하여 살아가는 것과 같은 특별한 행동을 채택함으로써 지원을 받을 수 있다. 그러나 그것은 그런 행동 방식에 국한되지 않는다. 사실, 세상에 나갈 때, 그런 유형의 행동을 유지하는 것은 거의 가능하지 않다.

「감각기능을 닦음 경(Indriyabhāvanā-sutta)」에서 볼 수 있는 것처럼, 단지 감각 경험을 줄이려고 하는 것 자체로는 충분하지 않다(『맛지마 니까야』 152; 아날라요 2017c: 192). 한 바라문 학자는 붓다 앞에서 감각기능들의 계발이란 보지 않는 것과 듣지 않는 것을 포함하는 것이라고 말했다. 이 주장에 대해 그가 받은 대답은, 만일 이것이 사실이라면, 보지 못하고 듣지 못하는 사람들이 성취된 수행자로 간주되어야 한다는 것이었다. 다시 말해서, 감각 단속의 적절한 계발은 단지 감각 접촉을 피하는 것만이 아니다. 대신에, 그것은 마음챙김의 훈련을 필요로 한다. 이것은 특별한 행동 유형들과 은둔에 의해 지원받을 수 있다. 이것들은 목적에 이르는 수단이지, 그자체로는 목적이 아니다.

감각적 욕망이 일어나는 것을 미연에 방지하는 또 다른 방법하나는 먹는 것에 마음챙김을 계발하는 것이다. 수행해야 할 것은 음식의 목적이 몸에 영양분을 공급하는 것이지 혀의 미각을 자극하기 위한 것이 아니라는 것을 계속 알아차리는 것이다. 「브라흐마유 경(Brahmāyu-sutta)」에 따르면, 붓다는 식사할 때 맛에 대한 욕망을 경험하지 않고 음식의 맛을 경험했다(『맛지마 니까야』 91; 아날라요 2017c: 202). 이런 방식으로 붓다가 확립한 예는 마음챙겨 먹는 것을 계발하기 위한 영감의 역할을 할 수 있다. 특히 음식이 잘 씹히도록 하기 위해 적절히 씹는 것은 마음챙김으로 관찰해야 할 일이 될 수 있다. 그렇게 하는 것은 건강을 증진시키는 동시에 과식하려는 경향에 대처할 수 있다(『상윳따 니까야』 3.13; 아날라요 근간).

마음챙겨 먹기를 계발하는 것의 잠재력과 그 수행에서 생길 수 있는 통찰은 쉽게 과소평가될 수 있다. 『상윳따 니까야』의 한 법문에 따르면, 음식에 대한 통찰적 이해는 감각적 욕망을 넘어서도록 해서 욕계에 더 많이 재생하는 것을 넘어서도록 할 수 있다(『상윳따 니까야』 12.63; 아날라요 2017c: 71). 이것은 음식을 먹는 것이 해탈에 이르게 하는 통찰의 계발을 위한 수행의 기반이 될 수 있다는 것을 보여준다.

이런 면에서 도움이 될 수 있는 하나의 접근법은 음식을 섞어 먹는 것이다. 이 형태의 수행에서는 모든 음식을 하나의 그릇이나 용기에 넣고서 간단하게 섞는다. 이것은, 예를 들어 건포도같이 원래 달콤한 음식이 계속 맛이 있는 흥미 있는 효과를 갖는다. 그러나 초콜릿이나 쿠키같이 인공적으로 단것은 수프, 쌀, 야채와 섞이는 순간 그것들의 모든 매력을 잃는다. 음식을 섞어먹는 수행은 인공적으로 달게 만든 음식에 대한 집착을 내려놓는 데 도움을 주고, 보다 자연스럽고 건강에 좋은 음식에 대한 만족을 찾는 데 도움을 준다. 매우 특별한 방식으로, 먹는 것의 주된 과업은 혀의 미각을 즐겁게 하는 것이라기보다는 몸에 영양분을 공급하는 것이라는 것을 절실하게 깨닫게 한다.

이 같은 수행법을 좀 더 하길 원하는 사람들을 위해, 음식을 씹고 나서 그것을 삼키기 전에 그 음식을 잠시 조사하기 위해 입 밖으로 내놓는 선택이 있다. 관련된 또 다른 차원 하나는 음식이 똥과 오줌으로 다시 몸을 빠져나올 때 그것이 보이는 방식이다. 여기에서의 선택은 둘 다를 잠시 동안 조사하는 것이다. 전에 먹은 음식이 지금까지 쌓여 있다가 변기 속으로 물에 씻겨 들어가는 동안 시각적인 모양과 후각적인 모양 사이의 연결을 마음속에 확립할 수 있을 정도로 충분히 오랫동안 조사하는 것이다. 이런 방식으로, 음식을 먹는 전체적 그림이 깨어서 조사하는 눈앞에 나타나도록 허용된다. 이것은 음식이 입에 들어가기 전의 모습과 처음 몇 번 씹는 동안 그것의 무상한 맛에 대한 일방적인 관심을 극복하는 것을 보다 쉽게 만든다. 특별한 음식에 대한 강박관념은 결국 몸에 먹을 것을 주는 전체 과정의 이 두 가지 단편적인 측면에 기반을 두고 있다.

더욱이, 마음챙겨 조사하는 것은 또한 맛 자체에 대한 경험에도 적용될 수 있다. 비록 전에 설명한 접근법들이 이미 맛의 실제 경험이 음식 흡수의 전체 과정의 부분에만 상응하는 정도를 밝혔지만, 이 부분에 대한 보다 긴밀한 조사는 맛에 대한 경험의 비실체적 성품을 보다 더 드러낸다.

마음챙겨 천천히 먹는 것은 곧 마음이 겉보기에 즐거운 맛의 지속적인 경험으로 해석하는 것이 사실은 언제나 같은 정도의 즐거움이 아닌 일련의 맛보는 순간들이라는 것을 보여준다. 결국 특별한 음식의 맛있음의 정도는 상당히 정신적인 투사의 문제라는 깨달음이 생긴다. 맛보는 순간들을 시각 및 후각적 통각에 의해 환기된 기대와 결합하여 맛있는 음식의 경험으로 얽어매는 것은 바로 마음이다. 마음이 이런 방식으로 하는 기제를 제대로 이해하는 것은 우리를 맛에 대한 끌림에서 맛있는 음식을 통해 진정한 만족을 얻을 수 있다는 미혹된 약속으로 걸려들게 하는 많은 능력을 제거하는 데 도움이 된다.

성냄

성냄의 장애에 대한 가르침은 다음과 같다.

성냄이 안에 있으면, 수행자는 '성냄이 내 안에 있다'고 안다. 성냄이 안에 없으면, 수행자는 '성냄이 내 안에 없다'고 안다. 수행자는 일어나지 않은 성냄이 어떻게 일어나는지를 알고, 일어난 성냄이 어떻게 제거되는지를 알며, 제거된 성냄이 어떻게 미래에 일어나지 않는지를 안다.

여기서 다시 성냄을 촉발할 것을 마음챙겨 알아차리거나 탐구하는 것은 때로 그것이 멈추기에 충분하다. 만일 이것이 안 되면, 우리는 괴로운 느낌의 무상한 성품에 주의를 기울일 수 있다. 다른 사람들에 의해 상처를 입었거나 멸시를 당했기 때문에 어떤 괴로운 느낌이 있다 하더라도, 그런 모든 느낌은 어쨌든 반드시 사라진다. 이런 이해는 누가 나에게 그 괴로운 느낌들을 일으킬 수 있는 경험을 촉발시켰든지 간에 그것에 대해 밖으로 강하게 반응하고자 하는 주관적인 생각을 약화시킨다.

만일 괴로운 느낌의 무상한 성품에 대한 명상이 일어난 성냄에서 빠져나오는 데 충분하지 않다면, 요소들에 대한 명상은 부가적인 도움을 줄 수 있다. 흙·물·불·바람을 식별하기 위해 네 가지 몸 스캔을 진행하는 것은 마음의 주의를 끌게 하고 마음챙김을 몸에 뿌리내리게 할 뿐만 아니라 공성의 인식을 일으킨다. 이것을 마음의 공성에 대한 통찰과 결합시키는 것은 종종 성냄을 키우는 상처받은 에고의 생각을 약화시키는 데 효과가 크다. 에고의 생각에 대한 같은 이해는 우리 자신을 다른 사람들과 비교해서 경쟁과 시기의 형태로 성냄의 미묘한 발현을 가져오는 경향성으로부터 빠져

나오는 데 도움을 준다.

성냄의 경향성에 대한 표준 해독제는 멧따(mettā, 자애)의 계발이다(아날라요 2003: 195, 2013: 184). 이것은 이전 장에서 언급한 마음의 열림을 반영한다. 사실, 「세다까 경(Sedaka-sutta)」은 멧따를 마음챙김의 확립 명상에 관련시킨다. 그것에 의해서 우리는 다른 사람들뿐만 아니라 우리 자신을 보호한다(『상윳따 니까야』 47.19; 아날라요 2003: 276, 2013: 244ff, 2017a: 13ff). 마음챙김의 계발과 멧따의 계발은 이와 같은 보호 자질을 공유한다(아날라요 2013: 24ff, 2015: 29f). 멧따를 통한 보호의 자질 같은 뉘앙스는 성냄의 외적 발현과 관련이 있다. 다른 어떤 사람이 이와 같은 특별한 장애의 영향 하에 있다는 것을 마음챙겨 알아차리는 것은 멧따를 계발하는 것에 의해 이 상황에 적절하게 반응하도록 자연스럽게 인도될 수 있다.

해태와 혼침

다음 두 가지 장애, 해태와 혼침 그리고 들뜸과 후회는 둘 다 두 가지 정신적인 상태를 결합하고 있다는 측면에서 독특하다. 「방법 경(Pariyāya-sutta)」은 다섯 가지 장애가 열 가지로 나타나는 제시 방식을 제공한다(『상윳따 니까야』 46.52; 아날라요 2013: 186f). 여기 첫 번째 두 가지 장애는 안의 차원과 밖의 차원을 가질 수 있다. 다음 두 가지 장애는 그것들의 개별적인 부분들로 나뉜다. 다시 말해서, 세 번째 장애는 해태나 혼침을 포함할 수 있고, 네 번째는 들뜸이나 후회를 포함할 수 있다. 각각의 경우에 두 가지 정신적인 상태가 그것들이 마음에 미치는 영향이 비슷하기 때문에 함께 묶일 수 있는 것으로 보인다. 다음에 해태와 혼침에 대한 가르침이 나온다.

> 만일 해태와 혼침이 안에 있으면, 수행자는 '해태와 혼침이 내 안에 있다'고 안다. 만일 해태와 혼침이 안에 없으면, 수행자는 '해태와 혼침이 내 안에 없다'고 안다. 수행자는 일어나지 않은 해태와 혼침이 어떻게 일어나는지를 알고, 일어난 해태와 혼침이 어떻게 제거되는지를 알며, 제거된 해태와 혼침이 어떻게 미래에 일어나지 않는지를 안다.

세 번째 장애의 경우에, 때로 우리는 단지 피곤해서 쉴 필요가 있을지 모른다. 비록 이러한 면에서 자기기만을 주시할 필요가 있지만, 몸이 정말로 휴식이 필요할 때 그 휴식을 부정함으로써 자신에게 너무 가혹하게 대하는지를 알아차릴 필요가 있다. 더운 계절에 붓다는 휴식하는 것이 적절하게 보이면 낮 동안에 때때로 휴식을 취하곤 했다(아날라요 2017c: 203). 몸이 너무 피곤해서 명상을 할 수 없을 때 낮잠을 자는 것은 본질적으로 잘못된 것이 없다.

　그러나 다른 때에 이 특별한 장애는 게으름이나 권태로 발현될 수 있다. 다시 말해서, 이 명상은 그 피곤함이 몸에서 기인한 것인지 아니면 마음에서 기인한 것인지를 알아차릴 필요가 있다. 우리는 또한 에너지가 어디로 갔는지, 왜 그것이 마치 고갈된 것처럼 느껴지는지, 그리고 지금 그것이 어떻게 그렇게 낮은 수준인지를 관찰하려고 할 수 있다. 때로 성냄의 저류(低流)는 졸음 또는 졸림을 초래하는 것으로 식별될 수 있다. 다른 때 그 원인은 압도당하는 느낌 때문에 사물에 직면하는 것을 원하지 않는다는 의미에서의 회피가 되기도 한다. 점검해야 할 또 다른 것은 때때로 피곤함이나 영감의 상실을 초래하는 균형의 결핍을 가져올 수 있는 수행에 대한 우리의 태도이다. 일반적으로 이 특별한 장애와 싸우기보다는, 그것의 조건을 이해하고 이것에 기초하여 그에 대처할 수 있는 창조적인 방법들을 찾으려고 노력해야 한다.

해태와 혼침에 대한 표준 치료법은 그것의 문자적인 '빛'이라는 의미라기보다는 이 맥락에서는 정신적인 '명료성'을 의미하는 것으로 내가 취하는 단어인 알로까(āloka)의 인식이다(아날라요 2003: 197, 2013: 184). 이 해석에 기초하여 우리가 해야 할 일은 우리의 명상 수행에 명료함을 가져오는 것이다. 해부학적 구조의 세부사항들에 주의를 기울이는 몸 스캔은 좋은 예이다. 때로 눈을 조금 뜨고 명상하는 것이 도움이 될 수 있다.

특별히 영감을 주는 가르침을 기억하거나 우리의 미덕과 공덕이 되는 행위를 기뻐함으로써 마음을 밝게 하는 것도 이 장애를 극복하는 데 도움이 될 수 있다. 일반적으로 영감과 에너지를 일으키는 것은 무엇이든지 이 장애에서 빠져나오기 위한 적절한 수단이다. 여기에서 제시되는 마음챙김 확립 수행의 견지에서 볼 때, 현재 순간에 존재하는 것의 즐거움에 중요성을 부여하는 것은 권태와 나태에 직접 대처하는 즐거운 영감을 일으키는 데 효과가 있다. 만일 이것 자체가 충분하지 않으면, 가능한 치유법의 하나는 수행의 세 번째 바큇살인 우리 자신의 도덕성[戒]을 기억하는 데서 발견될 수 있다. 이 호흡이 나의 마지막 호흡이 될 수 있다는 것을 이해하면서 호흡에 주의를 기울이는 것은 해태와 혼침에서 나올 수 있는 에너지와 노력을 자극한다.

특히 혼침의 경우에 대해, 『앙굿따라 니까야』의 한 법문은 일련의 치료법들을 제공한다(『앙굿따라 니까야』 7.58; 아날라요 2003: 197). 이 치료법들은 명상 대상을 바꾸는 것, 가르침을 반조하거나 암송하는 것, 귀를 잡아당기고 몸을 마사지하는 것, 일어나 눈에 물을 뿌리고 하늘을 보는 것, 인식의 명료함을 계발하는 것, 그리고 걷기 명상[行禪]을 하는 것 등이다. 이와 같은 다양한 방법들이 바라는 효과가 없으면, 누워서 휴식을 취할 시간이 온 것이다.

들뜸과 후회

어떤 면에서 반대 유형의 장애인 들뜸과 후회에 대한 가르침은 다음과 같다.

> 안에 들뜸과 후회가 있으면, 수행자는 '내 안에 들뜸과 후회가 있다'고 안다. 안에 들뜸과 후회가 없으면, 수행자는 '내 안에 들뜸과 후회가 없다'고 안다. 수행자는 일어나지 않은 들뜸과 후회가 어떻게 일어나는지를 알고, 일어난 들뜸과 후회가 어떻게 제거되는지를 알며, 제거된 들뜸과 후회가 미래에 어떻게 일어나지 않는지를 안다.

아날라요 비구의 마음챙김 확립 수행

들뜸과 후회의 경우, 마음을 고요하게 하는 어떤 것이라도 도움이 될 것이다. 여기에서도 유용한 도구는 특별히 몸 전체에 대한 알아차림 안에 쉬는 것을 강조하며 현재 순간에 존재하는 즐거움에 다시 주의를 기울이는 것이다. 이 즐거움 속에서 긴장을 이완하는 것은 몸과 마음을 고요하고 평온하게 만들고, 그렇게 함으로써 들뜸과 후회의 긴장과 스트레스에 직접 대처하게 된다. 그와 같은 유형의 수행은 또한 너무 밀어붙이고 너무 많은 노력을 소비하는 태도에서 빠져나오도록 하는 데 도움을 준다. 어느 정도의 노력은 진정 필요하다. 그러나 노력을 과도하게 하는 것은 오히려 진보에 해로울 수 있다. 우리의 수행과 그것의 결과에 만족하는 마음을 계발하는 것은 중요하다. 우리는 이것이 단지 가장 의미 있는 할 일이기 때문에 명상하는 것이지, 절실히 결과를 바라기 때문에 명상하는 것은 아니다. 목표 지향을 내려놓으면 명상은 훨씬 더 좋은 진보를 이룰 것이다.

도움이 되는 하나의 예는 느낌에 대한 명상을 다루는 제6장에서 이미 간단하게 언급했던(186쪽 참조) 류트의 비유이다(『앙굿따라 니까야』 6.55; 아날라요 2003: 38). 류트의 줄이 너무 팽팽하면, 음악을 연주하는 것이 불가능할 것이다. 줄이 너무 느슨해도 마찬가지이다. 줄이 적당하게 조율되어 있을 때만이 류트는 음악을 연주할 준비가 된다. 같은 것이 마음에도 적용된다. 마음은 너무 조여지거나 너무 느슨해서는 안 된다.

만일 마음이 여전히 계속 들뜸과 후회로 동요하면, 우리는 호흡에 마음챙김을 향하게 해서 날숨에 중요성을 부여하고 긴장 완화와 내려놓음을 중시함으로써 수행의 세 번째 바큇살에 의존할 수 있다.

때로 후회는 실제로 다룰 필요가 있는 것으로 발현된다. 그런 경우, 그 문제를 당분간 제쳐두고, 우리 자신에게 그것에 후에 주의를 기울이겠다는 약속을 하는 것이 가장 적절한 방법이다. 여기서 자신을 속이지 않는 것은 매우 중요하다. 일단 명상 시간이 끝나면, 우리는 실제로 후회하는 문제에 주의를 기울여야 하고 그것에 대해 생각해 봐야 한다. 우리가 스스로 약속을 지킬 때만, 마음은 다음 기회의 정규 명상 동안 후회하는 문제를 계속해서 기꺼이 제쳐두게 될 것이다.

의심

마지막 장애는 의심이다.

> 안에 의심이 있으면, 수행자는 '내 안에 의심이 있다'고 안다. 안에 의심이 없으면, 수행자는 '내 안에 의심이 없다'고 안다. 수행자는 일어나지 않은 의심이 어떻게 일어나는지를 알고, 일어난 의심이 어떻게 제거되는지를 알며, 제거된 의심이 미래에 어떻게 일어나지 않는지를 안다.

들뜸과 후회의 경우에서와 비슷하게, 의심의 어떤 유형들은 우리가 정규 명상에 참여하여 만났을 때 그것들을 나중에 다루기 위해 제쳐놓는 것이 가장 좋다. 예를 들어, 이것은 가르침에 관한 근본적인 의심의 유형들에 적용된다. 여기서도 일단 명상 시간이 끝나면, 그 의심이 되는 문제를 현명하게 반조하여 주의를 기울일 필요가 있다는 면에서, 우리는 우리 자신의 약속을 지킬 필요가 있다.

그러나 의심의 다른 유형들은 수행의 진보 방식에 관련될 수 있다. 발현된 것을 어떻게 해야 할지에 대한 불확실함과 우리에게 말해줄 수 있는 전문지식을 가진 다른 사람에 대한 바람이 있다. 만일 적합한 인도자를 구할 수 없다면, 우리는 적어도 우리 자신의 인도자가 되기 위해 노력해야 한다. 이것은 마음챙김의 확립을 수행함으로써 우리가 우리 자신에게 의지하고 우리 자신에게 섬이 된다는 격언을 생각나게 한다(『상윳따 니까야』 47.14; 아날라요 2013: 1).

그런 자기 의지를 개발하는 것은 마음챙김하는 관점의 변화에서 그것의 출발점이 된다. 하나의 동전을 다른 면으로 뒤집는 것과 비슷하게, 우리는 절망의 느낌에서 열정적인 관심과 조사의 감각을 불러일으키는 것으로 바꾼다. 초기불교 사상에서 의심을 다루는 방법은 조사하는 것이다(아날라요 2003: 199, 2013: 207). 목표 지향에 도움이 되는 가르침을 충분히 아는 것에 기초하여, 우리는 일어나는 것을 마음챙겨 조사한다. 우리는 하나의 가능한 해결책을 시도한다. 이것이 효과가 없다는 것을 발견하면 다른 방법을 시도한다. 조만간 어떤 것이 효과가 있을 것이다. 앞으로 우리는 명상가로서의 우리의 능력에 기초하여 이런 상황을 다루는 방법을 알 것이다. 우리는 명상가로서 우리 자신과 우리의 능력을 신뢰하는 것을 배운다. 이것은 유익하거나 능숙한 것(kusala)과 해롭거나 능숙하지 않는 것(akusala) 사이의 명확한 구별을 계발한 것에 기초하여 우리 자신이 조사한 결실이다.

또 다른 의심의 차원은 우리 자신의 능력뿐만 아니라 우리가 채택한 명상 수행의 가능성에 관련이 있다. 그런 의심은 일정 기간에 걸친 지속적인 조사를 요구한다. 모든 명상 수행들이 각각의 수행자에게 적합한 것은 아니다. 어느 특정한 수행법은 시간이 지나면서 그것이 결과를 가져오는지를 알아보기 위해 마음챙겨 관찰하는 것이 가장 좋다는 결론이 나온다.

이전 장에서 언급했듯이, 여기에서의 질문은 비상한 경험 속으로 들어가는 것에 관한 것이 아니다. 대신에, 질문은 어려움에 직면해서 문제를 다룰 수 있는 우리의 능력이 향상하는지에 관한 것이다. 인내와 이해뿐만 아니라 점차적으로 마음을 열고 다른 사람들에게 기꺼이 다가서려고 하는 것이 중요한 이정표이다. 보다 긴기간에 걸친 지속적이고 헌신적인 수행에서 어떤 중요한 결과가 일어나지 않는다면, 다른 명상 방법이 자신의 개성과 필요에 보다 더 잘 맞을 것인지를 고려하는 것도 가치가 있을 것이다.

장애들에 대한 명상은 좌선 자세에만 국한되지 않는다. 사실, 법문에서는 걷기 명상[行禪]에 대해 앉아 있는 동안과 걷는 동안 마음을 장애로부터 정화시키는 것이라고 설명하고 있다(아날라요 2003:140). 그럼으로써 장애를 알아차려 [극복하는 것]은 걷기 명상이나 다른 활동들을 하는 동안에 잘 일어날 수 있다.

아날라요 비구의 마음챙김 확립 수행

장애들의 부재

장애들의 존재와 그것들의 조건을 조사했으므로, 마침내 마음에 장애가 없는 때가 온다. 유익한 정신적인 상태에 대한 명상과 마찬가지로, 이것은 기쁨을 일으키기 위한 기회이다. 법문에 나오는 두 가지 조(組)의 비유는 이런 면에서 도움이 될 것이다.

그 중 하나는 자신의 얼굴을 비춰보기 위해 사용되는 물이 가득 찬 사발이다(『상윳따 니까야』 46.55; 아날라요 2003: 189, 2013: 190f). 장애가 없는 마음은 마치 순수한 물처럼 맑은 자질을 갖는다. 염료가 섞이지 않고, 끓는 지점까지 가열되지 않으며, 수초가 무성하게 자라지 않고, 바람에 의해 휘저어져 있지 않으며, 탁하지 않고 어둠속에 놓여 있지 않은 순수한 물만이 얼굴 모습을 제대로 비출 것이다.

장애의 부재에서 오는 정신적 명료함의 상태는 사물의 본래 모습과 매우 다르게 사물을 보이게 만드는 감각적 욕망이라는 염료에 의해 더 이상 물들지 않는다. 그런 정신적 명료함은 또한 우리와 다른 사람들을 태우는 성냄으로 끓어오르지 않는다. 그런 마음은 침체를 가져오는 해태와 혼침의 수초로 무성해지지 않는다. 이런 유형의 마음은 또한 어떤 곳에도 이르지 못하는 움직임을 숱하게 가져오는 들뜸과 후회의 바람에 의해 흔들리지 않는다. 이와 같은 마음은 또한 실제를 있는 그대로 보지 못하게 하는 의심의 어둠속에 있지 않고 탁하지도 않다. 이와 같은 생생한 이미지를 기억하는 것은 장애들을 알아차리고 그것의 부재를 기뻐하는 데 도움이 될 수 있다.

자신의 얼굴을 비춰보기 위해 사발 속의 물을 들여다보는 이

아날라요 비구의 마음챙김 확립 수행

미지는 장애들과 관련해서만 나타나는 것은 아니다. 앞의 장에서 언급했듯이, 거울을 들여다보는 모티프는 [다른 사람들의] 정신적 상태에 대한 명상을 설명하기도 한다. 거울 이미지는 이 두 가지 마음챙김의 확립 사이의 유사성을 강조한다. 이 둘 다는 우리가 마음챙김의 거울을 들어야 한다고 요구한다. 그런 알아차림을 고려하면, 마음챙김으로 해야 할 일은 거기에 있는 것에 반응하지 않고 분명하고 정확하게 비추어보는 것이다.

거울이 객관적으로 다른 사람들이 나의 모습을 보는 것처럼 우리의 외적인 모습을 보여주는 것과 같이, 마음챙김의 거울은 우리에게 마치 무심한 관찰자의 관점에서 보듯이 우리 자신의 정신적 상태에 대해 정확히 비춰 준다. 이 내면의 거울은 우리에게, 자신의 생각과 관념들의 주관적인 투자 때문에, 그렇지 않으면 그렇게 쉽게 식별될 수 없는 우리 마음의 실제적 모습을 드러낸다. 뒤이어서 적절한 조치를 취하기 위한 적합한 기반이 마련되는 것은 마음챙김의 거울을 들여다보는 것을 통해 내면에서 일어나는 일들의 실제 상태를 정확하게 인식했을 때이다. 이것은 마음에 대한 명상의 세 번째 마음챙김의 확립이 그런 알아차림에 관한 이유를 말해 준다. 장애들에 대한 명상의 경우, 거울보기와 같은 마음챙김의 기능은 더욱 엄밀하게 조사하는 일을 수행한다. 거울에 비춰진 이미지를 확대하듯이, 사띠(sati)는 그것의 존재를 내면의 거울이 밝힌 특정한 장애를 초래한 조건들과 그 장애에서 빠져나올 조건들을 정확하게 드러낸다.

장애들의 부재에 관한 주제는 두 번째 조(組)의 비유에서 분명해진다(『디가 니까야』 2; 아날라요 2003: 189, 2013: 192f). 감각적 욕망이 없는 것은 빚을 청산한 것과 같다. 둘 다는 어떤 것을 끊임없이 필요로 하고 원한다는 의미를 공유한다. 성냄에서 벗어나는 것은 질병에서 회복되는 것과 같다. 사실 화를 내는 것은 문자 그대로 불편함(dis-ease)의 한 형태이다. 해태와 혼침뿐만 아니라 들뜸과 후회에서 빠져나오는 것은 감옥과 노예 상태에서 풀려나는 것에 비유된다. 이 두 가지 곤경은 개인적인 자유의 결핍을 포함한다. 의심을 안전하게 건넌 것은 위험한 사막을 안전하게 건넌 것과 같다. 탈진의 시간이 지나고 안전에 도달했다. 이 모든 어려움들에서 빠져나오는 것은 실로 기쁜 경우이다.

열린 수행

처음 세 가지 마음챙김의 확립에 의해 만들어진 기반에 기초하고, 장애들의 부재로 마음이 명료함으로 가득 채워지면, 우리는 열린 알아차림에 의해 형식을 갖추지 않은 수행법으로 진행한다. 몸에 대한 강한 마음챙김의 기둥에 확고하게 뿌리를 박은 우리는 그것이 어떤 방식으로 펼쳐지든 그 변하는 경험의 과정에 활짝 열린다. 이런 방식으로, 우리는 장애들과 오염원들로부터 영원히 자유로운 상태에서 마음의 마지막 목표를 향해 계속 진보한다.

수행 바퀴의 비유를 고려해 볼 때, 장애들에 대한 명상이 이 바퀴의 중심축에 한 기여는 우리의 몸 전체에 대한 알아차림과 함께하는 정신적인 명료함이다. 이것은 물이 담긴 사발의 비유로 설명되는 오염원들로부터의 자유로운 정신적 명료함이다. 바퀴테에 한 기여는 다른 조(組)의 비유들에서 전면에 나타나고, 그것에 따라 장애가 없어져서, 우리는 더 이상 빚지지 않고, 병에 걸린 상태가 아니며, 감옥 속에 있지 않고, 노예상태가 아니며, 위험에 빠져 있지 않다. 이것은 결과적으로 어떤 것에도 집착하거나 의존하지 않고 살아가는 것을 용이하게 만든다.

요약

법에 대한 명상으로, 우리는 조건에 대한 적극적인 탐구를 시작한다. 마음속에 장애가 있는 것을 알아차리는 것은 어떤 조건들이 그것을 일어나게 했는지 그리고 어떤 조건들이 우리를 도와서 우리가 그것에서 빠져나와 재발을 방지하게 하는지를 조사하도록 이끈다.

우리가 마음챙김 확립 명상의 체계 안에서 장애에 대응하려고 결심하면, 감각적 욕망은 즐거운 느낌의 무상한 성품에 주의를 기울이고 해부학적인 부분들에 대한 명상의 도움으로 대처될 수 있다. 성냄의 경우, 괴로운 느낌의 무상한 성품에 주의를 기울이는 것과 요소들에 대한 명상을 사용할 수 있다.

현재 순간에 존재하는 것의 즐거움은, 만일 해태와 혼침 또는 들뜸과 후회가 발현되면, 에너지의 결핍과 과잉의 균형을 맞추는 것에 의해서 도움이 될 수 있다. 영감과 에너지를 일으키는 것은 특히 해태와 혼침에서 벗어나기 위한 적절한 수단이다. 한 가지 예는 이 호흡이 나의 마지막 호흡일 수 있다고 생각하여 들숨에 주의를 기울이는 것이다. 긴장완화와 내려놓음과 결합된 날숨에 주의를 기울이는 것은 들뜸과 후회에서 벗어나기 위한 적절한 수단으로 마음을 고요하게 하기 위한 한 가지 예가 될 것이다. 의심을 다루는 방법은 실제로 수행하는 동안이나 아니면 뒤이어서 조사하는 것이다.

장애들의 부재는 또한 우리의 주의를 끌 만하다. 그때 마음은 염료가 섞이지 않고, 끓는 지점까지 가열되지 않으며, 수초가 무성하게 자라지 않고, 바람에 의해 휘저어져 있지 않으며, 탁하지 않고 어둠속에 놓여 있지 않은 순수한 물처럼 명료하게 될 것이다. 어떤 장애에 압도되는 것에서 벗어나는 것은, 빚을 청산하고, 질병에서 회복되며, 감옥과 노예상태에서 풀려나고, 위험한 사막을 안전하게 건넌 것과 같이 기뻐할 경우이다.

아날라요 비구의 마음챙김 확립 수행

제9장

깨달음

여기서 제시되는 마음챙김 확립 수행의 마지막 바큇살은 깨달음의 요소들[七覺支]에 대한 명상이다. 깨달음의 요소들 중 첫 번째 요소에 대한 「마음챙김의 확립 경」의 가르침은 다음과 같이 진행된다 (『맛지마 니까야』 10).

> 마음챙김의 깨달음의 요소가 안에 있으면, 수행자는 '마음챙김의 깨달음의 요소가 내 안에 있다'고 안다. 마음챙김의 깨달음의 요소가 안에 없으면, 수행자는 '마음챙김의 깨달음의 요소가 내 안에 없다'고 안다. 수행자는 일어나지 않은 마음챙김의 깨달음의 요소가 어떻게 일어나는지를 알고 일어난 마음챙김의 깨달음의 요소가 어떻게 닦아 완성되는지를 안다.

이 가르침은 다음의 일곱 가지 모든 깨달음의 요소에 적용된다.

- 마음챙김[念]
- 법의 조사[擇法]
- 에너지[精進]
- 희열[喜]
- 평안[輕安]
- 집중[定]
- 균형[捨]

장애들에 대한 명상의 두 단계 과정과 비교해 볼 때, 이 수행도 두 단계를 포함하는 것으로 보인다. 첫 번째 단계는 어떤 깨달음의 요소의 존재 또는 부재를 알아차리는 것을 요구한다. 두 번째 단계는 조건을 탐구하는 데 관련이 있다. 이것은 어떤 깨달음의 요소를 일어나게 하는 조건들과 그것을 더욱 강화시키는 조건들에 대한 알아차림을 함으로써 일어난다.

실제 수행에서, 나는 이전의 명상에서 경험했던 장애들의 부재로 인한 희열의 경험에 기초하여 깨달음의 요소들을 알아차리는 첫 번째 단계를 계발할 것을 제안한다. 그런 유익한 희열은 매우 중요한 기반으로서의 마음챙김[念]에 확립된 결과로서, 그 다음에 다섯 가지 장애 중 어떤 장애의 존재나 부재를 점검하기 위해 마음을 조사[擇法]한 결과로서 발현되었다. 이 조사는 장애들이 실제로 확실하게 중지되도록 하기 위해 충분한 에너지[精進]를 가지고 실행되었다. 그때 일어난 희열[喜]은 자연스럽게 평안[輕安], 집중[定], 균형[捨]으로 인도된다. 이런 방식으로 장애들에 대한 이전의 명상을 통해 성취된 수행의 증대는 깨달음의 요소들을 계발하기 위한 도약대로 사용될 수 있다.

우리의 마음속에 이 일곱 가지 깨달음의 요소가 실제로 존재하는 것에서 생기는 중요한 영향은 우리가 깨달을 수 있는 능력을 증명한다는 것이다. 비록 이 깨달음의 요소들이 지금은 약하지만, 지속적인 계발을 통해 그것들은 커지고 더 강해질 수 있다. 어떤 면에서, 이것은 몸·느낌·마음이 공하다는 우리의 통찰, 우리가 진정으로 소유할 수 있는 것이 아니라는 우리의 통찰을 보충하는 역할을 한다. 동시에, 우리는 깨달음의 가능성이라는 보다 귀중한 것을 소유하고 있다.

마음챙김

깨달음의 요소들에 대한 명상의 두 번째 단계에 대해 고찰해 볼 때, 깨달음의 요소들이 일어나기 위한 주된 조건은 마음챙김 자체이다. 사띠를 잃어버리면, 깨달음의 요소들은 기반을 갖지 못한다. 마음챙김이 확립되면, 깨달음의 요소들의 순차적인 증강이 일어날 수 있다(아날라요 2003: 235ff, 2013: 215ff).

　깨달음의 요소로서의 마음챙김은 마음챙김의 확립 명상 자체를 통해 일어나게 할 수 있다(『맛지마 니까야』 118, 『상윳따 니까야』 54.13, 54.14, 54.15, 54.16). 하지만 법문을 듣는 동안에도 같은 것이 일어날 수 있다(『상윳따 니까야』 46.3). 이 대안에 대한 적절한 이해는 제1장에서 이미 다룬 마음챙김과 기억 사이의 관계에 대한 주제로 돌아갈 것을 요구한다(22쪽 참조). 거기서 나는 나에게 실제 수행을 위한 이 관계의 중요한 암시가 되는 것처럼 보이는 것에 대해 언급했다. 현존하는 것에 대한 마음챙김은 우리가 후에 기억해야 하는 어떤 것에 대해 가질 수 있는 똑같은 종류의 강한 흥미와 열린 수용성을 가지고 착수되어야 한다.

　한 법문을 직접 듣고 다음에 다른 사람들에게 그것을 정확하게 보고하라는 과업을 받았지만, 어떤 이유로 필기를 할 수 없고 녹음할 수 있는 어떤 것에도 접근할 수 없는 상황을 상상해 보자. 비록 그런 시나리오가 오늘날에는 다소 가능성이 희박한 것 같아 보이지만, 그것은 고대 인도의 구전(口傳) 환경에서의 일반적 상황과 매우 비슷하다. 그러므로 마음챙김의 깨달음의 요소를 법문을 듣는 상황과 관련시키는 것은 들었던 것을 후에 기억할 수 있도록 하기 위해 필요한 정신적 태도와 마음의 자질의 유형을 설명하기 위해 사용했던 붓다 시대의 자연스러운 방법이었을 것이다.

성공적으로 그 법문을 기억하는 것과 다른 사람들에게 정확하게 보고하는 것은 우리가 그것을 듣는 동안 예리한 흥미와 열린 수용성을 일으킬 것을 요구한다. 우리는 사소한 세부사항들과 별로 관계가 없는 연상들에 사로잡히는 것을 피하기 위해 최선을 다해야 한다. 감정적인 반응에 휩쓸리기보다는 편견 없는 관찰의 균형 잡힌 태도를 유지하는 것이 중요하다. 이 방법으로만 우리는 전체적으로 그 법문에 대한 균형 잡히고 종합적인 평가에 도달할 수 있을 것이다.

이 자질들은 정확하게 마음챙김의 확립 명상이 심어주려고 하는 것, 즉 예리한 흥미, 열린 수용성뿐만 아니라 균형 잡히고 편견 없는 관찰이다. 여기서 두 가지 상황, 즉 법문을 듣고 그것을 기억하려는 시도와 마음챙김 확립 명상의 계발이 만난다.

우리가 들은 것을 보고할 때가 왔을 때 [혹은 우리 자신의 목적을 위해 그것을 회상하기를 원할 때], 가능한 한 원래 들었던 상황과 가까운 정신적 태도를 확립하는 것이 도움이 될 것이다. 우리의 정신 상태가 그 법문을 듣는 상태를 더 많이 닮을수록 그것을 회상하는 것은 더 종합적이고 정확하게 될 것이다. 이것은 마음챙김이 기억을 용이하게 하는 데 기여한 두 가지 차원, 즉 마음에 그것을 저장할 때의 향상된 포괄성과 균형 그리고 후에 그 정보를 회상하기 용이한 것과 일치한다. 정보를 받아들이고 그것을 뒤이어서 처리하는 그와 같은 용이성은 명상 수행을 하는 동안 마음챙김의 깨달음의 요소의 중심적인 차원이 된다.

실제로 수행하는 동안, 마음챙김의 깨달음의 요소의 정취는 다음의 세 가지 자질의 첫 글자를 결합하여 만든 요약 단어인 'sap' 으로 요약될 수 있다.

- 부드러운(soft)
- 깨어 있는(awake)
- 현존(presence)

여기서 '부드러운(soft)'은 사띠(sati)가 잘 확립될 때 마음이 얻는 열림과 수용성을 나타내기 위한 것이다. 이것은 마음챙김의 기억 뉘앙스의 암시를 따라 생기는 '깨어 있는(awake)' 자질과 결합한다. 그것에 의해 우리는 모든 순간을 생생하고 뚜렷하게 기억할 수 있도록 해줄 내적인 깨어 있음으로 모든 순간을 마주한다. 그런 내적인 깨어 있음을 기반으로, 마음챙김은 다른 깨달음의 요소들과 결합하는 순간 그것의 온전히 '깨어 있는' 자질을 얻는다. 세 번째 '현존(presence)'의 자질은 마음챙김과 함께 우리가 현재 순간에 온전히 존재할 때 생긴다. 이런 방식으로, 마음챙김을 하나의 깨달음의 요소로 확립하는 'sap'의 정취는 '부드럽게 깨어 있는 현존'으로 요약

아날라요 비구의 마음챙김 확립 수행

될 수 있다. 이 세 가지 요소의 결합은 마음챙김이 존재하는지 [또는 부재하는지]를 알기 위한, 그리고 사띠가 어떻게 일어나고 그것을 어떻게 닦아 완성하는지를 알아차리기 위한 안내와 기준의 역할을 할 수 있다.

법의 조사[擇法]

마음챙김이 법에 대한 법문을 듣는 동안이든 아니면 마음챙김의 확립 수행으로 확립되었을 때, 다음의 깨달음의 요소는 마음챙김의 열린 수용성을 통해 이용할 수 있게 된 정보를 점검하고, 세심히 살피며, 조사하는 것에 의해 존재하게 된다. 법의 조사(dhammavicaya)의 깨달음의 요소에 대한 「마음챙김의 확립 경」의 가르침은 다음과 같다.

> 법의 조사[擇法]의 깨달음의 요소가 안에 있으면, 수행자는 '법의 조사의 깨달음의 요소가 내 안에 있다'고 안다. 법의 조사의 깨달음의 요소가 안에 없으면, 수행자는 '법의 조사의 깨달음의 요소가 내 안에 없다'고 안다. 수행자는 일어나지 않은 법의 조사의 깨달음의 요소가 어떻게 일어나는지를 알고, 일어난 법의 조사의 깨달음의 요소가 어떻게 닦아 완성되는지를 안다.

이 특별한 깨달음의 요소는 확대경에 비유될 수 있다. 이 확대경을 둘러싸고 있는 테는 가르침이다. 이것들은 현재 순간에 일어나는 것이면 무엇이든지 그것을 조사하기 위한 기본적인 기준점이다.

그런 법의 조사는 예리한 흥미를 갖는 태도, 탐구심이 많음, 사물을 따라가서 그것을 정말로 이해하려는 바람에서 그것의 표현을 할 수 있다. 예를 들면 「마음챙김의 확립 경」과 유사한 경인 『증일아함경』의 요소들에 대한 명상을 위해 사용된 정형구이다: "이 몸에는 흙의 요소, 물의 요소, 불의 요소, 바람의 요소가 있는가?"

이제는 이 네 가지 요소들이 몸에서 발견된다는 것에 대한 의심이 거의 있을 수 없다. 그래서 나는 그 질문 구성 방식의 사용이 조사에 적합한 태도의 유형이라고 간주한다. 성패가 달려 있는 중요한 점은 반드시 말의 틀로 만들어질 필요는 없지만, 흥미 있거나 호기심이 많고 탐구심이 많은 태도를 갖는 것이다.

『증일아함경』의 법문에 나오는 이 예에 의해 제공된 것을 따라서, 단지 사물들이 무상하다고 알아차리는 것 대신에, 우리는 "보자! 이것은 정말로 변하고 있는가? 이것은 실제로 무상한가?"와 같은 질문을 하는 것이다. 언어적이든 아니면 비언어적이든, 이런 유형의 탐구심을 마음의 태도로 갖고 있는 것은 법의 조사의 정취를 전달한다.

실제 마음챙김의 확립 명상을 하는 동안 그렇게 질문하는 태도를 지향하는 특별히 유익한 방법은 우리 자신의 마음의 상태를 향해 그렇게 하는 것이다. 이곳이 정확히 이 깨달음의 요소의 도움으로 능숙하거나 유익한(kusala) 것과 능숙하지 않거나 해로운(akusala) 것 사이의 구별을 짓는 가장 중요한 곳이다. 단순히 어떤

아날라요 비구의 마음챙김 확립 수행

산란함의 경향성이 보다 쉽고 보다 빠르게 알아차려지기 때문에, 그것이 마음챙김의 연속성을 지원하는 한에 있어서 우리 자신의 마음을 조사하는 것은 즉각적인 이익을 갖는다. 그렇게 안으로 조사를 향하게 하는 것은 마음챙김의 확립 명상을 위해 실질적인 지원을 제공하는 메타 알아차림의 형태를 조성시킬 수 있다.

에너지 [精進]

안에 그런 탐구심의 태도를 확립하는 것은 얼마간의 끈기가 필요하다. 지속적인 조사는 진정한 진보가 펼쳐지기 위해 필요하다. 그런 조사를 유지시키는 것은 다음의 에너지(viriya)의 깨달음의 요소이다. 이 깨달음의 요소에 대한 「마음챙김의 확립 경」의 가르침은 다음과 같다.

> 만일 에너지의 깨달음의 요소가 안에 있으면, 수행자는 '내 안에 에너지의 깨달음의 요소가 있다'고 안다. 만일 에너지의 깨달음의 요소가 안에 없으면, 수행자는 '내 안에 에너지의 깨달음의 요소가 없다'고 안다. 수행자는 일어나지 않은 에너지의 깨달음의 요소가 어떻게 일어나는지를 알고, 일어난 에너지의 깨달음의 요소가 어떻게 닦아 완성되는지를 안다.

이 가르침에서 언급된 에너지는 생물의 몸에 있는 생명 에너지를 말하는 것이 아니다. 대신에, 이 문맥에서의 에너지는 우리가 하고 있는 것과 경험하고 있는 것에 적극적이고 계속적으로 관여한다는 의미에서의 끈기를 의미한다. 다음의 깨달음의 요소들의 순차적인 증강을 제시하는 법문의 설명에 따르면, 그런 에너지는 "흔들리지 않는(asallīna)" 것이어야 한다. 이것은 한 깨달음의 요소로서의 에너지의 중심적인 의미로 인내심의 중요성, 과업을 가까이에 유지하는 것의 중요성을 확인해 준다. 그런 적극적인 관여는 몸의 차원과 정신의 차원을 가질 수 있다.

희열[喜]

마음챙김하는 것, 탐구하는 태도를 갖는 것, 그리고 적극적인 관여의 지속적인 지원을 결합하는 것은 유익한 희열(pīti)에 이른다. 「마음챙김의 확립 경」에 나오는 가르침은 다음과 같다.

> 만일 희열의 깨달음의 요소가 안에 있으면, 수행자는 '희열의 깨달음의 요소가 내 안에 있다'고 안다. 희열의 깨달음의 요소가 안에 없으면, 수행자는 '희열의 깨달음의 요소가 내 안에 없다'고 안다. 수행자는 일어나지 않은 희열의 깨달음의 요소가 어떻게 일어나는지를 알고, 일어난 희열의 깨달음의 요소가 어떻게 닦아 완성되는지를 안다.

여기에서 언급되는 희열은 제6장의 느낌에 대한 명상에서 논의되었던 현재 순간에 존재하는 것의 미묘한 기쁨과 관련이 있다(186쪽 참조). 희열이 깨달음의 요소[喜覺支]로 성장할 수 있는 것은 보다 성숙되고 발전된 단계에 있는 이 같은 미묘한 기쁨이다. 뒤이어 일어나는 깨달음의 요소들의 순차적인 증강에 대한 설명은 그런 기쁨이 비세속적인 유형이 되어야 한다는 것을 분명하게 한다. 이것은 하나의 깨달음의 요소로 기능할 수 있는 종류의 기쁨의 한계를 긋는 것이다. 마음에서 장애들이 일시적으로 존재하지 않는 것을 즐거워하는 것이 이 경우에 맞는 기쁨의 유형의 적절한 예가 될 것이다.

이제 법문은 자주 유익한 희열의 형태들이 계속해서 평안과 집중으로 인도되는 자연스러운 패턴을 언급한다. 이것은 유익한 희열이 몸과 마음의 평안을 가져오고, 평안한 몸과 마음이 내면의 행복을 통해 집중을 가져오게 하는 의도를 공식화할 필요까지는 없는 정도이다(『앙굿따라 니까야』 10.2; 아날라요 2003: 166). 이것은 결과적으로 처음 깨달음의 요소들을 일으켜 희열까지 이르게 하는 것은, 평안과 집중을 통한 자연스러운 진보가 균형을 이루는 데서 정점에 이른다는 것을 관찰할 필요만을 갖는다. 일단 희열이 확립되면 이로써 시작되는 자연스러운 진보의 기반을 만들 수 있다. 에너지[精進]에 의해 지속적으로 마음챙김하는 조사에 기초하여, 희열을 의도적으로 일으키는 것은 이 전체 뒤이어 발생하는 깨달음의 요소들의 이와 같은 순차적인 증강에서 중요한 요소인 것으로 보인다.

평안[輕安]

유익한 희열의 자연스럽게 진정시키는 효과는 마음의 평안으로 계속해서 인도된다. 「마음챙김의 확립 경」은 다음과 같은 가르침을 제시한다.

> 만일 평안의 깨달음의 요소가 안에 있으면, 수행자는 '내 안에 평안의 깨달음의 요소가 있다'고 안다. 만일 평안의 깨달음의 요소가 안에 없으면, 수행자는 '내 안에 평안의 깨달음의 요소가 없다'고 안다. 수행자는 일어나지 않은 평안의 깨달음의 요소가 어떻게 일어나는지를 알고, 일어난 평안의 깨달음의 요소가 어떻게 닦아 완성되는지를 안다.

이런 방식으로 일어난 평안과 고요는 몸과 마음 둘 다에 영향을 미친다. 몸은 평안하고 마음은 고요하다. 이것은 평안의 깨달음의 요소의 발현이 된다. 깨달음의 요소들의 순차적인 증강을 설명하는 법문에 따르면, 몸과 마음의 평안은 행복(sukha)으로 인도된다. 행복의 결과로 집중이 자연스럽게 일어난다.

집중[定]

집중의 깨달음의 요소에 대한 「마음챙김의 확립 경」에 나오는 가르침은 다음과 같다.

아날라요 비구의 마음챙김 확립 수행

만일 집중의 깨달음의 요소가 안에 있으면, 수행자는 '내 안에 집중의 깨달음의 요소가 있다'고 안다. 만일 집중의 깨달음의 요소가 안에 없으면, 수행자는 '내 안에 집중의 깨달음의 요소가 없다'고 안다. 수행자는 일어나지 않은 집중의 깨달음의 요소가 어떻게 일어나는지를 알고, 일어난 집중의 깨달음의 요소가 어떻게 닦아 완성되는지를 안다.

사마디(samādhi)의 표준 번역인 '집중'은 때로는 불필요한 연상들을 불러일으킨다. 그러나 이것이 일반적으로 확립된 용어이기 때문에, 나는 이 경우에 그것에서 벗어나지 않고 대신에 빠알리 원어의 의미에 대한 나 자신의 이해를 설명하는 것이 더 나을 것이라고 생각한다. 사마디라는 용어는 '합치는 것'이라는 뉘앙스를 가진다(아날라요 2003: 72). 그렇게 마음을 합치는 것은, '집중'이라는 용어가 유발시킬 수 있는 연상들, 즉 반드시 좁은 집중을 포함하는 것은 아니고 분명히 힘의 사용을 필연적으로 요구하는 것은 아니다. 사마디의 뉘앙스를 보다 잘 전달하는 번역은 마음의 '모아짐' 또는 '평온함'이 될 것이다. 이 모든 것은 흩어짐과 산란함의 정반대인 침착하고 통일된 고요를 가리킨다.

성스러운 팔정도의 관점에서 볼 때, 이 지점에서 일어나는 집중은 바른 집중[正定]의 도의 요소를 충족시킬 수 있다. 이 도의 요소에 대한 정의는 다른 도의 요소들을 지원하고 그것들에 의해 지원받는 집중을 말한다(『맛지마 니까야』 117; 아날라요 2003: 73). 사실, 바른 집중은 단지 몰입 증득에 이르는 문제만이 아닌 것으로 보인다.

몰입 증득은 원론적으로 바른 견해의 안내 원리를 갖고 있지 않은 수행 형태의 일부일 수 있다. 그런 집중은 '바른 집중'이라고 간주될 수 없다.

몰입 자체는 붓다 시대 이전 고대 인도의 환경에서 이미 알려진 것이다(아날라요 2017a: 163ff). 붓다의 독특한 공헌은 그런 경험들이 단지 특별한 상태들의 산물에 불과하다는 관점이라고 할 수 있다. 이것은 의식의 변형된 상태들에서 어떤 형이상학적이거나 존재론적 의미를 벗겨내는 것이다.

이런 측면에서 붓다는 몰입을 세 가지로 분석하는 것으로부터 보다 일반적으로 발견되는 네 가지 유형으로의 분석으로 접근하였다(아날라요 2017c: 36ff). 이 두 가지 대안 체계 자체는 이미 단지 하나의 가능한 계산법만이 있는 것이 아니라는 것을 보여준다. 이 두 가지 체계의 공통점은 분석적인 접근법, 즉 조건에 대한 강조이다. 이런저런 정신적인 요소들의 일어남과 더불어 이런저런 유형의 집중 경험이 발현될 수 있다. 나는 이 관점이 네 가지 몰입의 상세한 설명에 의해 종종 발견되는 바른 집중에 대한 정의의 배경이 될 수 있다고 생각한다. 그리고 그것은 이 고귀한 경험들에 적용되어야 하는 분석적 접근법과 조건에 대한 조망이다.

이것은 결과적으로 도달된 어떤 수준의 집중이든, 이것이 성스러운 팔정도의 계발의 일부로 일어나서 같은 분석적 태도로 접근되는 한에 있어서는, 바른 집중으로 간주될 수 있는 자격이 있다. 이런 방식으로 법문에서 발견되는 바른 집중에 대한 다양한 정의들은 서로 타협될 수 있을 것이다.

여기서 『상윳따 니까야』의 한 법문은 첫 번째 수준의 깨달음에 든 '예류'를 팔정도로 간주함으로써 이 도를 갖고 있다고 인정되는 사람이 '예류자'로 불리는 것과 관련된다(『상윳따 니까야』 55.5). 이것은 거의 모든 예류자가 네 가지 몰입을 얻을 수 있어야 한다는 것을 의미하지는 않는다(아날라요 2003: 79-81). 대신에, 예류자는 바른 견해로 성취되고, 이것은 그것의 깊이가 어떠하든 집중을 '바른 집중'으로 바꾼다.

균형[捨]

깨달음의 요소들의 계발의 정점은 균형(upekkhā)과 함께 온다. 그것에 대해 「마음챙김의 확립 경」은 다음과 같이 말한다.

> 만일 균형의 깨달음의 요소가 안에 있으면, 수행자는 '내 안에 균형의 깨달음의 요소가 있다'고 안다. 만일 균형의 깨달음의 요소가 안에 없으면, 수행자는 '내 안에 균형의 깨달음의 요소가 없다'고 안다. 수행자는 일어나지 않은 균형의 깨달음의 요소가 어떻게 일어나는지를 알고, 일어난 균형의 깨달음의 요소가 어떻게 닦아 완성되는지를 안다.

다른 문맥에서, 우뻬카(upekkhā)라는 용어는 평정(equanimity)을 의미한다. 그러나 이 문맥에서, 적어도 이것이 희열의 존재와의 대조나 충돌을 암시하는 것으로 이해된다면, 그 번역을 사용하는 것은 혼란을 가져올 수 있다. 이것은 그런 경우가 아니다. 가능한 한 오해를 피하게 위해서, 나는 '균형(equipoise)'이라는 번역을 선호한다. 깨달음의 요소들의 점차적인 발생의 맥락에서, 우뻭카는 마음의 최상의 균형을 의미한다.

깨달음의 요소들의 점차적인 발생에 대한 빠알리 설명은 균형 잡히게 집중된 마음을 잘 보는 것을 말한다. 중국 경전의 관련 구절은 이것이 욕심과 슬픔으로부터 자유롭게 되는 것을 말한다고 설명한다(아날라요 2013: 216). 이것은 다시 「마음챙김의 확립 경」의 정의(定義) 내용과 관련된다. 그것에 따라 우리는 욕망과 불만, 보다 문자 그대로는 욕심과 슬픔으로부터 자유롭게 살아가야 한다. 이런 관련성은 깨달음의 요소들의 점차적인 발생이 어떻게 실제 마음챙김의 확립 명상 전체의 목표였던 것에서 결실을 얻는지를 전달한다. 그것은 내적인 균형을 잡고 사는 것이다(그리고 그것을 잃는 순간 그것으로 다시 돌아가는 것이다).

일곱 가지 깨달음의 요소의 균형 잡힌 계발은 그것의 출발점으로 그것들의 순차적인 증강을 가리키고, 그것은 마음챙김에서 시작하여 균형에서 정점에 이른다. 깨달음의 요소들의 그런 순차적인 증강은 일곱 개의 줄이 있는 시타르(sitar)를 연주하는 것에 비유될 수 있다. 한 음악 작품을 연주하기 전에, 연주자는 먼저 가장 낮은 음 높이에서 가장 높은 음 높이에 이르기까지 시타르의 줄들을 하나씩 살펴볼 것이다. 이것은 그 줄들이 적절하게 튜닝이 되어 있는지 그리고 서로 조화를 이루고 있는지를 확인하는 것이다. 어떤 줄도 너무 팽팽하든지 너무 느슨하지 말아야 한다. 적절한 순서로 각 줄의 소리를 내본 후에, 시타르 연주자는 연주할 준비가 된다.

마찬가지로 일곱 가지 깨달음의 요소의 계발은 순차적인 증강으로 시작할 수 있다. 깨달음의 요소들 각각은 개별적으로 그리고 적절한 순서로 울려 퍼지도록 만들어질 수 있다. 일단 이것이 되면, 수행이 시작되는 것이다.

깨달음의 요소들의 균형 잡기

깨달음의 요소들의 계발에서, 실제 수행은 조화로운 균형 잡기의 문제이다. 전체와 함께하는 기본적인 성격은 마음챙김에 의해 설정된다. 마음챙김은 항상 필요하다(『상윳따 니까야』 46.53, 아날라요 2003: 235, 2013: 204). 나머지 여섯 가지 깨달음의 요소는 각각 세 가지 요소를 가진 두 개의 세트로 나누어진다. 법의 조사[擇法]·에너지[精進]·희열[喜]은 첫 번째 세트의 요소를 구성하며, 이것들은 수행에 활력을 주는 역할을 한다. 평안[輕安]·집중[定]·균형[捨]은 두 번째 세트의 요소를 구성하고, 이것들은 수행에 고요함을 가져오는 역할을 한다. 실제 수행에서, 이 두 개의 세트의 활기가 높아진 상태는 '즐겁게 지속되는 흥미' 그리고 '고요하게 안정된 균형'이라는 표제어 밑에 요약될 수 있다.

다른 여섯 가지 깨달음의 요소는 균형이 맞춰질 필요가 있는 반면 마음챙김은 항상 필요하다. 마음챙김은 그것들의 기반이고 기준이다. 어떤 면에서, 다른 여섯 가지는 거의 마음챙김의 깨달음의 잠재능력을 보완하고 완료함으로써 마음챙김 안에 내재된 뉘앙스들을 가져오는 것처럼 보인다. 법의 조사[擇法]의 요소는, 마치 우리가 그것을 후에 기억해야 하는 것처럼, 수용적인 마음챙김을 확립함을 통해 우리가 마주하는 것이면 무엇이든 가져오는 예리한 흥미 위에 자연스럽게 건립된다. 이 법의 조사 또는 진지한 흥미의 요소는 지속될 필요가 있고, 그것은 끈기 형태의 에너지[精進]로 지원될 필요가 있다. 만일 이것이 긴장을 가져올 만큼 그것에 빠지지 않고 일어나면, 현재 순간에 존재하는 것의 희열[喜]은 그 결과로 생기는 경험을 흠뻑 적시게 될 것이다. 이런 면에서, 세 가지 활력을 주는 깨달음의 요소인 법의 조사, 에너지, 희열은 '즐겁게 지속되는 흥미'의 형태로 그것들의 기여를 한다.

그런 즐겁게 지속되는 흥미와 함께, 잘 확립된 마음챙김은 몸과 마음을 고요하게 하는 자연스러운 차원을 갖는다. 마음챙김이 확립된 마음은 또한 산란해지는 것보다는 평온함을 향하는 경향이 있고, 마음챙김의 확립 명상을 통하여 균형과 평정의 주제는 시종일관 전면에 있게 되는 경우가 매우 많다. 이런 면에서, 세 가지 고요하게 하는 깨달음의 요소인 평안, 집중, 균형은 '고요하게 안정된 균형'에 의해 그것들의 기여를 한다. 이 여섯 가지와 함께하며, 사띠의 내재된 잠재능력을 정제하는 방식으로, 마음챙김은 온전하게 그것의 놀라운 깨달음의 자질을 획득한다.

「불 경(Aggi-sutta)」은 불의 예를 가지고 이 두 그룹의 세 가지 깨달음의 요소를 설명한다(『상윳따 니까야』 46.53; 아날라요 2003: 235, 2013: 201ff). 젖은 물질은 불을 *끄기* 위해 사용되는 반면 마른 장작을 더하는 것은 불을 활활 타오르게 만든다. 물질 각각의 적합성은 불의 상태와 우리가 그것으로 원하는 것에 의존한다. 만일 불이 작아서 우리가 그것을 활활 타오르게 하고 싶다면, 마른 장작을 더하는 것은 적합하고 젖은 물질을 사용하는 것은 적합하지 않다. 우리가 작게 만들어서 *끄*기를 원하는 큰 불에는 그 반대가 적용된다.

　같은 것이 깨달음의 요소들을 계발하는 것에 적용된다. 불의 다양한 상태들과 같이, 때로는 우리의 마음은 약간 가라앉아 있고 때로는 약간 흥분되어 있다. 그런 변화들을 마음챙김으로 알아차리는 것은 우리가 적절한 조치를 취하도록 한다. 마음이 약간 가라앉아 있을 때, 이때는 처음 세 가지 그룹을 보다 강조할 때이다. 법의 조사, 에너지, 희열을 강조하는 것은 마음을 활기 있게 만들고 다시 균형 잡히게 만든다. 그때 고요하게 하는 영향을 미치는 다른 세 가지 깨달음의 요소를 강조하는 것은 능숙한 것이 아니다.

　반대로, 마음이 약간 동요되고 흥분될 때, 이때는 두 번째 그룹의 세 가지를 강화시킬 때이다. 평안, 집중, 균형을 강조하는 것은 마음을 고요하게 하고 다시 균형이 잡히도록 할 것이다. 다음과 같이 요약할 수 있다.

어떤 마음이든 —— 마음챙김을 계발한다
가라앉은 마음 —— 조사, 에너지, 희열을 계발한다
동요된 마음 ——— 평안, 집중, 균형을 계발한다

실제 수행에서, 이것은 두 날의 노가 있는 카누 또는 카약에 타고 있는 예로 설명될 수 있다. 카누는 강의 흐름에 따라 그것에 정확하게 맞는 속도로 앞으로 나아간다. 좌우의 강둑에는 아름다운 자연 경치가 있고 위에는 확 트인 하늘이 있다. 우리가 유일하게 해야 할 일은 여행이 계속될 수 있도록 강의 중심에 머무는 것이다. 이것은 강의 중심에서 벗어나는 것을 계속 지켜보는 것이다. 카누가 한쪽 둑에 더 가까이 가면, 가볍게 노의 한 날을 잠시 동안 물에 넣는 것만으로 강의 중심으로 돌아가기에 충분하다.

이 비유에서, 카누는 몸에 대한 마음챙김을 나타내고 강은 무상에 대한 계속적인 알아차림을 나타낸다. 강의 양쪽에 있는 아름다운 경치는 마음챙김의 확립 명상을 하는 동안 얻을 수 있는 다양한 통찰들을 설명한다. 확 트인 하늘은 이 마음챙김 계발 방법의 특징인 열린 마음과 수용적인 태도를 나타낸다. 강의 마지막 목적지인 대양은 닙바나의 실현에 해당한다. 갠지스 강이 대양으로 흘러가듯이, 네 가지 마음챙김의 확립을 계발하는 사람은 닙바나로 향한다(『상윳따 니까야』 47.51). 특히 우리 수행을 닙바나로 향해 흐르도록 하는 것은 일곱 가지 깨달음의 요소를 계발하는 것이다(『상윳따 니까야』 46.77; 아날라요 2003: 233).

다시 카누의 비유로 돌아가, 노의 두 날은 이 두 그룹의 세 가지 깨달음의 요소 중 한 그룹 또는 다른 그룹의 강조를 설명한다. 강둑에 걸리지 않고 여행을 계속하기 위해서 필요한 것은 강의 중심, 균형의 중심점에 머무는지 계속해서 눈여겨보는 것이다. 여행 과정이 조금이라도 균형의 중심점에서 벗어나기 시작하면, 노의 두 날 가운데 하나를 잠깐 사용하는 것으로 필요한 교정을 가할 것이다. 이것은 마음에 활기를 주는 세 가지 깨달음의 요소를 보다 강

아날라요 비구의 마음챙김 확립 수행

조하는 것에 의해서든 아니면 마음을 고요하게 만드는 세 가지 깨
달음의 요소를 보다 강조하는 것에 의해서 일어날 수 있다. 잘 확립
되면, 그런 균형은 좌선으로부터 행선까지 가득 채울 수 있다.

개개의 깨달음의 요소 계발하기

마음챙김에 기초하고 마음챙김과 서로 연관되는 이 세 가지를 두
세트로 묶는 것에 더하여, 깨달음의 요소들은 또한 개별적으로 계
발될 수도 있다. 법문은 이런 측면으로 성취될 수 있는 숙달의 정도
를 설명한다(『상윳따 니까야』 46.4; 아날라요 2003: 240, 2013: 205). 꽉 찬 옷
장에서 원하는 것이면 어떤 옷이든 자유롭게 선택할 수 있는 왕이
나 대신처럼, 우리가 원하는 기간만큼 어떤 깨달음의 요소와 함께
하는 것을 배우는 것이 가능하다.

　이 구절은 그것에 익숙해지고 각각에 대한 분명한 이해를 얻
기 위해서 단일한 깨달음의 요소를 계발할 것을 권장한다. 예를 들
어, 법의 조사는 정규 명상에만 국한되는 것은 아니다. 그것은 또한
가르침에 대한 공부와 숙고를 통해서도 일어날 수 있다(『상윳따 니까
야』 46.3, 아날라요 2003: 235). 다른 깨달음의 요소들에 대해서도 같은
원리가 적용된다. 깨달음의 요소들을 가르침을 듣거나 그것에 대
해 숙고하는 것에 응용하는 것은 붓다가 법문을 하는 동안 깨달음
의 단계들을 성취하는 청자들의 반복되는 보고들을 배경에 두는
것이다.

　예를 들어 어떤 사람이 마음챙김을 하고 있는지 아니면 탐구

적인 태도[擇法] 등을 갖고 있는지를 안다는 의미에서, 정규 명상 밖에 있는 상황들에 적용하는 것은 또한 외부에 대한 명상과 관련 될 것이다.

이 일곱 가지 깨달음의 요소 각각은 그 고유의 자양분을 가지고 있다(『상윳따 니까야』46.51; 아날라요 2003: 236, 2013: 206ff). 이것은 「마음챙김의 확립 경」에 나와 있는 가르침의 두 번째 단계, 즉 깨달음의 요소들을 일어나게 하고 안정시키기 위한 조건들에 대한 다른 관점을 제공한다. 마음챙김을 위한 자양분은 물론 마음챙김의 확립 수행 자체이다.

법의 조사[擇法]는 유익한 것과 해로운 것을 분명하게 구별하는 것에서 그것의 자양분을 찾는다. 그런 분명한 구분은 성스러운 팔정도의 필수적인 부분으로 계발되는 마음챙김의 확립 명상을 위한 중요한 기초를 제공한다. 유익한 것과 해로운 것의 구별은 우리 자신의 마음 상태를 관찰할 때 자연스럽게 의미를 갖게 되기 때문에, 그것은 또한 조사를 위한 방향 감각을 제공하기도 한다. 이것이 무엇보다도 계속 조사되고 검토되어야 할 필요가 있는 것이다.

에너지[精進]의 깨달음의 요소는 노력하는 것을 그것의 자양분으로 갖는다. 그리고 그것은 성스러운 팔정도의 바른 정진[正精進]이라는 두드러진 표현을 갖는다. 바른 노력의 계발은 유익한 것과 해로운 것을 분명하게 구별하는 능력, 즉 에너지의 깨달음의 요소가 그 앞의 법의 조사라는 깨달음의 요소에 의존하고 있다는 것을 강조하는 관계에 기초를 두고 있다. 이런 방식으로, 마음챙김과 법의 조사를 계발함으로써 우리는 점점 더 유익한 것과 해로운 것 사이의 구별의 진가를 알게 되고, 그것은 결과적으로 우리의 노력과 에너지의 적용을 알게 해주고 방향을 잡게 해준다.

이 수행의 접점에서 비감각적 유형의 희열이 나온다. 그런 희열과 [그것의 기초가 되는 것들에] 주의를 기울이는 것은 정확히 이 깨달음의 요소에 자양분을 공급하고 그것을 확립하는 것이다. 나는 이것이 깨달음에 이르는 도닦음에서 진전을 이루기 위해서 유익한 희열의 형태들을 의도적으로 일어나게 하는 것을 암시하거나 심지어 승인한다고 여긴다. 다음 두 가지 깨달음의 요소는 자연스러운 일어남의 과정을 따른다. 그 과정에서, 몸과 마음의 고요함은 평안[輕安]으로 인도되고, 다음에 산란하지 않음을 통해 집중[定]의 형태로 정신적인 평온함에 이르면, 결국에는 균형[捨, 평정]에 이르게 된다. 이미 위에서 언급했듯이 희열에 의도적으로 주의를 기울이는 것은 나머지 세 가지 깨달음의 요소의 확립으로 이끄는 과정을 일어나게 한다.

깨달음의 요소들의 수행과 관련된 차원을 이해하는 데 도움이 되는 또 다른 설명은 「방법 경(Pariyāya-sutta)」이다. 그 법문은 일곱 가지 각각에 대해 두 가지 가능한 영역을 설명한다. 그리하여 깨달음의 요소들의 총 14가지 가능한 발현을 가져온다(『상윳따 니까야』 46.52). 나는 다른 곳에서 중국의 유사한 경에서 발견되는 다른 설명을 토론한 적이 있다(아날라요 2013: 209ff). 나는 다음에는 빠알리 버전에 의거할 것이다.

마음챙김, 법의 조사, 균형은 「방법 경」에 따르면 내적 또는 외적 차원을 갖고 있다. 마음챙김의 경우 이것은 분명하다. 안팎의 차

아날라요 비구의 마음챙김 확립 수행

원들이 「마음챙김의 확립 경」에 있는 개개의 명상 다음에 나오는 정형구에서 명시적으로 언급되었기 때문이다.

　　마음챙김뿐만 아니라 법의 조사와 균형도 내적인 것 또는 외적인 것으로 향해질 수 있다. 다시 말해서, 이 세 가지 깨달음의 요소는 특히 「마음챙김의 확립 경」에 있는 이 부분의 정형구를 실행하기 위한 것에 관련이 있다. 이런 방식으로, 마음챙김이 안팎으로 계발될 수 있듯이 법의 조사와 균형도 안에서 일어나는 것과 밖에서 일어나는 것을 향해 풍부하게 계발될 수 있다.

　　「방법 경」에 제시된 것에 따른 분류의 흥미로운 면은, 마음챙김은 항상 필요한 반면, 법의 조사는 활기를 부여하는 요소이고 균형은 고요하게 만드는 요소라는 것이다. 실제적인 관점으로, 나는 이것이 이 두 가지 깨달음의 요소가 서로의 균형을 잡아주는 것을 암시한다고 여긴다. 다시 말해서, 법의 조사는 균형을 잃을 만큼 너무 과해서는 안 된다. 반대로 균형은 법의 조사의 탐구를 방해하지 말아야 한다.

　　비슷한 교차 관계가 「방법 경」의 에너지와 평안 사이에서 얻어진다. 그 두 가지 깨달음의 요소는 몸과 마음에서 발현될 수 있다. 이런 방식으로, 외적인 차원은 뒤에 남겨지고 설명은 몸의 영역과 마음의 영역으로 더 나누어지는 내적인 차원에만 관심을 쏟는다. 여기에서도 활기를 주는 요소와 고요하게 만드는 요소는 서로 관련된다. 실제 수행의 견지에서 나는 이것이 내적인 것과 외적인 것에 관련된 법의 조사와 균형에 기초하여 내적인 영역에서 비슷한 균형이 에너지와 평안 사이에 확립될 필요가 있다는 것을 의미한다고 이해한다. 어떤 면에서 너무 많은 에너지는 평안을 잃게 만들 것이고 과도한 평안은 에너지의 개발을 방해할 것이기 때문에 이것은 자연스러운 상호 관계이다. 그 두 상황은 똑같이 균형의 상실을 가져온다.

나머지 두 가지 깨달음의 요소는 정신 영역에 대한 더 많은 분석을 포함한다. 희열과 집중은 첫 번째 몰입에 이르는 수준, 그리고 첫 번째 몰입을 포함하는 수준과 보다 깊은 몰입 수준에서 경험될 수 있다. 여기에서 하나의 구별은 위딱까(vitakka, 尋)와 위짜라(vicāra, 伺)의 존재 또는 부재를 포함한다. 나는 그 몰입의 요소들이 마음의 적용과 그것의 지속성의 의미를 전한다고 이해한다(아날라요 2003: 75ff, 2017a: 123ff). 보다 넓은 의미에서 이 구별은 또한 희열과 집중이 의도적으로 일으켜질 수 있거나 아니면 자연스럽게 발현될 수 있다는 것을 의미한다고 이해될 수 있다.

희열과 집중의 깨달음의 요소들의 경우, 활기를 주는 요소는 고요하게 하는 요소와 함께한다. 너무 많은 희열은 산란하게 될 수 있고 집중의 안정을 약화시킬 수 있다. 세 번째와 네 번째 몰입 선정과 함께 최고점에 이른 집중은 희열이 뒤로 남겨지는 경험으로 인도된다. 그 두 가지가 깨달음의 요소로서의 기능을 하기 위해서 균형은 계속 핵심적인 중요성을 갖는다.

앞의 설명에 기초하여, 깨달음의 요소들의 계발과 균형 잡기는 단 하나의 중심점에 의해 지지되는 세 개의 시소를 포함하고 있는 것으로 시각화할 수 있다. 단 하나의 중심점이란 마음챙김이다. 첫 번째 시소는 법의 조사와 균형을 갖고 있다. 그것은 안팎의 영역을 포함하고 있기 때문에 가장 큰 보드를 갖고 있다. 두 번째 시소는 그것의 양끝에 에너지와 평안을 갖고 있다. 그것의 보드는 육체적·정신적인 영역만을 다루기 때문에 비교적 더 작다. 세 번째 시소는 그것의 양끝에 희열과 집중을 갖고 있다. 그것의 보드는 그것의 영역이 다양하게 깊어지는 집중의 수준들에 한정되기 때문에 가장 작다.

　　요약하면, 깨달음의 요소들의 계발은 순차적인 증강에 기초하여 일어난다. 마음챙김은 법의 조사와 균형, 에너지와 평안, 희열과 집중의 세 가지 시소를 위한 단일한 중심점이다.

마음을 깨달음을 향해 기울이기

닙바나(Nibbāna)로의 진보는 네 가지 구별되면서도 서로 관련된 명상 주제를 통과함으로써 일어난다(아날라요 2013: 219ff). 이 네 가지 명상 주제의 정점은 내려놓음[放下著]이다. 그런 내려놓음은 떨쳐버림에 의지하여, 탐욕의 빛바램, 소멸에 의지하여 살아감을 통해 도달될 수 있다. 마치 삼발이의 세 다리가 그것 위에 놓인 것을 지지하는 것과 같이 떨쳐버림, 탐욕의 빛바램, 소멸은 내려놓음을 지원한다. 이 세 가지 지지물과 맞지 않는 것은 무엇이든 내려놓을 필요가 있다는 의미에서 그것들은 내려놓음에 적절한 방향을 부여한다. 여기서 떨쳐버림은 우리 자신을 해로운 것으로부터 거리를 두게 한다는 의미로 이해될 수 있고, 탐욕의 빛바램은 집착이 사라져가는 것을 나타낼 수 있으며, 소멸은 둑카(dukkha, 苦)의 끝을 말할 수 있다. 그리하여 마지막 해야 할 일은 해로운 것, 탐욕을 일으키는 것, 둑카인 것을 내려놓는 것이다.

유사한 일련의 네 가지 명상 주제는 「들숨날숨에 대한 마음챙김 경(Ānāpānasati-sutta)」에 나오는 호흡에 대한 마음챙김의 마지막네 가지 설명을 이루고 있다. 이것은 법에 대한 명상을 계발하는 대안 방법이다(『맛지마 니까야』 118; 아날라요 2003: 183). 이 마지막 네 가지설명은 무상, 탐욕의 빛바램, 소멸, 내려놓음이라는 네 가지 명상주제를 통과하여 진행된다.

여기서 제시된 수행법과 관련하여, 지금까지 해온 마음챙김의확립 명상은 장애들을 떨쳐버리는 것을 확립한다. 실제로 수행하는 동안 우리는 산란함에 압도당하지 않고 현재 순간에 마음챙김을 유지함으로써 이 떨쳐버림(viveka)의 상태를 계속 주시한다.

어떤 사전들에서 인정되는, 위웨까(viveka)의 두 번째 의미는분별이다(아날라요 2017a: 128). 비록 빠알리 사전에 나오는 그것의 일반적인 의미에서, 떨쳐버림의 의미가 분명히 두드러진 의미라 할지라도 이 두 번째 의미도 실제적인 관련을 갖는다. 일단 마음이 장애와 산란함을 떨쳐버릴 때, 우리는 존재의 진정한 성품, 특히 무상한 성품을 식별할 수 있게 된다. 이 통찰은 사실 이미 이전의 세 가지 마음챙김의 확립과 함께 종합적인 것이 되었다. 경험의 모든 면의 변하는 성품을 보는 것은 자연스럽게 계속해서 탐욕의 빛바램을 계발하는 것, 갈애와 집착이 점차적으로 소멸하는 것으로 인도된다. 비록 이것이 자연스러운 진보이지만, 그럼에도 불구하고 마음을 의도적으로 탐욕의 빛바램으로 기울이는 것은 도움이 된다.

어떤 면에서, 우리는 무상의 함축을 마음속으로 가라앉게 하고 있다. 우리는 변화의 흐름으로 하여금 우리의 갈애와 집착을 쓸어내도록 하고 있는 것이다.

갈애와 집착이 탐욕의 빛바램으로 소멸하기 때문에 우리는 점점 더 현상들의 끝으로 평화롭게 될 수 있다. 우리는 기꺼이 현상들이 끝나도록 할 것이다. 이것은 단지 젊고 새로운 것만을 원하고, 늙고 쇠퇴하는 것은 무시하는 평균적이고 균형 잡히지 않은 태도를 넘어서는 데 도움이 된다. 현상들의 소멸, 그것들의 끝에 주의를 기울임으로써 우리는 보다 균형 잡힌 관점에 도달한다. 소멸은 두려운 것이 아니라 실제로는 평화롭다는 것이 점점 더 분명해진다. 이것은 공성에 대한 통찰을 실제로 실행하는 것이 된다. 동일시가 적어지면서, 현상들을 소멸하도록 하는 것은 점점 더 쉽게 된다. 이런 이해는 우리를 둑카(dukkha)의 완전한 소멸에 이르는 길로 가도록 재촉한다.

우리가 현상을 끝나게 해서 그 소멸로 편안해져 평화로움을 더 많이 인식할수록 우리는 그만큼 내려놓기를 더 잘 할 것이다. 나머지 집착을 점차적으로 내려놓는 것은 우리로 하여금 완전한 내려놓음, 불사(不死)에 뛰어듦, 닙바나의 실현을 준비시킨다.

말할 필요 없이, 이 명상 주제를 실제 수행으로 가져오는 것이 경험을 조작하는 경향성을 고무시키려는 것은 아니다. 통찰의 진보를 위해 이 도구들을 적절하게 사용하는 것은 꽃에 닿아 꽃을 피게 하는 아침 햇살에 비유될 수 있다. 햇살이 닿는 것은 이 주제들을 능숙하게 사용하는 것과 같다. 그것에 뒤따르는 것은 결국 통찰의 꽃핌으로 이끄는 자연스러운 개발이다.

『상윳따 니까야』에 나오는 한 가지 비유는 알을 품고 앉아 있는 암탉을 묘사한다(『상윳따 니까야』 22.101; 아날라요 2003: 253). 암탉이 알을 품고 계속 앉아 있으면, 결국 병아리들은 껍질을 깨고 부화할 것이다. 마찬가지로, 우리가 명상 방석 위에 계속 앉아 있으면, 결국에 우리는 무명의 껍질을 깰 것이고 깨달음이 일어날 것이다. 그것은 그것 자체의 시간에 맞춰 일어날 것이다. 우리의 일은 단지 적절한 조건들이 자리 잡도록 하는 것이다. 그러나 이 경험 자체는 일어나도록 만들어질 수 없고 일어나도록 강요될 수도 없다. 그렇게 하려고 한다면 반대 결과만을 가져올 것이다. 왜냐하면 그것은 깨달음이 일어나도록 하기 위해 필요한 것, 즉 내려놓음과 정반대이기 때문이다.

어떤 면에서, 이 모든 떨쳐버림, 탐욕의 빛바램, 소멸, 내려놓음이라는 명상 주제는 닙바나를 가리킨다. 각각은 그 이전 것보다 약간 더 많이 표명되고 더 분명하다. 이 명상 주제들을 통과하여 진보하는 것은 어떤 경험을 얻으려는 자아 중심적인 시도와는 매우 다르다. 여기에서는 얻어야 할 것이 전혀 없다. 오히려 내려놓는 것이 모든 것이다. 어떤 것을 얻으려고 하는 것 대신에, 우리는 마음으로 하여금 닙바나의 깊은 평화와 훨씬 더 강하게 공명하도록 한다. 이것이 세상 어떤 것에도 집착하거나 의존하지 않고 머무는 것의 정점이다.

개인적인 필요와 선호에 따라 우리는 이 통찰 주제들을 느리거나 빠르게 통과할 수 있다. 때로는 각각의 주제를 구별해서 음미하는 것이 더 좋아 보인다. 때로는 그것들의 역동적인 상호관계에 중요성을 부여하기 위해 보다 빠르게 움직여서 내려놓음이라는 정점에 이르는 것이 적합하다고 느낀다.

이 네 가지 명상 주제를 통과하는 곳에 관련된 기본 역학은 지금 일어나고 있는 것과 다음에 일어나는 것 사이에 있는 작은 틈새라는 아이디어로 시각화될 수 있다. 지금 우리의 기본 명상 과제는 과거와 미래로 끌려가는 것을 피하는 것이다. 대신에, 우리는 잘 확립된 마음챙김을 가지고 현재에 머무는 것을 배운다. 그러나 일단 우리가 현재 순간에 잘 확립되면, 다음에 오는 것을 향해서 뻗어갈 수 있는 마음의 경향성이 계속 있게 된다. 이것은 현재 경험을 적절히 되새기기 전에 다음 번 경험을 얻으려고 원하는 것과 같다. 탐욕의 빛바램을 계발함으로써 우리는 다음에 오는 것을 향해 손을 뻗는 것을 내려놓고 단지 지금 있는 것에 편안해지는 것을 배운다. 소멸로 계속 나아감으로써 현재 순간의 끝 부분은 우리의 명상 관찰 시야에 온전히 분명하게 드러난다. 다음에 오는 것을 향해 뻗으려는 경향성 때문에 전에는 이 끝 부분이 적절하게 알아차려지지 않았다. 현재 순간의 끝이 온전히 드러나면서, 지금 있는 것과 다음에 오는 것 사이에 있는 작은 틈새로 내려놓는 것이 가능해진다. 바로 그 틈새로 내려놓음으로써 닙바나로의 비약적 도약이 일어날 수 있고 영원을 경험할 수 있다.

「마음챙김의 확립 경」은 두 가지 보다 높은 깨달음의 경지에 이르는 다양한 기간을 열거하면서 결론을 맺는다. 마음챙김의 확립이 감각적 욕망과 싫어하는 마음으로부터 마음의 완전한 자유

[解脫]를 가져올 수 있다는 사실을 강조하는 것과 더불어, 법문의 이 부분은 또한 그 목표에 이르는 기간이 상당히 다양할 수 있다는 암시를 제공한다.

깨달음에 이르는 도닦음은, 대양이 점차적으로 깊어지는 것에 비유되는 점차적인 진보이다(『앙굿따라 니까야』8.19; 아날라요 2003: 252). 즉각적인 결과에 대한 불합리한 기대와 이런 결과가 나타나지 않을 때 뒤따르는 절망에 대처하기 위해서 이것[점차적인 진보]을 명심하는 것이 중요하다. 그러나 동시에 일정 기간 동안 꾸준한 수행을 한 후에는 어떤 변화들이 나타나야 한다. 이것은 반복하여 사용해서 자귀의 손잡이가 닳는 것을 알아차리는 목수와 비슷하다(『상윳따 니까야』22.101; 아날라요 2003: 252). 마음챙김의 확립을 반복해서 수행하는 것은 우리가 일상의 상황들을 다루는 방식에 그것의 표시를 남겨야 한다. 우리 개인의 행복과 우리가 다른 사람들과 관계하는 방식에 작지만 눈에 띄는 호전이 있어야 하는 것이다.

열린 수행

실제 수행으로 돌아가, 일곱 가지 깨달음의 요소를 일어나게 하고 균형 잡히게 하였으므로 우리는 그 요소들이 어떤 방식으로 나타나든지 변하는 현상들에 대한 열린 알아차림으로 진보한다. 우리는 몸 전체에 대한 마음챙김에 확고하게 뿌리를 내린 마음에서 일어나는 균형으로 깨달음의 요소들이 확립되는 견지에서 '법이 있다'는 것을 알아차린다. 마음이 떨쳐버림에 확립될 때마다 우리는 탐욕의 빛바램과 소멸을 통해 내려놓음으로 진보할 수 있다.

이런 식으로 깨달음의 요소들에 대한 명상이 수행 바퀴의 중심에 한 공헌은 최고의 정신적인 균형을 확립하는 데 있고, 마음에 깨어 있음의 자질을 가득 채우는 데 있다. 수행 바퀴테에 한 공헌은 특히 어떤 것에도 집착하거나 의존하지 않고 머무는 것의 정점인 닙바나를 향해 마음을 기울이는 데 있다.

공식적인 좌선 밖의 수행에서, 때로는 특정한 하나의 깨달음의 요소는 그것이 적절한 특정 상황에서 일어나게 할 수 있다. 그럼에도 불구하고 일곱 가지 깨달음의 요소 전부에 대한 명상은 아마도 너무 미묘한 형태의 수행이어서 쉽게 일상생활에 적용할 수 없을 것이다. 이 명상의 필수적인 차원을 보통의 상황으로 가져오기 위해 도움이 되는 관점은 네 가지 마음챙김의 확립 각각을 일어나게 하는 요소들을 설명하는 법문에서 발견된다(『상윳따 니까야』 47.42; 아날라요 2003: 106, 2013: 175). 이 법문을 네 가지 마음챙김의 확립을 위해 제공해야 하는 맥락과 관련짓기 위해, 나는 먼저 간단하게 이전 세 가지에 대한 설명을 조사한다.

논의하려는 법문인 「일어남 경(Samudaya-sutta)」은 몸의 일어남의 자양분이 되기 위한 조건을 명시한다. 이와 같이 몸이 자양분을 얻는 것에 의존하는 것은, 앞에서 언급했듯이(129쪽 참조), 특히 요소들에 대한 명상과 함께 매우 분명해진다. 몸은 생존하기 위해 [액체, 적절한 온도, 필요한 산소와 함께] 음식의 형태로 흙 요소의 끊임없는 공급을 필요로 한다.

「일어남 경」은 느낌이 일어나기 위한 조건으로 감각접촉을 언급한다. 이것은 느낌의 조건을 강조한다. 그리고 느낌은 실제로 갈애가 일어날 수 있는 중요한 연결에 의존해서 일어나는 것에 대한 직접적이고 실제적인 탐구를 가장 쉽게 해주는 하나의 마음챙김의 확립이다. 감각접촉의 영향은 또한 느낌을 육체적 유형과 정신적 유형으로 구별하는 것의 기저를 이룬다. 그리고 그것은 정확히 그것들을 일어나게 한 감각접촉의 유형과 관련이 있다.

「일어남 경」에 따르면, 마음이 일어나기 위한 조건은 명색(名色)이다. 이것은 약간의 해설이 필요하다. 여기에서 내가 제안하는 것은 초기 법문들이 네 가지 자양분(食, āhāra) 중 처음 세 가지를 열거하는 방식에 따라 「일어남 경」의 이 부분을 읽어야 한다는 것이다. 이것들은 음식, 감각접촉, 의도이다. 「일어남 경」은 음식, 감각접촉, 명색을 열거한다. 그래서 처음 두 가지 항목은 이 두 설명에서 일치한다. 그러나 세 번째 항목은 의도 또는 명색이다.

의도는 명(名)에 포함되는 정신적인 요소들 중 하나이다. 이 병렬에 기초하여, 나는 명색을 「일어남 경」의 문맥에서 특히 의도를 위한 문맥을 형성하는, 그리고 의도에 영향을 미치는 정신 과정과 물질 현상의 결합을 가리키는 것으로 해석할 것을 제안한다. 이런 방식으로 의도에 초점을 맞춰서 명색에 접근함으로써 마음에 대한 명상에 이르는 다리는 보다 쉽게 만들어진다. 마음을 나타내는 단어인 찟따(citta)는 쩨따나(cetanā), 즉 의도와 어원적으로 관련된다. 마음에 대한 명상에서 중심적 과제는 정확히 특별한 생각의 연속을 꿰뚫어 보는 것이고, 그것 밑에 있는 의도의 원동력인 그 기저의 흐름을 알아차리는 것이다. 그러므로 명색의 요소로서의 의도는 사실 마음이 일어나기 위한 조건이다. 마치 음식이 몸이라는 존재의 불안정성을 드러내고 감각접촉이 그것에 의존하여 일어나는 느낌을 드러내는 것과 마찬가지로, 느낌을 밝히는 것은 마음에 대한 명상의 필수적인 차원을 포착한다.

네 번째 마음챙김의 확립으로 가서, 「일어남 경」에 따르면, 주의(manasikāra)는 법이 일어나기 위한 조건이다. 의도와 마찬가지로 주의는 명(名)의 요소이고 그럼으로써 [마음챙김과는 달리] 어떤 마음의 상태에도 존재하는 하나의 자질이다. 의도가 유익하거나 해로운 것이 될 수 있듯이 주의도 그렇게 될 수 있다. 주의의 기본적인 자질은 현명하거나 통찰적인(yoniso) 것이 될 수도 있고, 현명하지 못하거나 피상적인(ayoniso) 것이 될 수도 있다.

장애들과 깨달음의 요소들에 대한 명상의 관점에서 볼 때, 「일어남 경」에서 확립된 네 번째 마음챙김의 확립과 주의 사이의 관계는 더 많은 중요성을 갖는다. 주의는 실제로 이 두 가지 명상에 중요하다. 현명하거나 통찰적인 주의(yoniso manasikāra)가 장애들에 대처하고 깨달음의 요소들이 일어나는 것을 촉진시키는 것과 같이 현명하지 못하거나 통찰적이지 못한 주의(ayoniso manasikāra)는 장애들이 일어나도록 하고 깨달음이 일어나는 것을 방해한다(『상윳따 니까야』 46.24; 아날라요 2012: 199). 다시 말해서, 장애들과 깨달음의 요소들에 관련된 법의 두 가지 명상의 주된 요지는 그것의 반대인 현명하지 못하거나 통찰적이지 못한 주의를 넘어서 현명하거나 통찰적인 주의를 계발하는 것으로 요약될 수 있다.

이런 방식으로 실제적인 관점에서 볼 때, 「일어남 경」의 설명은 일상생활의 상황으로 보다 쉽게 가져올 수 있는 법에 대한 명상의 요점을 드러내는 것으로 해석될 수 있다. 이것은 현명하거나 통찰적인 주의와 그것의 반대를 단지 대조하는 것을 통해 일어날 수 있다. 우리의 주의를 현명하고 또는 통찰력 있게 기울이는 것은 어떤 상황에도 문제를 다루기 쉽게 한다. 그것은 또한 자연스럽게 가르침과의 관계를 형성하는 수행의 형태이다. 왜냐하면 그것은 정확히 현명하고 완전한 주의를 기울이는 것을 지원하는 법에 대한 앎에서 도출되는 것이기 때문이다. 의존해서 일어남[緣起]의 차원은 또한 자리를 잡게 된다. 왜냐하면 현명하거나 통찰적인 주의를 기울이는 것은 조만간 어떤 것이 경험되든 그것의 조건 지어진 성품을 드러낼 것이기 때문이다.

요컨대, 나의 제안은 그것의 반대인 아요니소 마나시까라(ayoniso manasikāra)에서 빠져나오기 위해 현명하거나 통찰적인 주의인 요니소 마나시까라(yoniso manasikāra)를 계발함으로써 장애들과 깨달음의 요소들을 구성하는 것으로 여기에서 제시된 방법으로 법에 대한 명상을 가져가라는 것이다.

네 가지 모든 마음챙김의 확립에 적용할 때, 「일어남 경」의 가르침은 다음 네 가지 면을 가리키는 것으로 해석될 수 있다.

- 그것이 음식에 의존하는 몸이라는 존재의 불안정성에 대해 알아차린다.
- 감각접촉 지점에서 느낌의 연기를 탐구한다(그리고 둑카를 증가시키는 반응들을 피하는 것을 배운다).

아날라요 비구의 마음챙김 확립 수행

- 마음의 과정을 시작하는 것으로의 명색의 문맥에서 의도를 관찰한다.
- 깨달음에 이르는 도닦음의 진보에서 현명하고 통찰적인 주의를 기울인다.

요약

이 명상에서 해야 할 일은 마음속에서 이 일곱 가지 보석 각각을 일어나게 하고 안정시키는 조건들뿐만 아니라 깨달음의 요소들의 존재 [그리고 부재]를 알아차리는 것이다. 마음챙김[念]에 기초하여 우리는 에너지[精進]를 가지고 조사[擇法]하여 희열[喜]이 일어나게 한다. 이것은 자연스럽게 평안[輕安]과 집중[定]에 이르게 되고, 최고의 내적 균형[捨]에서 정점에 이른다. 수행은, 강의 중심에 있는 카누의 비유처럼, 마음속에서 이 요소들의 균형을 유지함으로써 계속된다. 약간의 동요가 세 가지 고요하게 하는 깨달음의 요소에 의해 균형이 잡히듯이, 약간의 게으름은 세 가지 활력을 주는 깨달음의 요소에 중점을 둠으로써 대처할 수 있다. 수행 전체에서 마음챙김이 요구된다. 모든 깨달음의 요소들이 마음속에서 확립되어 장애들을 떨쳐버리고, 우리는 탐욕의 빛바램과 소멸을 계발하게 되어 훨씬 더 깊은 수준의 내려놓음으로 도약하게 된다.

결론

결론 부분에서, 나는 이 책에서 제시한 마음챙김 확립 명상의 중심적인 특징들을 요약하려 한다. 그러나 그렇게 하기 전에, 나는 두 가지를 부인(否認)하고 싶다. 앞에서 말한 나의 설명은 고대 인도의 마음챙김 확립이 정확하게 내가 여기서 기술한 방식으로 하도록 되어 있다는 내 편의 주장과 함께하는 것은 아니다. 더욱이 나의 기술과 제안은 깨달음으로 나아가기 위해「마음챙김의 확립 경」에서 발견되는 가르침을 수행하는 유일한 방법으로 의도된 것이 아니다.

이 두 가지 부정에 덧붙여, 나는 몇몇의 테라와다 명상 전통들, 특히 아잔 붓다다사, 마하시 사야도, S.N. 고엔까의 가르침을 받는 전통들에서 공식적인 명상을 하면서 받은 지도에 빚지고 있음을 말하고 싶다. 그것이 없었더라면, 나는 여기서 제시하는 접근법에 도달할 수 없었을 것이다. 특히 나에게 적절한 명상 태도를 가르쳐준 고드윈 사마라라트네(Godwin Samararatne)에게 매우 큰 은혜를 입었다.

나는 전에 깨달음의 단계를 얻은 다른 수행자들을 만나는 행운을 가졌다. 이들은 몇몇의 주류 전통들, 즉 마하시 사야도, S.N. 고엔까, 파욱 사야도의 가르침에 따르는 주류 위빳사나 전통들에서 수행하는 사람들이었다. 하지만 여전히 어떤 수행자들은 특정한 전통을 따르지 않았다. 내가 여기서 제시하는 것이 그와 같은 가능성을 갖고 있다는 것에 대해 일말의 의심을 갖고 있지 않듯이, 이 위빳사나 전통들 각각은 예류(預流)에 이르는 비약적인 진보로 인도될 수 있다. 그러므로 내가 여기서 기술한 것은 다른 명상 전통들을 대체하려는 것이 아니라, 도닦음의 진보를 위한 또 다른 선택을 제공하기 위해 의도된 것이다. 요컨대, 나의 동기는 풍부하게 하려는 것이지 완성하려는 것이 아니다. 비록 빠알리 법문들이 나의 설명의 뼈대와 방향이 되지만, 내가 몸 스캔과 같은 기법을 가져와서 내 자신의 아이디어를 추가했다는 것을 분명히 해야 하겠다. 내가 알기로는, 몸 스캔에 대한 초기 법문의 텍스트 기반은 없다. 그러나 나는 이 특별한 수행이 「마음챙김의 확립 경」에 나와 있는 몇몇의 명상을 보다 생생하고 직접적인 경험에 도달할 수 있게 만드는 데 도움이 된다는 것을 알게 되었다. 이런 방식으로, 앞에서 말한 내용들은 내가 생각하기에 초기 법문들이 전하는 것을 수행하기 위한 내 자신의 개인적인 접근법을 반영한다.

게다가 나는 또한 여기서 제시하는 것이 오픈 소스의 정신으로 행해진다는 것을 언급하고 싶다. 나는 다른 수행자들이 내가 제안하는 것이 어떤 것이든 그것을 사용하여 그들 자신의 수행을 개발하고 자신에 의지하도록 영감을 주려는 바람에서 나 자신의 수행과 가르침 경험으로 관련 구절들을 보여주고 나의 이해를 제시한다.

균형

그렇게 자신에 의지하기 위한 지원과 방향 설정을 제공하기 위해 나는 다음에 앞에서 말한 내용에서 언급했던 것과 같이 마음챙김 확립 명상의 몇 가지 중심적인 측면들에 대한 개요를 제시할 것이다. 발현되어야 하는 마음챙김 확립 명상의 중심적인 차원들 중 하나는 균형이다. 몸에 대한 명상의 처음 세 가지 수행은 다소 어려울 수 있다. 몸의 해부에 대한 명상은 몸의 아름다움이라는 관념을 해체시키는 것을 목표로 한다. 요소들을 고찰하는 것은 몸이라는 존재에 대한 우리의 동일시를 약화시킨다. 죽음에 대한 마음챙김은 대부분의 인간이 가장 두려워하고 무서워하는 것, 즉 자기 자신의 죽음에 직접 대면하게 한다. 이 수행들 각각의 경우에, 수행 중 이것을 잊을 경우에 대비하여 균형을 확립하고 유지할 수 있는 도구들을 쉽게 이용할 수 있다.

만일 해부학적인 부분들이 몸에 대한 혐오감을 일으키면, 우리는 균형을 다시 확립하기 위해 곧장 우리의 친구인 몸에 대한 마음챙김으로 전환한다. 몸에 대한 마음챙김을 통해 몸이 마음챙김의 연속을 위한 기반과 기준점이 될 수 있도록 하기 위해 우리는 몸에 머무는 것과 몸과 온전히 함께하는 것을 배운다.

몸의 요소들에 대한 명상에 의해 얻은 몸의 공성에 대한 통찰은 친절함과 자비의 마음을 여는 데서 그것의 자연스러운 상대를 만난다. 만일 몸이라는 존재에서의 자아의 부재[無我]가 하나의 위협으로 경험된다면, 마음을 여는 것과 우리가 다른 사람들과 서로 연관되어 있다는 것을 강조하는 것은 하나의 치유법의 역할을 할 수 있다. 어쨌든, 잊힐 위험 속에 있는 것처럼 보이는 것은 단지 제한된 정체성 그리고 제한하는 정체성의 좁은 범위에 지나지 않는다.

우리 자신의 죽음에 직면하는 것은 일곱 가지 명상 가운데 아마도 가장 어려운 것이다. 여기서 균형을 유지하는 수단은 이 수행 자체의 일부이다. 들숨에 주의를 기울이는 것은 몸이라는 존재의 불안정성의 진리를 가져오는 것에 기여하는 반면 날숨에 주의를 기울이는 것은 긴장완화와 내려놓음을 훈련하는 것이 된다. 호흡 과정의 한 차원에서 다른 차원으로 전환하는 것은 우리로 하여금 균형을 유지할 수 있도록 한다. 전체적으로 볼 때, 죽음에 대한 명상은 우리로 하여금 현재 순간에 훨씬 더 살아 있도록 해준다.

다소 어려운 세 가지 몸에 대한 명상은 마음과 법에 대한 명상의 세 가지 측면에서 그것들의 상대를 만난다. 신체에서의 아름다움의 부재에 대한 통찰에서 오는 집착의 줄어듦은 오염원들에서 자유로운 마음의 아름다움을 경험하는 것으로 인도된다.

요소들에 대한 명상을 통해 몸의 공성에 대한 통찰을 계발함으로써, 몸의 소유자라는 우리의 관념이 줄어드는 것은 우리가 깨달을 수 있는 가능성을 소유하고 있다는 자각에서 그것의 상대를 만난다. 이것은 우리 자신의 마음속에 있는 깨달음의 요소들로부터 명백해진다.

우리 자신의 죽음에 직면하는 용기는 점차적으로 깨달음의 요소들로 계발되어야 하는 네 가지 명상 주제로서의 내려놓음과 함께 우리가 죽음 없음[不死]으로 뛰어들 준비가 되는 지점으로 인도된다. 시체의 부패 단계들에 대한 명상과 잘 확립된 깨달음의 요소들로 계발되어야 하는 명상 주제들은 어려운 것에 직면하는 것을 포함하고 있다. 마치 우리 자신의 죽음을 직면하는 것이 현재 순간에 온전히 살아 있도록 하는 것과 마찬가지로, 소멸을 직면하는 것은 해탈의 경험으로 들어갈 수 있는 능력으로 인도된다.

몸이 끊임없는 미묘한 고통스런 느낌들의 원천이라는 당황스러운 발견은 현재 순간에 머무는 것의 미묘한 기쁨에 주의를 기울이는 것에서 그것의 균형을 만난다. 정신적 오염원들에 대한 알아차림은 마음의 일시적인 해탈에 대한 즐거운 경험에 같은 주의를 기울이는 것과 관련되어 나타난다. 마지막으로, 장애들에 대한 명상은 깨달음의 요소들에 대한 명상에서 그것의 자연스러운 상보적관계를 만난다.

점차적인 진보

마음챙김 확립 명상의 또 다른 측면은 점차적인 진보이다. 이것은 두 가지 차원을 포함하고 있다. 그 중 하나는 「마음챙김의 확립 경」에 나와 있는 정형구 부분의 조항들을 실행하는 것으로부터 생기는 명상의 진보에 관련이 있고, 다른 하나는 일곱 가지 명상의 연속을 포함하고 있다.

정형구의 첫 번째 부분에 제시된 지시들과 함께, 일곱 가지 명상 가운데 어떤 것으로도, 우리는 먼저 네 가지 마음챙김의 확립 각각의 측면들을 탐구한다. 몸·느낌·마음·법 각각에 대한 이중의 언급은 정형구의 첫 번째 부분과 개개의 명상에 대한 설명에 공통되는 특징이다. 이 지시와 함께, 우리는 몸의 경우에 다양한 해부학적인 부분들, 요소들, 또는 몸의 부패 단계들을 명상한다. 느낌들과 정신적인 상태들에 관련하여 우리는 각각의 다양한 유형들을 식별하고, 장애들과 깨달음의 요소들에 대한 명상과 관련하여 우리는 그것들 각각의 알아차림으로부터 그것들의 조건에 대한 탐구로 진보한다.

좌선 중에 하는 그런 내적인 수행으로부터 걷는 것이나 다른 활동들로 이동하면서, 기회와 상황에 따라 우리는 그것들에 상응하는 외적인 차원들에 주의를 기울임으로써 네 가지 마음챙김의 확립 각각에 대한 탐구를 마무리 짓는다. 첫 번째 마음챙김의 확립의 경우, 몸의 안팎의 차원들은 특히 요소들을 통해 접근할 수 있다. 그러나 같은 일이 해부학적인 부분들과 죽음에 대한 명상으로도 분명해질 수 있다. 느낌들과 정신적인 상태들의 내적인 발현에 익숙해지는 것은 다른 것들과 상호작용할 때 자연스럽게 그것의 외적인 상대들을 알아차리는 것으로 인도된다. 장애들과 깨달음의 요소들의 존재 또는 부재에 대해서도 같은 것이 적용된다.

개개의 측면들을 그것의 안팎의 발현에서 이와 같이 탐구하는 것은 정형구의 두 번째 부분과 더불어 몸·느낌·정신적인 상태들(마음)·법의 무상한 성품에 대한 종합적이고 명상적인 조망으로 이끈다. 첫 번째 마음챙김의 경우에, 이것은 몸의 무상한 성품의 예시로서 호흡의 변하는 성품으로 특히 분명하다. 이것은 바람 요소로 이미 분명해졌고 죽음에 대한 명상으로 충분히 분명해진다. 이와 같은 무상성의 주제는 느낌과 마음뿐만 아니라 장애들과 깨달음의 요소들에 대해서도 간단 없이 계속된다. 전체적으로 명상의 초점은, 이것이 특별한 해부학적인 부분이든 특정한 느낌이든 아니면 어떤 마음의 상태이든 더 이상 개개의 경우에 관한 것이 아니다. 대신에, 특정한 경우에서부터 우리는 명상되는 현상들의 어떤 발현이든 그것의 무상한 성품에 대한 일반적인 이해로 나아간다.

아날라요 비구의 마음챙김 확립 수행

그것이 안팎에서 발현할 때 그 개개의 명상으로부터 시작하는 명상의 진보는 무상의 성품을 식별하는 것이 뒤따르면서 열린 알아차림의 수행법으로 이끌어진다. 그런 열린 알아차림을 하는 동안 정형구의 세 번째 측면은 전면으로 이동한다. 다양한 명상을 하는 것으로부터, 우리는 마음챙김이 되는 것으로 진보한다.

몸 전체를 마음챙김하는 것은 '몸이 있다'는 것을 분명하게 아는 것에 도움이 된다. 그것은 첫 번째 마음챙김의 확립에 속하는 세 가지 명상 중 어떤 것이라도 그것의 배경을 형성한다. 두 번째 마음챙김의 확립과 함께 우리가 몸의 느껴진 현존을 알아차릴 때, 이것은 몸을 마음챙김하는 바로 그 경험과 관련하여 '느낌이 있다'는 것을 알아차리기 위한 역할을 할 수 있다. 우리가 '마음이 있다'는 견지에서 이 같은 몸 전체에 대한 알아차림의 차원을 가질 때, 이 같은 것은 세 번째 마음챙김과 함께 계속될 수 있다. 네 번째 마음챙김의 확립으로 이동하면서, 몸 전체에 대한 우리의 지속적인 알아차림은 '법이 있다'는 인식에서 깨달음의 요소들로부터 균형 잡기를 위한 수렴점의 역할을 할 수 있다. 이런 방식으로, 몸 전체에 대한 알아차림은 '몸이 있다', '느낌이 있다', '마음이 있다', '법이 있다'는 것을 알아차리기 위한 출발점이 된다. 이 모든 것은 마음챙김과 알아차림을 위한 것이다.

여기에서 제시된 방식으로 네 가지 마음챙김의 확립을 통과해서 진보하는 것은 몸 전체에 대한 알아차림 수행의 이와 같은 다양한 측면을 가져올 뿐만 아니라, 동시에 이 기본 수행을 유지하기 위한 보충의 도구들을 제공한다. 몸 전체에 대한 알아차림은 몸을 쉽게 식별하는 측면으로서의 [몸의 나머지 부분들을 무시하고 호흡에만 전적으로 집중하지 않고 계발되어야 하는] 호흡에 대한 마음챙김을 통해 추가적인 지원을 받는다. 또 다른 도구는 현재 순간에 존재하는 즐거운 느낌이다. 그것은 우리가 지금 여기에 지속적으로 머물 수 있는 능력을 상당히 많이 부여한다. 그러나 또 다른 도움은 마음챙김과 함께할 때 마음의 성격과 익숙해지면서 나타난다. 이 익숙함은 그 결과로 생기는 마음의 성격의 변화를 통해 산란함의 경향이 초기에 시작되는 것을 알아차리는 데 도움이 된다. 그것은 결과적으로 산란함이 완전히 발현되기 전에 신속한 회복을 가능하게 한다. 여기서 제시된 방법으로 처음 세 가지 마음챙김의 확립을 통과하여 진보하는 것에서 생기는 이 도구들에 기초하여, 깨달음의 요소들의 계발은 마음에 최상의 균형을 가져온다. 이 최상의 균형은 단지 마음챙김과 알아차림만을 위해 마음챙김을 유지함으로써 정형구의 세 번째 부분을 수행할 수 있는 우리의 능력을 더욱 강화시킨다. 이 도구들에 기초하여, 우리가 열린 알아차림으로 수행하든 아니면 일곱 가지 명상 중 어떤 것으로 수행하든, 전체적으로 볼 때 우리가 해야 할 일은 어떤 것에도 의존하거나 집착하지 않고 머무는 것을 유지하는 것이다.

또 다른 점차적인 진보는 일곱 가지 명상 자체에서 생긴다. 여기에서의 수행은 몸의 비교적 거친 해부학적인 부분들을 대상으로 시작한다. 다음에는 몸의 약간 더 미묘한 요소들의 자질이 온다. 이 것들 중에서 가장 미묘한 바람의 요소는 호흡에서 발현된다. 그것은 여기서 기술된 수행법에서는 죽음에 대한 마음챙김을 위한 수

아날라요 비구의 마음챙김 확립 수행

단이 된다. 거친 것으로부터 미묘한 것으로의 진보는 호흡으로부터 호흡과 몸을 알아차리는 것으로, 다음에는 느낌을 아는 것, 즉 마음으로 진보하는 것을 포함한다. 그 결과 정신적인 상태들에 대한 명상은 마음에서의 조건에 대한 보다 미묘한 탐구로 이어진다. 여기서 비교적 거친 장애들의 원인이 되는 조건에 주의를 기울이는 것은 더 미묘한 깨달음의 요소들을 위한 조건을 알아차리는 것으로 인도된다.

이런 방식으로 거친 것으로부터 미묘한 것으로 진보하는 것은 내가 이 책에서 기술했던 수행 바퀴의 중심축, 즉 몸에 대한 마음챙김을 점차적으로 개선해 나가는 것이 된다. 해부학적인 부분들에 대한 명상을 위해 시작한 세 가지 몸 스캔은 피부, 살, 뼈에 점차적으로 주의를 기울임으로써 몸에 마음챙김을 뿌리내리게 하는 기반을 만들었다. 그렇게 함으로써 몸 밖의 차원으로부터 몸 안의 부분들로 진행해 왔다. 몸에 이와 같은 기본적인 마음챙김을 뿌리내리는 것은 요소들에 대한 명상을 위해 하는 네 가지 스캔으로 더 많은 강화를 얻을 수 있다. 그것은 몸 전체에 대한 알아차림을 더욱 정제시킨다. 죽음에 대한 명상과 함께, 우리는 현재 순간에 온전히 살아 있게 되고 바로 지금 수행할 수 있는 이 귀중한 가능성을 이용하는 중요성을 깨닫게 된다. 그것은 우리가 마음챙김의 계발에 전념하는 것에 상당히 많은 생동감을 준다.

이것에 기초하여, 느낌에 대한 명상은 직접 느낀 변화의 경험을 가능하게 만든다. 이것은 마음에 대한 명상으로 더욱 강화된다. 또한 무상에 대한 우리의 직접적인 경험을 용이하게 만드는 것으로

아날라요 비구의 마음챙김 확립 수행

서의 마음챙겨 알아차리는 자질과 익숙해지도록 하는 것에 공헌한다. 장애들에 대한 명상은 정신적인 명료성의 요소를 가져오고, 깨달음의 요소들에 대한 명상은 균형과 마음의 깨어 있는 자질을 부가시켜 준다. 이런 방식으로, 일곱 바큇살 각각은 바퀴 중심과 서로 관련된 차원들을 점차적으로 건립하는 것에 공헌을 한다.

일곱 개의 바큇살은 또한 그 바퀴테에 독특한 공헌을 한다. 그것은 어떤 것에도 집착하거나 의존하지 않고 머무는 것이다. 세 가지 몸에 대한 명상은 몸의 아름다움에 대한 강박관념에서 나와서 몸에 대한 동일시를 줄이고 우리가 죽음의 공포에 직면하도록 인도한다. 두 번째 마음챙김의 확립은 또한 느낌에 의존해서 생기는 갈애인 집착의 기반을 직접 약화시킨다. 세 번째 마음챙김의 수행 중에 매우 분명하게 나타나는 마음에 대한 통제의 부족은 우리에게 동일시 패턴을 줄이도록 하고, 여기서 제시되는 수행법에서 세 가지 특성에 대한 종합적인 통찰로 인도한다. 장애들에서 빠져나오는 것은 진정으로 의존하지 않고 살아가는 것에 힘을 부여해 주고, 깨달음의 요소들의 계발과 함께, 우리는 닙바나를 향해 마음을 기울임으로써 어떤 것에도 집착하지 않는 정점으로 나아간다.

통찰

마음챙김 확립 명상의 또 다른 중요한 차원은 다양한 유형의 통찰을 계발하는 것이다. 제1 장에서 언급했듯이(30쪽 참조), 마음챙김 자체만으로는 충분하지 않다. 소치는 사람이 아무리 많이 계속해서

소들을 마음챙김해도, 그는 그것에 의해 해탈로 나아가지 못할 것이다. 그가 가지고 있지 않은 것은 통찰이다.

처음 세 가지 마음챙김의 확립을 통과해서 진보하는 것은 네 가지 왜곡된 인식(vipallāsa)과 직접 대면하는 통찰을 계발한다. 우리의 해부학적인 구성을 검토하는 것은 육체에 아름다움을 잘못 투사하는 것을 해체시킨다. 요소들과 정신적인 상태들에 대한 관찰의 도움으로, 우리는 몸과 마음 어디에서나 발견될 수 있는 실체적 자아라는 잘못된 가정에 대응한다. 우리 자신의 죽음에 직면하고 느낌과 정신적인 상태의 변하는 성품에 대해 명상하는 것은 우리 존재의 항상성에 대한 잘못된 가정을 약화시킨다. 느낌에 대한 명상은 느껴진 모든 경험의 본래 불만족한 성품을 우리의 주의 전면으로 추가적으로 가져와서, 실제로는 발견될 수 없는 행복을 추구하려는 잘못된 경향성을 약화시킨다.

네 가지 왜곡된 인식 중 세 가지는 존재의 세 가지 특성인 무상·고(dukkha)·무아와 관련된다. 이 세 가지 특성은 서로 관련이 있다. 무상한 것은 지속적인 만족을 만들어 낼 수 없기 때문에, 그것은 둑카[苦]이다. 둑카인 것은 자아 관념에 내재하는 완전한 통제라는 가정을 만족시킬 수 없기 때문에, 그것은 자아가 공한 것이다.

이 진보를 위한 굳건한 기반은 우리 자신의 죽음에 직면하는 것을 통해 놓여질 수 있다. 이것이 무상의 궁극이다. 그래서 무상은 느낌에 대한 명상으로 직접 느낀 경험이 된다. 그것은 느껴진 모든 것의 내재적으로 무상한 성품을 차례로 드러낸다. 마음에 대한 명상으로 나아가는 것은 마음의 공성을 드러냄으로써 세 가지 특성

아날라요 비구의 마음챙김 확립 수행

의 직접적인 경험을 완성한다. 이런 방식으로, 처음 세 가지 마음챙김의 확립에서 하는 세 가지 수행은 세 가지 특성에 대한 통찰로 기초 작업을 확고하게 확립한다.

네 번째 마음챙김의 확립에서 해야 할 나머지 일은 깨달음으로의 비약적인 도약에 이르는 통찰을 성숙시켜 나아가는 것이다. 이것은 장애들에서 빠져나와서 깨달음의 요소들을 계발하는 것을 통해 마음을 세밀하게 조율하는 것이다. 깨달음의 요소들을 확립시켜 우리는 무상이라는 기본 주제로부터 그것의 결실인 탐욕의 빛바램으로 나아간다. 우리가 둑카의 진리를 깊게 이해한다는 표현으로서의 탐욕의 빛바램의 증가는 우리로 하여금 무상한 것의 사라짐의 측면, 즉 그것의 소멸을 온전하게 볼 수 있도록 한다. 그것은 무아에 대한 깊은 깨달음을 반영한다. 소멸에 대해 편안해지면서 우리는 점점 더 내려놓는 것을 배우게 되고, 마침내는 내려놓음의 정점에 대한 고귀한 표현으로, 몸·느낌·마음의 공한 현상들과 관련되고 그것과 동일시하는 모든 소유권의 관념을 완전히 포기한다.

제2장에서 이미 언급했듯이, 네 가지 마음챙김의 확립을 통과하여 명상이 진보하는 것은 네 가지 성스러운 진리와 연관될 수 있다. 이 책에서 제시된 수행의 유형과 관련하여, 이것은 다음과 같은 상호관계를 가질 것이다.

우리 자신의 죽음의 발현으로서 시체 부패 단계에 대한 명상은 둑카의 가장 도전적인 발현인 죽음에 주목하게 하였다. 이것은 첫 번째 진리[苦]를 가리킨다. 느낌에 대한 명상은 직접적인 경험의 문제에 대한 갈애를 일어나게 만들었다. 이것은 두 번째 진리[集]를 가리킨다. 잠시 오염원들이 없는 정신적인 상태에 주의를 기울이는 것은 갈애와 집착으로부터의 완전한 해탈이라는 마지막 목표에 맛보기를 제공해 준다. 이것은 세 번째 진리[滅]를 가리킨다. 장애들의 제거와 깨달음의 요소들의 일어남에 원인이 되는 조건들을 마음챙겨 알아차리는 것은 깨달음에 이르는 도닦음에서의 적절한 진보를 위한 중요한 요소이다. 이것은 네 번째 성스러운 진리[道]의 기저에 있는 주된 요소를 실행한다.

　네 번째 성스러운 진리는, 온전하게 설명하면 성스러운 팔정도에 해당한다. 이 도닦음의 첫 번째 요소는 바른 견해[正見]이다. 그것은 법문에서 종종 네 가지 성스러운 진리에 대한 판단의 형태를 띤다. 이것은 동어반복을 초래하는 것이 아니라, 오히려 네 가지 성스러운 진리에 대한 최초의 이해는 수행이라는 도닦음에 기초하여 시작할 필요가 있다는 것을 말하는 것이다(아날라요 2017c: 148f, 2017a: 102ff). 사실, 『상윳따 니까야』의 한 법문은 바른 견해가 네 가지 성스러운 진리의 선도자라고 말한다. 마치 새벽이 일출의 선도자인 것과 같다(『상윳따 니까야』 56.37). 새벽과 일출은 햇빛 강도의 정도에서 다르다. 마찬가지로, 바른 견해에 대한 최초의 명상적인 수용과 완전한 깨달음으로 얻은 자각은 통찰 강도의 정도에서 다르다.

　느낌에 대한 명상과 함께 네 가지 성스러운 진리에 대한 우리의 최초의 이해는 보다 직접적인 경험의 문제가 될 수 있다. 고통의 경험은 갈애 때문에 일어나는 둑카의 발현인 정신적인 고뇌라는 두 번째 화살이 마음챙기는 명상을 통해 피해질 수 있다는 이해로 이끌어진다. 실제 수행에서 네 가지 성스러운 진리의 진단 체계의 실현 가능성에 대한 직접적인 경험은 바른 견해로 소중하게 간직된 지도 원리의 정확성을 확인하는 데 도움이 된다.

바른 의도[正思惟]의 중요성은, 특히 해로움을 피하려는 의도의 차원, 즉 자비의 한 가지 표현에서 마음에 대한 명상으로 전면으로 나올 수 있다. 처음 세 가지 마음챙김의 확립을 통한 통찰의 진보는 마음챙김의 지원을 받는 윤리적인 행위가 진정한 진보를 위해 반드시 필요한 요소인 이유를 분명하게 만든다. 이것은 바른 말[正語], 바른 행위[正業], 바른 생계[正命]라는 팔정도의 요소를 실행하는 것을 알려주는 것이다. 장애들에 대한 명상으로, 바른 노력[正精進]의 적절한 개발을 위한 기반을 놓는다. 마지막 요소인 바른 집중[正定]은 깨달음의 요소들을 일으킴으로 해서 온전하게 발현된다. 이런 방식으로, 우리가 수행하는 과정에서 성스러운 팔정도가 어떻게 여기서 제시하는 마음챙김의 확립을 위한 필수적인 체계로 기능하는지가 분명하게 된다.

네 가지 성스러운 진리를 실행하고 성스러운 팔정도를 일어나게 하는 것 외에도 앞에서 논의한 수행으로 계발되는 또 다른 긴밀하게 연관된 통찰 차원은 연기(緣起, paṭicca samuppāda)이다. 교리적인 관점에서 볼 때, 연기는 네 가지 성스러운 진리와 밀접한 관련을 갖는다. 실제로 일어나고 사라지는 연기법은 두 번째와 세 번째 성스러운 진리에 해당한다.

우리 자신의 죽음에 대한 마음챙김과 결합된 다양한 부패 단계에 있는 시체에 대한 명상은 연기의 마지막 연결점을 주의 기울임의 전면으로 가져왔다. 느낌에 대한 명상으로, 우리는 갈애가 일어날 수 있는 중요한 연결점으로 향했다. 깨달음의 요소들에 대한 명상을 통해, 우리는 연기 시리즈의 첫 번째 연결점인 무명의 제거라는 마지막 목표에 이르는 비약적인 발전을 준비하게 된다. 각각의 경우, 이 연기의 중심적인 차원들은 지적인 이해의 영역으로부터 직접적인 명상 경험의 문제가 되는 것으로 전환했다.

일상생활에서의 수행

이와 같은 다양한 통찰 차원의 복잡성으로부터 단순성으로 전환하면서, 수행의 중심으로 남는 것은 몸에 대한 마음챙김이다. 개개의 수행들을 통과하여 나아가는 것은 모든 꽃잎이 열린 연꽃과 같은 반면 매일의 수행은 그 꽃잎들이 모아져야 할 필요가 있다.

　우리가 어떤 상황에 있든, 몸 전체에 대한 알아차림을 일으키기 위한 출발점으로 몸의 어떤 부분을 알아차리는 것은 항상 가능하다. 몸을 느끼는 감각은 현재 순간 경험의 쾌락적 성격을 알아차리는 것으로 들어가는 문을 제공한다. 그것은 마치 몸의 존재를 알아차리는 것이 우리 마음의 상태를 알아차리기 위한 접속점을 제공하는 것과 같다. 그런 마음챙김 수행을 어떤 형태의 통찰과 관련시키는 것은 네 번째 마음챙김 확립의 요점인 해탈에 이르는 도닦음의 진보를 보장한다.

　이와 같은 단순한 접근법은 아주 간결하게 네 가지 모든 마음챙김의 확립을 망라하는 수행 형태가 하는 중요한 공헌을 포함하고 있다. 여기서 처음 세 가지 마음챙김의 확립은 마음챙김의 빛을 신체적·정서적·인지적 경험의 영역에 비추는 것을 용이하게 만들고, 그것들의 전체적인 통합과 정돈으로 이끈다. 이것은 어떤 현상에 대한 우리의 평가와 그 결과로 나타나는 그것에 대한 우리의 반응은 이 세 가지 영역 각각을 고려하게 한다. 이 통합에 기초하여, 이런 저런 식으로 전체 상황을 조건과 해탈에 이르게 하는 통찰과 관련시킴으로써 네 번째 영역은 상황을 완성한다.

만일 우리가 좀 더 많은 복잡함을 몸을 알아차리는 이 기본적인 수행법에 도입하기를 원하면, 몸의 해골을 강조하는 것은 세 가지 몸에 대한 명상의 요점을 압축하기 위해 사용될 수 있다. 죽음을 상기시키는 것으로서의 역할 외에도 몸의 점차적인 부패가 해골의 단계에 이르렀을 때, 모든 성적으로 매력적인 부분들과 정체성의 표지들은 없어진다. 그러므로 우리 자신의 몸 안에 있는 해골에 주의를 기울이는 것은 몸에 대한 명상의 세 가지 모든 차원을 상기시켜 주는 것으로 사용될 수 있다.

요컨대, 네 가지 모든 마음챙김의 확립은 원리상 일상생활에서 할 수 있는 단일한 수행법으로 합쳐질 수 있다. 그런 수행은 정규 명상에서 계발되는 보다 상세한 명상법으로부터 그것의 자양분을 가져간다. 그때 연꽃은 그것의 꽃잎을 연다. 그 열림은 연속적인 수행법에 의한 네 가지 모든 마음챙김 확립의 발화(發花)를 나타낸다.

수행을 조절하기

이 연속적인 수행법은 개인의 필요와 요구에 따라 조절될 수 있다. 만일 감각적 욕망이 두드러진 문제라면, 우리는 상당히 상세하게 해부학적인 부분들을 수행할 수 있고, 요소들을 덜 상세하게 수행할 수 있다. 우리의 죽음에 직면하는 것도 감각적 욕망의 탐닉의 무상한 성품을 수행으로 가져오기 위해 두드러진 위치를 가질 수 있다. 느낌에 대한 명상을 하는 동안 우리는 특히 즐거운 느낌의 무상한 성품을 세심히 살펴보고, 정신적인 상태들에 관련해서 특히 탐욕이 있는 마음의 존재 또는 부재를 점검할 수 있다. 다섯 가지 장애 중 첫 번째(감각적 욕망)와 그것이 일어나고 사라지도록 하는 조건들은 자연스럽게 두드러지고, 깨달음의 요소들의 계발은 탐욕의 빛바램을 특별히 강조하는 것과 함께 발현될 수 있다.

만일 성냄과 짜증이 자주 발현되면, 해부학적인 부분들을 빠르게 통과한 후에, 우리는 요소들을 가지고 상세하고 느린 스캔을 행한다. 죽음에 직면하는 것은 용서하는 마음을 갖는 것에 공헌한다. 느낌에 대한 명상의 경우, 괴로운 느낌의 변하는 성품은 마치 두 가지 뒤따르는 명상을 하는 동안 화가 난 마음과 그것에 상응하는 장애처럼, 편리한 강조점을 제공할 수 있다. 깨달음의 요소들을 가지고는 내려놓음의 주제에 특별한 주의를 기울일 수 있다.

만일 앞에서 기술된 이 두 가지 경우 중 어느 것도 우리의 상황에 맞지 않으면, 미혹의 경향성에 적합한 수행법이 그 공백을 채워줄 것이다. 미혹된 성격에 특징적으로 드러나는 기본적인 산란함에 대처하기 위해서 처음 두 가지 몸에 대한 명상은 체화된 마음챙

아날라요 비구의 마음챙김 확립 수행

김의 연속성을 건립하는 데 도움이 될 것이다. 그 다음에 우리 자신의 죽음에 대한 명상으로 생기는 현재 순간에 온전히 살아 있는 것에 중요성을 부여할 수 있다. 게다가, 현재 순간에 존재하는 것의 즐거움은 산란함의 경향성을 줄이는 데 도움이 된다. 중립적인 느낌과 미혹된 마음의 상태는 느낌과 마음 상태에 대한 명상의 두드러진 측면이 될 수 있다. 해태와 혼침이나 들뜸과 후회와 같은 장애에 특별한 주의를 기울일 수 있다. 깨달음의 요소들을 계발하는 것은 소멸의 주제를 특별히 강조하여 착수될 수 있다.

세 가지 기본적인 성격 유형과 함께하는 앞의 제안들로 모든 좌선에서 언제나 사용될 수 있는 엄격한 체계를 제안하려는 의도는 아니다. 우리의 명상 수행이 일반적으로, 또는 특별한 좌선 중에 어떻게 펼쳐지는가에 따라 수행을 조절할 필요가 있다는 것을 알게 될 것이다. 예를 들어 일곱 가지 명상의 체계 안에서 작용할 때, 때로는 마음이 깨달음의 요소를 일으키는 상태에 있지 않을 수 있다. 그래서 우리는 그 중 첫 번째인 마음챙김을 확립하는 것에만 만족하고, 당분간 그만큼을 계발한다. 마음챙김을 가지고 수행하는 것이 항상 도움이 되고, 또 다른 경우에는 다른 깨달음의 요소들로 나아가는 것이 가능할 것이다.

우리가 단일한 수행법을 발견하고 나서 우리의 나머지 명상적인 삶 동안 그 수행법을 고되게 계속 추구해야 한다는 생각은 어느 정도 진정한 마음챙김을 계발하는 것과는 반대 방향으로 달리는 것이다. 그러한 진정한 계발은 명상 방석에 앉자마자 자동조종장치 모드로 들어가기보다는 바로 지금 일어나고 있는 것을 알아차리고 적절한 방법으로 수행을 조절하는 것과 많은 관련이 있다.

『상윳따 니까야』에 있는 한 비유는 두 명의 요리사에 대해 묘사한다(『상윳따 니까야』47.8; 아날라요 2013: 239). 한 요리사는 그의 주인이 좋아하는 것을 알아차리지 못한다. 다른 요리사는 그의 주인이 좋아하는 것을 관찰하고, 어떤 유형의 음식을 주인이 먹고 칭찬하는지를 관찰하며, 그가 관찰한 것에 맞춰 요리를 조절한다. 이것이 분명 선호할 만한 진보 방식이다.

자신이 준비한 음식이 어떻게 받아들여지는지를 무시하는 어리석은 요리사의 비유는 시작한 수행이 정신적인 집중과 오염원들의 감소로 인도되는지를 관찰하지 않고 있는 마음챙김의 확립 수행자의 경우를 설명하는 것이다. 분명히 이것은 나아길 길이 아니다. 대신에, 좋은 요리사의 예를 따라 마음챙김을 가지고 우리 자신의 마음챙김의 확립 수행의 진행 상황을 관찰하는 것이 우리의 할 일이다. 이것은 어떤 유형의 수행이 일반적으로 우리에게 적합한지, 그리고 무엇이 현재의 상황에 적합한지에 대해 주의를 기울일 것을 요구한다.

내가 이 책에서 제시한 수행법에 관련하여, 이것은 필요하다면 기회가 있을 때마다 심지어 매일 수행을 조절하는 것에 여지를 남겨야 한다. 내가 제안하고 싶은 것은 기본 기준점과 연속성의 표지(標識)로 일곱 가지 모든 수행의 체계를 유지하라는 것이다. 그러나 그 체계 안에서 수행자 각각은 이 일곱 가지 중에서 하나 또는 그 이상을 강조할 수 있고, 단일한 명상 안에서 특별한 측면들에 다양한 정도의 중요성을 부여할 수도 있다.

아날라요 비구의 마음챙김 확립 수행

예를 들어, 외부 환경 때문에 죽음이라는 주제가 자연스럽게 나타나는 때가 있다. 이것은 세 번째 수행 바퀴살에, 즉 죽음에 직면하기 위해 가능한 한 마지막 호흡과 결합된 시체에 대한 명상에, 보다 많은 여지를 부여하는 것을 의미 있게 만든다. 다음 언젠가는 다른 어떤 것이 보다 많은 관련성을 갖게 되어서, 우리는 그것에 맞춰 다시 조절하게 된다. 수행에 창조성과 탐구심의 요소를 도입하는 것은 해탈로 빠르게 나아가기 위해 도움이 된다.

중요한 측면들

요리사의 비유가 전달하는, 현재 상황에 필요한 것에 대한 '주의력'의 유형은, 닙바나의 실현에 이르는 직접적인 도닦음으로 마음챙김의 확립에서 제시되는 '해탈'을 향한 전반적인 방향 설정과 함께, 내가 여기에서 제시한 두 가지 중요한 수행의 자질을 반영한다. 또 다른 세 가지 중요한 자질과 함께, 이 자질들은 마음챙김 확립 수행의 '진주(pearl)'라고 압축된 방식으로 내가 말하기를 좋아하는 것으로 수렴된다.

이 다섯 가지 모든 자질 중 첫 번째 자질은 어떻게 한 원숭이가 사냥꾼에 잡히는 것을 피할 수 있고, 각각의 집 정원에 있는 동안에는 어떻게 메추라기가 매를 능가할 수 있는지를 묘사하는 「마음챙김의 확립 상윳따」의 비유에 표현되어 있다(『상윳따 니까야』 47.7, 47.6; 아날라요 2003: 56, 2013: 24ff). 집안 정원으로서의 마음챙김을 유지하는 것에 의해, 우리는 '보호' 받는다. '보호'의 뉘앙스는 또한 제2장에서 언급된 두 명의 곡예사의 비유에서도 두드러진다. 두 명의 곡예사는 서로를 보호할 수 있기 위해 자신들을 돌봐야 한다(72~73쪽 참조).

내가 이 책에서 제시한 수행법에 따르면, 마음챙김의 확립 명상은 '체화된' 마음챙김의 형태를 계발하는 것에 의해 실행될 수 있다. 그런 몸에 대한 마음챙김은, 제1장에서 논의한, 강한 기둥에 묶여 있는 여섯 마리의 동물과 춤추고 노래하는 아름다운 소녀를 바라보는 군중 사이를 뚫고 기름으로 가득 찬 사발을 나르는 사람을 묘사하는 두 가지 비유로 설명된다(47~48쪽 참조).

또한 제1장에서 논의된 또 다른 자질은, 농작물이 수확되었을 때 편안한 거리에서 소들을 단지 지켜볼 수 있는 소치는 사람의 비유로 예를 들어 설명된, 열린 '수용성'이다(30쪽 참조). 이것에 더해서 처음에 언급된 두 가지 측면은 다음 다섯 가지 자질을 가져온다.

- 보호하는(protective)
- 체화된(embodied)
- 주의하는(attentive)
- 수용적인(receptive)
- 해탈의(liberating)

이 자질들 각각의 첫 글자를 따서 내가 여기에서 제시한 마음챙김의 확립 수행의 중요한 자질들을 내 나름대로 요약하는 방법으로 마음챙김 명상의 '진주, p-e-a-r-l'라는 아이디어를 갖게 되었다.

이와 같은 마음챙김의 진주를 확립하면, 우리는 그것의 과정이 제어되지 않고 진행되는 지독한 해로운 영향들로부터 매일 '보호받는다'. 그런 보호는 특히, 어떤 상황에서도 이용할 수 있는 뿌리내리기와 기준점으로서, '체화된' 마음챙김의 확립을 계발하는 것에 의존한다. 마음챙김을 통해 이런 방식으로 만들어진 정신적 공간은 안팎에서 실제로 일어는 것에 훨씬 더 많이 '주의를 기울이도록' 할 수 있다. 그것은 반응하지 않는 마음챙김의 열린 마음의 넓은 '수용성'의 기반이 있는 능력이다. 무상을 분명하게 아는[正知] 것과 결합하는 순간 그런 마음챙김은 '해탈'을 향한 우리의 진보를 촉진시킨다.

고요를 계발하기

해탈을 향한 그런 진보를 촉진하기 위해, 마음챙김의 확립 명상은 정식적인 고요의 계발과 결합될 수 있다. 제1장에서 간단하게 언급했듯이(29쪽 참조), 초기불교 사상에서 고요와 통찰[止觀]은 명상 계발의 상보적 차원이다. 그러므로 우리의 마음챙김의 확립 명상과 함께, 예를 들어, 멧따(mettā, 慈) 같은 수행을 하기 위한 시간을 할당하는 데는 문제가 없다. 「마음챙김의 확립 상윳따」의 한 법문은, 산란함 또는 게으름에 대처하기 위해, 마음챙김의 확립으로부터 고요 명상으로의 잠정적인 변화를 분명하게 추천한다(『상윳따 니까야』 47.10; 아날라요 2003: 64). 이런 방식으로 희열, 고요, 행복, 집중을 계발하면 우리는 마음챙김의 확립 수행으로 돌아갈 준비가 잘 된다.

현재의 상황에 적합해 보이면 빠르거나 느린 것에 상관없이, 고요를 우리의 마음챙김의 확립 수행과 결합시키는 것은 처음 여섯 가지 수행 바큇살을 통과하여 나아감으로써 실행될 수 있다. 오염원들로부터 자유로운 마음을 보는 것에서 오는 희열에 기초하여 우리는 다음에 고요를 계발하는 것으로 전향할 수 있다. 고요[止]에서 적절하게 보이는 시간만큼 지낸 후에, 우리는 깨달음의 요소들을 계발하는 것으로 이동할 수 있고 깨달음의 주제들을 통과하여 나아갈 수 있다.

고요를 계발하는 것은 이런 방식으로 우리 명상 진보의 통합적인 부분이 될 수 있다. 그런 통합은 몇 가지 이익을 가지고 있다. 한 가지 이익은 그것이 통찰의 계발과 함께 고요의 성장을 허용함으로써 직접적인 도닦음에서의 진보가 균형 잡힌 방식으로 일어나도록 한다는 것이다. 이런 방식으로 수행하는 명상은 고요[止]만을 닦거나 통찰[觀]만을 닦는 단일 수행보다 더 나은 것을 위해 성공적인 인격 변화로 인도할 수 있는 훨씬 더 큰 기회가 된다.

전통적인 환경에서, 그것이 초기 법문들에서 나오는 방식에서 볼 때, 집중적인 명상은 도덕적 행위의 견고한 기반에 기초하고 있고 점차적인 수행 진보의 일부이다. 이것은 수행자들이 마음의 균형을 보장할 수 있는 필요한 기반 없이 집중적인 수행에 들어올 수 있는 현대의 상황과 다소 다르다. 여기서 어느 정도의 고요를 계발하는 것은 완충제의 역할을 할 수 있고 균형의 상실 없이 통찰의 진보를 용이하게 할 수 있다.

이것은 명상 수행을 그것의 본질적 속성에서 심리치료의 한

아날라요 비구의 마음챙김 확립 수행

형태로 인정하는 것은 아니다. 어떤 유형의 심리적인 문제들은 전문 치료사의 도움으로 가장 치료가 잘 된다. 만일 우리가 허리가 아픈데, 치과를 찾아가는 것은 이치에 맞지 않는다. 마찬가지로, 명상에서 다루어질 수 있고 다루어져야 할 어떤 문제들과 사안들이 있다. 그러나 다른 유형의 문제들과 사안들은 그것들을 다루는 방식을 훈련받은 사람들의 전문적인 도움으로 가장 잘 다룰 수 있다.

그럼에도 불구하고, 통찰 명상 수행을 보충하는 것으로서, 특별히 이것이 집중적인 침묵하는 수행 환경에서 이루어지고 있다면, 고요는 우리의 정신 계발이 균형 잡힌 개발의 형태를 갖게 해서 어떤 것에도 집착하거나 의존하지 않게 하는 것을 그것의 위상으로 가진다. 이런 방식으로, 어느 정도의 고요를 계발하는 것은 마음챙김의 확립 명상과 해탈에 이르는 도닦음에서의 우리의 진보에 힘을 실어주는 것으로서 추천된다. 요컨대, 고요는 이 책에서 설명된 수행 바퀴에 보충 요소가 될 수 있다.

의존하지 않고 살아가기

우리가 결정하는 어떤 접근법이 우리에게 가장 적합해도, 그것이 이전 장들에서 설명된 것이든 우리 자신의 경험과 필요에서 나온 것이든, 결국 중요한 것은 수행 바퀴의 중심과 테이다. 이것들은 우리가 채택하기로 결정한 수행법이 바른 방향으로 나아가는지를 측정하기 위한 방향 설정을 제공한다. 이번 장의 다음에, 나는 각 명상의 중심적인 측면들에 기초하여 간결한 수행 바퀴 버전을 제시한다(337쪽 참조). 우리가 어떤 방식으로 일곱 가지 명상에 참여하기로 결정하든지, 전체적인 요점은 우리가 정규 명상뿐만 아니라 일상의 활동을 하는 동안 점점 더 수행의 바퀴 중심인 몸에 대한 마음챙김에 잘 확립된다는 것이다. 그 수행은 바퀴테에 해당하는 어떤 것에도 집착하거나 의존하지 않고 살아갈 수 있는 우리의 능력을 가져온다.

요약

마음챙김 확립 명상의 중요한 측면은 균형이다. 만일 해부학적인 부분들에 대한 명상이 몸에 대한 부정성에 의해 균형의 상실을 초래한다면, 이것은 우리의 좋은 친구인 체화된 마음챙김을 강조함으로써 대처할 수 있다. 만일 몸과 마음의 공한 성품이 너무 도전적인 것이라면, 마음의 열림과 외부 자연과 서로 연결되어 있음에 주의를 기울이는 것이 도움이 될 수 있다. 들숨과 함께 우리의 죽음에 직면하는 것은 날숨과 함께 긴장을 완화하고 내려놓는 것에서 자연스러운 균형감각을 갖는다. 마찬가지로, 몸이 끊임없는 괴로움의 원인이라는 발견은 현재 순간에 확립된 마음챙김과 함께하는 미묘한 희열의 발견에서 균형감각을 갖게 된다.

더욱이, 첫 번째 수행으로 생기는 몸의 아름다움에 대한 해체는 오염원들로부터 일시적으로 자유로운 마음에 있는 정신적인 아름다움의 발견에서 그것의 자연스러운 균형감각을 갖게 된다. 몸과 마음에 대한 소유권이 없다는 것은 우리가 깨달을 수 있는 능력

아날라요 비구의 마음챙김 확립 수행

을 소유하고 있다는 발견으로 이끈다. 죽음에 직면하는 수행을 해서, 우리는 우리의 마음챙김의 확립 명상으로 최종적인 경지까지 나아가고, 깨달음의 요소들을 계발하여, 불사(不死)의 실현으로 가까이 간다.

여기에서 제시된 수행법에서, 몸 전체에 대한 알아차림은 전반적으로 기준점의 역할을 한다. 이것은 몸 전체에 대한 이와 같은 경험의 측면으로서의 호흡 과정을 포함함으로써 더욱 향상될 수 있다. 수행의 탄력을 유지하기 위한 또 다른 도구는 현재 순간에 존재하는 것에서 오는 희열과 마음챙김이 존재할 때의 마음 상태와 익숙해지는 것이다.

수행 바퀴의 비유를 고려해 볼 때, 이 바퀴의 중심은 몸에 마음챙김의 뿌리를 내리는 것에 의한 처음 두 가지 몸에 대한 명상으로부터, 그리고 우리를 현재 순간에 온전히 살아 있도록 하는 것에 의한 죽음에 대한 명상으로부터 지원을 받았다. 두 번째 마음챙김의 확립은 이것에 변화의 느낌을 갖게 하는 데 기여하고, 세 번째 마음챙김의 확립은 마음챙김하는 마음의 상태와 익숙하게 하는 데 기여한다. 장애들의 부재는 이와 같은 정신적인 명료성을 증가시키고, 깨달음의 요소들은 마음의 최고의 균형과 깨어 있는 자질을 제공한다.

바퀴테도 유사한 지원을 받았다. 세 가지 몸에 대한 명상은 무집착, 몸에 대한 우리의 동일시의 느낌을 줄이는 것, 그리고 우리가 죽음에 직면할 수 있는 능력을 확립했다. 느낌의 무상한 성품에 대한 통찰을 통해 우리는 갈애를 직접 약화시키고, 세 번째 마음챙김의 확립에 기초하여 세 가지 특성[三法印]에 대한 종합적인 통찰에 도달했다. 장애들을 극복하는 것에 기초하여 우리는 깨달음의 요소들을 계발하고 균형 잡히게 하여 어떤 것에도 의존하거나 집착하지 않고 살아가게 된다.

우리가 몸에 대한 알아차림을 확립하는 동안, 네 번째 마음챙김의 확립은 원리적으로 일상생활을 하는 동안 어떤 상황에서도 시작할 수 있는 단일한 수행법으로 합쳐질 수 있다. 몸의 실재에 그런 기반을 두고, 우리는 느낌과 정신적인 수준에서 일어나는 것의 영향들을 알아차릴 수 있고, 예를 들어, 일어나는 것의 무상한 성품을 알아차림으로써 어떤 면에서는 통찰을 일으킬 수도 있다. 이런 방식으로 일상생활의 경험과 정규 명상은 서로를 향상시킬 수 있고, 서로 결합되어 깨달음에 이르는 직접적인 길을 따라 균형 잡히고 지속적인 진보를 만들어 낸다.

아날라요 비구의 마음챙김 확립 수행

마음챙김의 확립 수행의 바퀴

중심축: 체화된 마음챙김
일곱 가지 바탕살:

몸 명상: 1) 해부적 부분들: 피부, 살, 뼈 │무집착(선택: 아름답지 않음 / 성적으로 매력적이지 않음)
2) 요소들: 흙, 물, 불, 바람 │자아가 공함
3) 죽음: 해로, 이 들숨이 마지막이 될 수 있다 │무상

느낌 명상: 4) 즐거운, 괴로운, 중립의 │무상과 조건

마음 명상: 5) 마음챙김하는 / 마음챙김하지 않는, 탐욕 / 탐욕 없음, │무상, 그리하여 고, 그리하여 공
성냄 / 성냄 없음, 미혹 / 미혹 없음

법 명상: 6) 장애들: 감각적 욕망 ───── 해독제: 즐거운 느낌의 무상함, 해부적인 부분들
성냄 ───── 해독제: 괴로운 느낌의 무상함, 공성
해태와 혼침 ───── 해독제: 현재순간의 즐거움, 마지막 호흡으로서의 들숨
들뜸과 후회 ───── 해독제: 현재순간의 즐거움, 날숨에서 긴장완화와 내려놓음
의심 ───── 해독제: 조사

7) 깨달음의 요소들: 마음챙김   = 기반
조사, 에너지, 희열   = 활기
평안, 집중, 균형   = 고요

통찰의 진보: 떨쳐버림 ── 탐욕의 빛바램 ── 소멸 │내려놓음

바퀴테: 어떤 것에도 의존하거나 집착하지 않고 싶어가기

붓다는 이 책의 주제인 네 가지 마음챙김의 확립[四念處]을 설하는 『대념처경(Mahāsatipaṭṭhāna)』에서 '마음챙김 확립 수행'이 팔정도와 열반에 이르는 '유일한 길(ekāyano maggo)'이라고 천명했다. 다시 말해서, 붓다가 가르친 주된 수행법의 이름은 이 책의 제목인 '마음챙김 확립 수행'이라고 할 수 있다.

빠알리 니까야(Pāḷi Nikāya)에는 '수행삼경(修行三經)'이라고 불릴 수 있는 수행에 대한 법문을 다루는 세 가지 경이 있다.『디가 니까야(Dīgha Nikāya, 長部)』의 22번 경인「마하사띠빳타나 숫따 (Mahāsatipaṭṭhāna Sutta, 大念處經)」,『맛지마 니까야(Majjhima Nikāya, 中部)』의 118번 경인「아나빠나사띠 숫따(Ānāpānasati Sutta, 入出息念)」, 119번 경인「까야가따사띠 숫따(Kāyagatasati Sutta, 念身經)」가 그것이다. 이 세 가지 경 모두에 '사띠(sati, 念)'라는 단어가 들어 있는데 이 '사띠'가 바로 '마음챙김'이다. 이 마음챙김을 확립하는 수행이 바로 '마음챙김 확립 수행'이다.

그런데 아날라요는 이 "마음챙김 자체만으로는 충분하지 않다."고 말한다. 우리를 팔정도와 열반으로 인도하는 이 수행에서 마음챙김 자체만으로 부족한 이유는 무엇인가? 빠알리 니까야를 보면, '사띠'는 홀로 언급되는 경우도 있지만, 보통은 그것과 짝이 되는 '삼빠잔냐(sampajañña)' 또는 '삼빠자나(sampajāna)'와 함께 나오는 경우가 많다. 세 번째 선정의 정형구에도 '사또 짜 삼빠자노(sato ca sampajāno)'라는 표현이 나온다. '사또'는 '사띠'의 격변화형이고 '삼빠자노'는 '삼빠자나'의 격변화형이다. '사띠'는 '마음챙김'으로 번역되고, '삼빠자나' 또는 '삼빠잔냐'는 '분명한 알아차림' 또는 '바른 알아차림'이라고 번역된다.

'삼빠자나' 또는 '삼빠잔냐'는 동사형인 '삼빠자나띠(sampajānāti)'에서 나왔다. 접두사 '삼(sam)'은 강조어로서 '분명한' 또는 '바른'을 의미하고, '빠자나띠(pajānāti)'는 '빤냐(paññā, 통찰지, 반야)'의 동사형이다. 그래서 '빠자나띠'는 그냥 보거나 아는 것이 아니라 '꿰뚫어 보다', '꿰뚫어 알다', '통찰하다', '반야하다'라는 의미를 가진다. 이렇게 볼 때, '사띠'와 함께 사용되는 '삼빠자나' 또는 '삼빠잔냐'는 '빤냐'와 밀접한 관계를 가지고 있음을 알 수 있다. '사띠'와 '삼빠자나'가 함께 사용된다는 것은 '사띠'와 '빤냐'가 쌍으로 작용한다고 할 수 있다. 불교 최고의 지혜인 '빤냐' 즉 '반야'가 '사띠'와 함께하기 때문에 마음챙김 확립 수행이 팔정도와 열반에 이르는 유일한 길이 될 수 있는 것이다. 그래서 아날라요도 "마음챙김(sati, 念)이라는 밀가루 반죽이 해탈을 가져오는 통찰의 빵으로 커질 수 있는 것은 이스트와 같은 삼빠잔냐(sampajañña, 正知)와 적당하게 결합될 때 가능하다."고 설명하고 있는 것이다.

마음챙김인 '사띠'와 바른 알아차림인 '삼빠잔냐'가 조화롭게 (yuganandhā) 작용하기 때문에, 아날라요는 이 책의 여러 곳에서 "마음챙겨 알아차린다", "마음챙겨 관찰한다", 또는 "마음챙겨 인식한다" 등과 같은 표현을 하고 있다. 이와 같이 마음챙겨(sati, 念) 바르게 알아차리는(sampajāna, 正知) 것이 심화되면 마음의 동요가 그치고(samatha, 止) 무명을 통찰(vipassanā, 觀)하게 되며, 이것이 더 심화되면 마음이 더 안정되고(samādhi, 定) 무상·고·무아를 통찰하는 지혜(paññā, 慧)로 자연스럽게 인도되며, 이 법들의 균형(upekkhā, 捨)을 잘 유지하면 최종적으로는 탐·진·치가 멸한 열반(nibbāna)에 이르는 것이다.

이 일곱 가지 수행도의 처음이 '사띠(마음챙김)'이고 균형을 유지하는 평정(upekkhā)을 제외하면 마지막 요소가 되는 '빤냐(통찰지)'는 중간에 여러 단계가 있어서 시·공간적으로 다소 떨어져 있는 것으로 보인다. 그렇지만 이것은 시·공간적인 거리가 아니라 설명을 위한 논리적인 거리에 불과하다. 붓다는 '사띠'하면 '빤냐'로 '이끌린다(gatika)'고 설명했다. 다시 말해서 '마음챙김'하면 곧바로 '통찰지 또는 반야'와 함께한다는 것이다. 그래서 붓다의 수행법은 '마음챙김' 수행이라고 할 수도 있고, '통찰지 또는 반야' 수행이라고도 할 수 있게 되는 것이다.

아날라요 비구의 마음챙김 확립 수행

그렇다면 마음챙김 확립 수행의 최종적인 결론은 무엇인가? 그것은 이 '마음챙김'과 함께 작용하는 '통찰지 또는 반야'의 수행 결과가 무엇인지에 대한 대답과 같게 될 것이다. '통찰지 또는 반야'는 모든 법의 '공성(suññata)' 또는 '무아 또는 무실체(anattā)'를 꿰뚫어 보는 것이다. 그래서 아날라요도 "공성에 대한 통찰"이라는 표현을 사용하고 있다. 마음챙김 확립 수행은 네 가지 마음챙김의 주제인 몸·느낌·마음·법의 공성 또는 무실체성을 체득하는 과정이라고 할 수 있다. 이 공성 또는 무아를 마음챙김 확립 수행을 통해 체득하면, 우리는 '어떤 것에도 의존하거나 집착하지 않고 머물게 된다'는 것이 이 책의 결론이다. 아날라요의 표현을 인용하면 "마음의 완전한 자유[解脫]"을 얻게 되는 것이다.

　　이 책을 번역할 수 있도록 해주신 불광출판사의 이상근 주간님, 교정에 많은 정성을 쏟아주신 오세연 선생님, 그리고 이런저런 수고를 아끼지 않으신 불광출판사 관계자 여러 분들께 깊은 감사의 말씀을 드립니다.

나는 독자가 찾아볼 수 있도록 하고 원래 문맥에서 그것을 고려할 수 있도록 하기 위해 설명하는 가운데 인용한 구절에 대한 참고문헌을 제시한다(아날라요 2013: 253ff에 있는 나 자신이 번역한 『맛지마 니까야』 10의 인용은 제외).

제명(題名)

『상윳따 니까야』 47.15	보디 2000: 1645

제1장 마음챙김

『상윳따 니까야』 47.5	보디 2000: 1631
『앙굿따라 니까야』 1.6.1	보디 2012: 97 (52번으로 계산)
『디가 니까야』 15	왈쉬 1987: 226
『맛지마 니까야』 19	냐나몰리 1995 / 2005: 209
『맛지마 니까야』 38	냐나몰리 1995 / 2005: 360
『상윳따 니까야』 47.9	보디 2000: 1637
『상윳따 니까야』 47.14	보디 2000: 1645
『상윳따 니까야』 35.206	보디 2000: 1255 (247번으로 계산)
『상윳따 니까야』 47.20	보디 2000: 1649
『맛지마 니까야』 119	냐나몰리 1995 / 2005: 954
『앙굿따라 니까야』 8.19	보디 2012: 1144
『상윳따 니까야』 45.4	보디 2000: 1526
『맛지마 니까야』 119	냐나몰리 1995 / 2005: 955

제3장 마음챙김의 확립

『맛지마 니까야』 118	냐나몰리 1995 / 2005: 943
『상윳따 니까야』 47.4	보디 2000: 1630
『위방가』 193	티띨라 1969: 251
『디가 니까야』 18	왈쉬 1987: 298
『상윳따 니까야』 47.19	보디 2000: 1648
『상윳따 니까야』 47.40	보디 2000: 1659

제3장 해부

『상윳따 니까야』 21.5	보디 2000: 717
『맛지마 니까야』 54	냐나몰리 1995 / 2005: 469
『맛지마 니까야』 75	냐나몰리 1995 / 2005: 611
『앙굿따라 니까야』 7.48	보디 2012: 1039 (51번으로 계산)
『디가 니까야』 28	왈쉬 1987: 420
『앙굿따라 니까야』 9.15	보디 2012: 1270
『상윳따 니까야』 54.9	보디 2000: 1773

제4장 요소들

『앙굿따라 니까야』 6.41	보디 2012: 904
『맛지마 니까야』 28	냐나몰리 1995 / 2005: 279
『앙굿따라 니까야』 9.11	보디 2012: 1262
『맛지마 니까야』 62	냐나몰리 1995 / 2005: 528

제5장 죽음

『맛지마 니까야』 13	냐나몰리 1995 / 2005: 183
『앙굿따라 니까야』 3.38	보디 2012: 240 (3번으로 계산)
『맛지마 니까야』 26	냐나몰리 1995 / 2005: 256
『앙굿따라 니까야』 6.19	보디 2012: 876
『앙굿따라 니까야』 8.73	보디 2012: 1219
『앙굿따라 니까야』 3.91	보디 2012: 325 (92번으로 계산)
『맛지마 니까야』 140	냐나몰리 1995 / 2005: 1093

제6장 느낌

『상윳따 니까야』 47.49	보디 2000: 1664
『상윳따 니까야』 36.6	보디 2000: 1264
『상윳따 니까야』 52.10	보디 2000: 1757
『상윳따 니까야』 1.38	보디 2000: 116
『앙굿따라 니까야』 6.55	보디 2012: 933
『맛지마 니까야』 36	냐나몰리 1995 / 2005: 341
『맛지마 니까야』 70	냐나몰리 1995 / 2005: 578
『맛지마 니까야』 44	냐나몰리 1995 / 2005: 402
『상윳따 니까야』 36.29	보디 2000: 1283 (31번으로 계산)
『맛지마 니까야』 137	냐나몰리 1995 / 2005: 1070
『상윳따 니까야』 22.95	보디 2000: 951
『상윳따 니까야』 36.12	보디 2000: 1272

제7장 마음

『디가 니까야』 2	왈쉬 1987: 106
『맛지마 니까야』 5	냐나몰리 1995 / 2005: 108
『맛지마 니까야』 51	냐나몰리 1995 / 2005: 450
『맛지마 니까야』 19	냐나몰리 1995 / 2005: 208
『상윳따 니까야』 47.35	보디 2000: 1657
『상윳따 니까야』 45.27	보디 2000: 1537
『상윳따 니까야』 47.3	보디 2000: 1629
『상윳따 니까야』 47.15	보디 2000: 1645
『상윳따 니까야』 47.16	보디 2000: 1646
『상윳따 니까야』 47.47	보디 2000: 1662
『상윳따 니까야』 47.47	보디 2000: 1663
『상윳따 니까야』 47.21	보디 2000: 1650
『앙굿따라 니까야』 4.49	보디 2012: 437
『담마빠다』 1	노만 1997 / 2004: 1

제8장 장애들

『맛지마 니까야』 28	냐나몰리 1995 / 2005: 283
『상윳따 니까야』 47.40	보디 2000: 1660
『맛지마 니까야』 152	냐나몰리 1995 / 2005: 1147
『맛지마 니까야』 91	냐나몰리 1995 / 2005: 747
『상윳따 니까야』 3.13	보디 2000: 176
『상윳따 니까야』 12.63	보디 2000: 598
『상윳따 니까야』 47.19	보디 2000: 1648
『상윳따 니까야』 46.52	보디 2000: 1603
『앙굿따라 니까야』 7.58	보디 2012: 1060 (61번으로 계산)
『앙굿따라 니까야』 6.55	보디 2012: 933
『상윳따 니까야』 47.14	보디 2000: 1645
『상윳따 니까야』 46.55	보디 2000: 1611
『디가 니까야』 2	왈쉬 1987: 101

제9장 깨달음

『맛지마 니까야』 118	냐나몰리 1995 / 2005: 945
『상윳따 니까야』 54.13	보디 2000: 1782
『상윳따 니까야』 54.14	보디 2000: 1785
『상윳따 니까야』 54.15	보디 2000: 1786
『상윳따 니까야』 54.16	보디 2000: 1786
『상윳따 니까야』 46.3	보디 2000: 1571

아날라요 비구의 마음챙김 확립 수행

『앙굿따라 니까야』 10.2　　　　　보디 2012 : 1340
『맛지마 니까야』 117　　　　　　냐나몰리 1995 / 2005 : 934
『상윳따 니까야』 55.5　　　　　보디 2000 : 1793
『상윳따 니까야』 46.53　　　　보디 2000 : 1607
『상윳따 니까야』 46.53　　　　보디 2000 : 1603
『상윳따 니까야』 47.51　　　　보디 2000 : 1665
『상윳따 니까야』 46.77　　　　보디 2000 : 1662
『상윳따 니까야』 46.4　　　　　보디 2000 : 1573
『상윳따 니까야』 46.3　　　　　보디 2000 : 1571
『상윳따 니까야』 46.51　　　　보디 2000 : 1598
『상윳따 니까야』 46.52　　　　보디 2000 : 1604
『맛지마 니까야』 118　　　　　　냐나몰리 1995 / 2005 : 944
『상윳따 니까야』 22.101　　　보디 2000 : 960
『앙굿따라 니까야』 8.91　　　보디 2012 : 1143
『상윳따 니까야』 22.101　　　보디 2000 : 960
『상윳따 니까야』 47.42　　　　보디 2000 : 1660
『상윳따 니까야』 46.24　　　　보디 2000 : 1584

결론

『상윳따 니까야』 56.37　　　　보디 2000 : 1861
『상윳따 니까야』 47.8　　　　　보디 2000 : 1634
『상윳따 니까야』 47.7　　　　　보디 2000 : 1633
『상윳따 니까야』 47.6　　　　　보디 2000 : 1632
『상윳따 니까야』 47.10　　　　보디 2000 : 1639

Anālayo 2003:   *Satipaṭṭhāna, The Direct Path to Realization*,
                 Birmingham: Windhorse Publications.

_____ 2012:   *Excursions into the Thought-world of the Pāli*
                 Discourses, Washington: Pariyatti.

_____ 2013:   *Perspectives on Satipaṭṭhāna*, Cambridge:
                 Windhorse Publications.

_____ 2014a: "Exploring Satipaṭṭhāna in Study and Practice",
                 Canadian Journal of Buddhist Studies, 10: 73 – 95.

_____ 2014b: "The Mass Suicide of Monks in Discourse and
                 Vinaya Literature", *Journal of the Oxford Centre*
                 for Buddhist Studies, 7: 11 – 55.

_____ 2015:   *Compassion and Emptiness in Early Buddhist*
                 Meditation, Cambridge: Windhorse Publication.

_____ 2016:   *Mindfully Facing Disease and Death, Compassionate*
                 Advice from Early Buddhist Texts, Cambridge:
                 Windhorse Publications.

_____ 2017a: *Early Buddhist Meditation Studies*, Barre: Barre
                 Center for Buddhist Studies.

_____ 2017b: "The Luminous Mind in Theravāda and
                 Dharmaguptaka Discourses", *Journal of the Oxford*
                 Centre for Buddhist Studies, 13: 9 – 49.

_____ 2017c: *A Meditator's Life of the Buddha, Based on the Early*
                 Discourses, Cambridge: Windhorse Publications.

_____ 2018a: "The Bāhiya Instruction and Bare Awareness", *Indian*
                 International Journal of Buddhist Studies, 19: 1 – 19.

_____ 2018b: "Once Again on Mindfulness and Memory",
                 Mindfulness, 79: 1 – 6.

_____ 2018c: *Rebirth in Early Buddhism and Current Research*, Boston: Wisdom Publications.

_____ forthcoming a: "Binge Eating and Mindfulness in Ancient India".

_____ forthcoming b: *Mindfulness of Breathing, A Practice Guide and Translations*.

Bodhi, Bhikkhu 2000: *The Connected Discourses of the Buddha, A New Translation of the Saṃyutta Nikāya*, Boston: Wisdom Publications.

_____ 2012: *The Numerical Discourses of the Buddha, A Translation of the Aṅguttara Nikāya*, Boston: Wisdom Publications.

Ñāṇamoli, Bhikkhu 1995/2005: *The Middle Length Discourses of the Buddha, A Translation of the Majjhima Nikāya*, Bhikkhu Bodhi (ed.), Boston: Wisdom Publications.

Norman, K.R. 1997/2004: *The Word of the Doctrine* (*Dhammapada*), Oxford: Pali Text Society.

Thiṭṭila, P.A. 1969: *The Book of Analysis* (*Vibhaṅga*), *The Second Book of the Abhidhammapiṭaka, Translated from the Pāḷi of the Burmese Chaṭṭasaṅgīti Edition*, London: Pali Text Society.

Walshe, Maurice 1987: *Thus Have I Heard; The Long Discourses of the Buddha*, London: Wisdom Publications.

책 전체가 '마음챙김의 확립'에 대한 것이기 때문에 이 용어의 [그리고 이 책 도처에 끊임없이 나오는 관련 용어들의] 사용은 포괄적인 용어로 포섭하여 최소화하였다. 그러므로 해당하는 상세한 주제들은 대체로 포괄적 용어 아래에서 찾을 수 있도록 하였다. 많은 용례들을 갖고 있는 주제들의 경우에는 이 주제들이 어떤 하위 주제들로 나뉘든지 가능한 한 그 주제에 대한 가장 중요한 용어들만을 열거하였다.

- 「교리문답의 짧은 경(Cūḷavedalla-sutta)」193, 194
- 「두 가지 사유 경(Dvedhāvitakka-sutta)」30, 228
- 「라훌라를 교계한 긴 경(Mahārāhulovāda-sutta)」130, 132
- 「마음챙김의 확립 경」17, 18, 26, 27, 34, 38, 39, 54, 55, 59~62, 67, 80, 85, 88, 95, 96, 100, 120, 140, 154, 189, 193, 197, 215, 219, 223, 226, 229, 272, 277~279, 282, 295, 301, 309, 310, 313
- 「마음챙김의 확립 상윳따」24, 57, 76, 181, 236, 247, 329, 331
- 「방법 경(Pariyāya-sutta)」255, 294, 295
- 『상윳따 니까야』89, 106, 185, 251, 285, 300, 322, 328
- 『중아함경(中阿含經, Madhyama-āgama)』95
- 『증일아함경(增一阿含經, Ekottarika-āgama)』96, 106, 120, 122, 278

ㄱ

- 가르침(들) 61, 62, 77, 131, 189~191, 215, 216, 219~224, 228, 229, 277~282
- 가정 123, 125, 184, 237, 320
- 갈등/상충/모순 75, 128, 151, 227, 285
- 갈애 173, 185, 198, 201, 298, 304, 319, 322, 324, 335
- 감각(들) 117, 118, 178, 182, 197, 324
  감각의 문(門) 46, 47, 50, 62, 181, 191, 250
  감각적 욕망 90~93, 105, 110, 162, 184, 193, 195, 200, 238, 244, 249, 251, 263, 266, 267, 301
  감각적 욕망의 탐닉 91, 92, 94, 96, 192, 248, 326
- 감정 상태 208
  감정적인 반응 176, 275
- 강박관념 93, 319
- 개개의 명상 74, 80, 295, 313, 315
  개인의/개인적인 경험 34, 99, 124, 189, 234
  개인의 명상 74
- 개념 27, 28, 30
- 거처[處] 33, 43, 46
- 걷기 38, 41
  걷고 있는 110
  걷기 명상[行禪] 119, 162, 197, 235, 258, 262
  걷는 것 35
  걷는 명상 35, 110
- 게으름/나태 219, 256, 257, 307, 331
- 견고성/견고함/단단함 116, 128, 133, 136, 145, 163
- 계발(bhāvanā) 77, 85
- 고(苦, dukkha) 185, 234, 320
  고통 178, 179, 191~193, 196, 200, 235
  고통스러운 느낌 185, 188, 202

- 고통에 대한 경험 184
  고통의 경험 185, 322
  괴로운 느낌 170, 171, 174, 178, 190, 254
  괴로움 131, 171
  둑카(dukkha, 苦) 143, 144, 185, 189, 201, 233, 235, 297, 299, 306, 320
  둑카의 진리 321
- 고요 29, 282
  고요의 계발 223, 331
  고요하게 하는 158, 268, 288, 289, 295, 296, 307
  고요함 221, 222, 287, 294
- 골격/해골 104, 140, 146, 149, 162, 166, 325
- 공(空) 126
  공간 33, 126, 132, 134, 178
  공간의 인식 132, 133, 134
- 공기 151
  공기의 움직임 115
- 공상 26, 200
- 공성(空性) 78, 126, 127, 128, 132, 233, 237, 254, 299
  공성의 통찰 128
- 공연 47
- 공포 319
  공포관리이론(TMT) 143, 150, 155
- 관점 60
- 관찰 25, 44, 59, 178, 192, 222
  관찰하는 104, 105, 206, 212, 224
- 권태 195, 256
- 균형 102, 103, 105~107, 273, 297, 281, 286, 287, 289, 294~296, 302, 303, 307, 310, 311, 312, 316, 332, 335, 336
  균형 감각의 상실 44
  균형의 상실 107, 296, 332
- 그려보는 27
- 근면 25, 67, 84

- 근원 또는 뿌리 131
- 기반 41, 43, 81, 99, 172, 176, 230, 336
- 기본적인 자질 209, 305
- 기쁨 93, 188, 219
  기뻐하는 것 217, 218
  기뻐함 257, 263
- 기억 22, 24, 25, 51, 135, 200, 274, 275
- 기온 182
- 긴장 181, 246, 288
- 깊은 집중 192, 193, 223
  깊은 차원 239
- 깨달음 58, 59, 65, 192, 225, 243,
  272~274, 276, 277, 309, 321, 322
  깨달음에 이르는 직접적인 길 17, 54,
  336
  깨달음의 요소 274, 280~282, 286, 297
- 깨어 있는 276
  깨어 있는 자질 319, 335
- 끈기 288
- 끌림 249, 253
- 끓는 지점 263, 268

ㄴ

- 나태 → 게으름
- 날숨 154, 155, 164, 166, 259, 312, 334
- 내적인 균형 136, 286
- 네 가지 마음챙김 67, 303
  네 가지 마음챙김의 확립 59, 62, 64,
  313, 314, 324, 325
  네 가지 성스러운 진리 62
- 노력 25, 45, 58, 60, 63, 64, 67, 77, 78,
  83, 156, 157, 159, 177, 181, 258, 259
- 눈물 163
- 느낌 172, 232, 233, 303, 306, 313,
  314, 320
  느낌(의) 상태 200, 208, 209, 232

- 느낌과 반응 171, 173
  느낌들 76, 158
- 능가할 수 없는 222
  능가할 수 있는 221, 222
- 능숙한 것 261
- 닙바나(Nibbāna, 열반) 29, 59, 243, 297,
  299, 300, 301, 319, 329

ㄷ

- 다섯 가지 자질 329, 330
- 다섯 무더기[五蘊] 26, 61, 62
- 단순(성) 62, 172, 176, 324
- 도덕[戒](성) 151, 236
- 동물 46, 47, 148, 330
- 동요 149, 155, 157, 166, 289, 307
- 동일시 134, 135, 223, 234, 237, 247,
  319, 321, 335
- 둑카(dukkha, 苦) → 고(苦, dukkha)
- 들뜸과 후회 244, 255, 263, 266~268,
  327
- 들숨 154, 166
- 들음/듣는 것 209, 250
- 딱딱함/딱지 114~116, 123
- 떨쳐버림/떨쳐버리는 것 94, 297, 298,
  300, 302

ㅁ

- 마음 36, 37, 42~45, 55, 107, 108, 129,
  131, 136, 176, 177~180, 186~188,
  208, 209, 212, 221, 224, 226, 227, 262,
  275, 276, 279, 281~283, 286,
  300~305, 307, 311~317
  마음 상태 24, 32, 33, 63, 131, 180,

208, 212, 217, 219, 223, 233
마음속에 그리는 것 163, 164
마음으로 말하기 27
마음의 공간 128
마음의 상태들 220
• 마음챙김 27, 43, 71, 109, 110, 198,
230, 254, 317
마음챙겨 관찰하는 104, 170, 195, 223,
238, 248
마음챙겨 알아차리는 172, 220, 245,
248, 254, 255
마음챙겨 인식하는 103
마음챙기는 관찰 72
마음챙기는 명상 248
마음챙김 관찰 32, 33, 180
마음챙김 확립의 계발 69, 247
마음챙김과 개념 27
마음챙김으로 해야 할 일 107, 216,
251, 265
마음챙김을 뿌리내리게 165
마음챙김을 잊는 것 107
마음챙김을 잊어버림 23
마음챙김의 계발 28, 45, 255, 317
마음챙김의 넓고 열린 수용성 65
마음챙김의 뿌리를 내리는 것 335
마음챙김의 연속 110, 311
마음챙김의 연속성 34, 38, 48, 279
• 맛 49, 165, 235, 243
• 매력 56, 92, 96, 103, 252
• 맵(map) 97, 103, 116, 228
• 머리 47, 48, 96, 100, 102, 117, 123,
126, 174
• 먹는 것/먹이 148, 150, 183, 251, 252,
253
• 멧따(mettā, 자애) 255
• 명료성 155, 228, 246, 257, 258, 266
• 명상 106, 218, 222, 224~226, 230,
231, 255, 259, 321, 323, 331, 332
명상 경험 62, 80, 81, 97, 223, 225

명상 계발 29, 331
명상 주제 26, 297, 298, 299, 300, 301,
312
명상(의) 진보 84, 315
명상의 계발 275
명상적 계발 36
• 명색(名色) 29, 304, 307
• 모순 → 갈등
• 모아짐 283
• 목표 82, 102, 192, 219, 224, 266, 322,
324
• 몰입 55, 88, 191, 193, 195, 222~225,
230, 284, 285, 296
몰입 증득 283, 284
• 몸 77, 89, 90, 97, 98, 99, 110, 177,
180, 182, 237, 312
몸 스캔 249, 254, 310
몸 전체에 대한 알아차림 34, 41, 42,
46, 48, 65, 135, 145, 315
몸에 대한 마음챙김 32, 33, 34, 63, 70,
71, 74, 82, 311
몸에 대한 명상 56, 57, 104, 311, 325
몸의 균형 36
몸의 균형을 잃는 것 36, 231
몸의 성품 88
몸의 아름다움 120, 311, 319, 334
몸의 액체들 115, 163
몸의 자세 34, 61
몸의 활동 38, 39
몸의 활동들에 대한 알아차림 39
몸이라는 존재 311
몸이라는 존재의 불안정성 151, 305,
306, 311
• 묘지 140, 141, 148
• 무게 123, 163, 225
• 무기력 219
• 무명 156, 157, 300, 324
무명 또는 무지 155, 193
• 무상(無常) 67, 78, 79, 80, 196, 233,

298, 299, 314, 315, 320, 321
무상에 대한 알아차림 232, 235
무상의 궁극 152, 165, 238, 320
- 무아(anattā) 67, 126, 128, 151, 234, 321
- 무지 172, 177, 195
- 무집착 103, 109, 119, 135, 164, 249, 335
무집착의 계발 111, 155
무집착의 태도 110
- 물 114, 115, 116, 117, 118, 123, 129~131, 133, 134, 136, 163, 183, 254, 263
- 물질의 공한 성품 122
- 미묘한 고통 186, 189, 312
- 미묘한 기쁨/희열 40, 186, 189, 232, 313, 334
- 미묘한 즐거운 느낌 202
- 미혹 191, 200, 206, 207, 214, 216, 218, 219, 232, 239, 326
- 밋차 사띠(micchā sati) 24

ㅂ _____

- 바깥 테 83, 111
- 바꾸는 것 214
- 바람 114, 115, 117, 119, 123, 124, 129, 130, 131, 133, 134, 136, 151, 198, 263, 314
- 바른 견해/노력[正勤]/삼매[正定]/생계/ 의도[正思惟]/정진/집중→팔정도
- 바퀴테 135, 165
- 바큇살 63, 83, 88, 170, 237, 258, 260, 319
- 밖의 명상 71, 79
밖의 차원 71~73, 77
- 반응 44, 95, 130, 132, 144, 155, 157, 171, 172, 173, 178, 179, 180, 184, 185,

202
- 발 96, 100, 105, 117, 120, 174
- 방석 72, 123, 300, 327
- 배고픔 92, 183
- 백정 120, 122, 149
- 법 76, 77, 78, 79, 238, 298, 302, 305, 312, 313
법들에 대한 명상 54, 58, 59, 60, 61, 64, 211, 242, 243, 244, 267, 306
법에 대한 두 가지 명상 216
법에 대한 마음챙김 77
법의 조사[擇法] 272, 273, 277, 278, 287~289, 292, 293, 295
- 변화/변화무쌍함 63, 64, 71, 78, 79, 82, 84, 184, 197, 198, 225, 316, 317, 332
- 병 90
- 보호 50, 329, 331
- 부정성 33, 107, 172
- 부정적 성향 104
- 부패 56, 57, 140~142, 145, 146, 154, 165, 166, 313, 323, 325
- 분리 129, 209
- 분명하게 아는 것 28, 233
분명한 알아차림 40
- 분별 122, 298
- 분해 145, 146, 148
- 불만 67, 83, 250, 286
- 불사(不死) 144, 162, 165, 335
- 불쾌한 느낌 178, 179
- 브라흐마위하라(brahmavihāra, 梵住) 221
- 비세속적인 느낌 191, 193
비세속적인 중립적 느낌 195
비세속적인 즐겁지 않은 느낌 194
- 비유 30, 49, 91, 94, 265, 266, 267, 330
- 뼈 99, 102, 110, 141, 149
- 뿌리내림 110
뿌리내리게 135, 198, 317, 254
뿌리를 내리고 197

ㅅ

- 사띠(sati, 念) 22, 26, 42, 43, 44, 51, 265, 276, 277, 288
- 사라짐 77, 78
  사라지는 68, 77, 153
- 사성제 189
- 산란함 22, 23, 110, 135, 187, 218, 220, 231
  산란한 마음 220
- 산소 129, 151, 152, 164, 183, 242, 303
- 살 88, 97, 99, 100, 140, 145
- 삶의 부침(浮沈) 159
- 삼빠잔냐(sampajañña) 28, 32
- 상세한 접근법 100
- 생계 236
- 성냄 206~208, 214, 216, 218, 219, 232, 239, 253, 254, 257, 263, 266, 337
- 성스러운 진리 185, 321, 322, 323
- 성적인 욕망 90, 105, 249
- 세속적인 191
  세속적인 느낌 189, 193
  세속적인 즐거운 느낌 193
  세속적인 즐겁지 않은 느낌 194
- 소멸 59, 299, 300, 307, 321, 327
- 소유 125, 155
  소유권 153, 321, 334
  소유자 312
- 소치는 사람(의 비유) 30, 32, 79, 319, 330
- 수용성 27, 46, 51, 274, 275, 330, 331
- 수행 54, 56, 58, 60, 61, 145, 155, 257, 260, 287
  수행(의) 바퀴 88, 140, 333, 334
  수행(의) 바퀴살 82, 329, 332
  수행법 62
  수행이라는 바퀴 135
  수행하지 않는 마음 78
- 순수한 알아차림 80

- 순차적인 증강 274, 280~282, 286, 287, 297
- 스캔 103, 106, 108, 109, 111, 117, 118, 174, 175, 178, 310
  스캔에서 열린 수행으로 108
- 슬픔 67, 286
- 시체 56, 57, 61, 141, 142, 148~150, 154, 321, 323
- 식(識) 29
- 식사 251
- 신체 89
  신체의 아름다움 312
- 실제적인 단순화 96
- 실제적인 자아 237
- 싫어하는 마음 95, 302
- 심상화 146

ㅇ

- 아름다움 43, 51, 56, 74, 89, 90, 94, 237, 312, 320
- 안거(安居) 수행 196, 236
- 안정(성) 37, 130, 296
- 안팎의 수행 차원 152
- 앉아 있는 자세 36, 178
- 알아차림[正知] 30, 32, 37, 38, 40, 59, 61~63, 78, 98~100, 208, 210, 212, 233, 315
  알아차리는 것 32, 34, 78
  알아차리다 84
  열린 알아차림 62, 79, 110, 135, 231, 266, 302, 315, 316
- 앎 39
  아는 것/자질 38, 67, 83
  앎의 과업 109
  앎의 과정 26
  앎의 흐름 26

- 액체들 115
- 양자물리학/역학 122, 126, 128, 134
- 어떤 것에도 집착하거나 의존하지 않게 하는 것 333
  어떤 것에도 집착하거나 의존하지 않고 머무는/살아가는 것 83, 85, 111, 238, 267, 300, 303, 319
- 얼굴 표정 69, 181, 207
- 에고 128, 151, 223, 254
- 에너지[精進] 194, 256, 257, 267, 272, 273, 287, 288, 293, 294, 307
- 역겨움 105, 106, 130
- 연결 116, 123, 124, 136
- 연기 323
- 연꽃 74, 227, 324, 325
- 연속(성) 35, 37, 38, 54, 125, 152, 153, 200, 328
  연속적인 마음에 대한 명상 방법 231
  연속적인 수행 49, 76, 198
  연속적인 수행법 55, 84, 325, 326
- 연주 65
- 영감 18, 130, 218, 251, 257, 258, 267
- 예류자 285
- 오염원들 26, 217, 219, 220, 225, 266, 267, 312, 313, 322, 328, 334
- 온도 114, 116, 118, 124, 133, 136
- 왜곡된 인식 237, 320
- 외부에 대한 명상 293
- 요니소 마나시까라(yoniso manasikāra) → 현명하거나 통찰적인 주의
  아요니소 마나시까라(ayoniso manasikāra) 306
- 요소들과 죽음 163
  요소들에 대한 명상 116, 119, 120, 123, 125, 126, 129, 135, 151, 153, 155, 312
- 욕망 67, 171, 207, 232, 249, 250, 251
- 욕심 286
- 우리가 해야 할 일 45
- 우여곡절 71, 76
- 움직임 114, 115, 118, 119, 129, 131, 134, 136
- 위빳사나 전통 309
- 위축된 마음의 상태 219
- 유익한 191, 278, 294
  유익한 기쁨 238
  유익한 희열 273, 280, 281, 282
- 육체 190
  육체적 아름다움 89, 103, 249
  육체적 존재의 불안정성 129, 157
  육체적인 몸 34
- 음식 125, 129, 153, 250~253, 303, 304, 306, 328
- 음악 47, 65, 259
- 응집력(의 자질) 114, 116, 123, 124, 133
- 의도 22, 44, 45, 191, 226, 233, 281
- 의무 18
- 의미 기억 23
- 의식[識] 26, 191, 284
- 의심 226, 244, 260, 266, 268
- 의존 129, 149, 156, 161, 201, 319
  의존하여 일어남(paṭicca samuppāda, 緣起) 173
  의존하지 않고 머무는 것 82
- 의지 297, 310
- 이름 171, 228
- 이스트 28, 39
- 익숙함 174, 190, 316
  익숙해지는 62, 72, 108, 180, 314, 319
- 인내(심) 73, 194, 215, 262
- 인식 88, 93, 209, 233, 254, 257, 258
  인식의 왜곡 237
- 일곱 가지 명상 18, 82, 84, 311, 313, 316, 327, 334
- 일상생활 36, 70~72, 74, 75, 159, 303, 324
- 일어남과 사라짐 78
  일어나고 사라지는 성품 68, 76, 77, 79, 152

아날라요 비구의 마음챙김 확립 수행

ㅈ

- 자기 수용적 알아차림 35, 36, 47, 67, 231
- 자기 의지 261
- 자기기만 215, 256
- 자동조종장치 모드 35, 156, 327
- 자비 129, 136, 209, 225~227, 311, 323
- 자세 58, 179, 182, 183, 207
- 자아 117, 122, 124, 126, 224, 234, 237, 311, 320
- 자연스러운 진보 281, 298
- 자유(로움) 28, 67, 93, 95, 135, 185, 200
- 자질 26, 67, 81, 83, 84, 114
- 작업 기억 23
- 장애(들) 58~60, 222, 273, 305~307, 313, 314, 321, 322, 326, 327
- 재료 40
- 저항 29, 45, 114, 179
- 전념 40, 41
- 점차적인 진보 302
- 정규 명상 37, 42, 70, 71, 74~76, 260, 292, 293, 325, 334, 336
- 정서적인 성격 158, 170, 175, 176, 180, 190, 193, 200
- 정신 계발 333
  정신 상태 24, 25, 181, 182, 216, 219, 238, 275
  정신의 균형 130
  정신의 균형을 잃은 것 231
  정신적 공간 33, 133, 331
  정신적 명료함 263, 266, 267
  정신적 상태에 대한 명상 265
  정신적인 계발 97
  정신적인 균형 243
  정신적인 명료성 319, 335
  정신적인 상태 62, 63, 69, 229, 230, 233, 255, 263, 313, 314, 320
  정신적인 상태들에 대한 명상 190, 206, 228, 242, 247, 317
  정신적인 자질 24, 26, 59, 132
  정신적인 조건 243, 247
- 정체성 92, 124, 143, 153, 311
  정체성 감각 93
- 정취(靜趣) 27, 36, 230, 244, 247, 276, 278
- 조건 126~129, 242~245, 257, 263, 284, 313, 317, 325
- 조사 248, 252, 253, 261, 262, 268, 293
- 좌선 314
  좌선 명상 72
  좌선 자세 109, 110, 134, 175, 262
- 주의 100~102, 105~107, 151, 152, 154, 162, 171, 173, 174, 182, 208, 210, 211, 305, 306
  주의력 27, 211, 329
  주의를 기울이는 166, 258, 267, 268, 313
- 주인 148
- 죽음 57, 142~144, 156, 158, 159, 161, 166, 201, 311, 312, 319, 320, 321, 323, 325, 327, 329, 334, 335
  죽은 물질 29, 105, 149
  죽음 명상 149
  죽음 없음[不死] 312
  죽음에 대한 명상 150, 152, 158~161, 163, 165, 227, 242, 312, 314, 317
  죽음에 직면하는 것 146, 326
  죽음을 상기시키는 것 325
  죽음을 잊지 않게 하는 것 162
  죽음을 잊지 않는 명상 164,
  죽음의 불가피함을 상기하는 수행 61
- 중립적인 171, 177
  중립적인 느낌 69, 158, 170~172, 174, 177, 179, 189, 190, 193, 196, 208
- 중심(축) 47, 48, 50, 62, 63, 82, 83, 111, 317, 319, 324, 333~335
- 즐거움 91, 131, 171, 192

즐거운 175
즐거운 느낌 170, 171, 174, 179,
186~188, 190, 194, 249, 316
즐거워하는 281
즐겁지 않은 193
- 지각 191
- 지속적인 계발 273
지속되는 흥미 287, 288
지속적으로 계발하는 것 70
- 지혜 32, 106, 151
- 직접적인 경험 75, 76, 116, 134, 179,
202, 310, 317, 321~323
- 진리 189, 197
- 진보 94, 96, 191, 192, 194, 215, 217,
218, 224, 225, 297, 299, 316, 321, 331
- 진실 144, 158
- 진전 62, 72, 82, 97
- 진행 99
- 질병 143, 144, 184, 185, 200, 266, 268
- 집중[定] 223, 224, 229, 272, 273,
281~283, 287, 289, 294, 296, 297,
328, 331
집중수행 37, 71
집중적인 수행 236, 332
- 집착 57, 58, 122, 123, 149, 161, 165,
201, 297~299, 312, 316, 322, 336
- 짜증 130, 171, 182, 326

ㅊ _____

- 차별 90, 227
- 책임 125, 209
- 체온 163
- 체화된 마음챙김 40, 46, 47, 75, 229,
231, 334
체화된 마음챙김의 연속성 326
체화된 알아차림 36, 37, 50, 209

- 초기불교 명상 222
초기불교 명상이론 88
초기불교 사상 44, 114, 126, 144, 225
- 추동(推動) 172, 178, 202
- 친절(함) 73, 127, 128, 209, 225, 227,
311

ㅋ _____

- 쾌락적 느낌 175
- 쾌락적 성격 324

ㅌ _____

- 탐구심 278, 279, 329
- 탐욕 24, 191, 200, 206, 207, 214, 218,
219, 232, 239, 301
탐욕의 빛바램 59, 131, 297~300, 303,
307, 321
- 태도 95, 96, 103, 105, 109, 192, 235,
245, 246, 278, 279, 280
- 통제 44, 45, 125, 126, 153, 156, 227,
233, 234, 319
통제권/력 126, 153, 163
- 통찰 28~30, 57, 75, 78~80, 84,
128, 195, 196, 223, 234, 235, 237, 239,
331~333, 335, 336
통찰 차원 119, 323
통찰의 계발 56, 195, 332
통찰의 관점 201
통찰적 이해 57, 181, 251
통찰적이지 못한 주의 305
통찰적인 주의 305, 306
- 투사 237, 320
- 특성 133

아날라요 비구의 마음챙김 확립 수행

ㅍ

- 팔정도 55, 189, 236, 248, 283~285, 293, 322, 323
  바른 견해 185, 235, 236, 248, 284, 285, 322, 323
  바른 노력[正勤] 55, 247, 248, 293, 323
  바른 삼매[正定] 55
  바른 생계 323
  바른 의도[正思惟] 236, 226, 248
  바른 정진 293
  바른 집중 283, 284, 285
- 평온함 184, 283, 288, 294
- 평정 128, 158, 159, 195, 285
- 포괄성 33, 82, 276
- 표제 223
- 피 88, 95, 102, 145
- 피부 88, 90, 95, 97, 99, 105, 115, 140
  피부, 살, 뼈 96, 97, 98, 100, 103, 104, 109~111, 118, 119, 249

ㅎ

- 한거(閑居) 71
- 해골 → 골격
- 해로운 24, 28, 110, 173, 207, 208, 214, 215, 219, 226, 229, 250, 261, 278, 293, 297, 298, 331
  해로운 것 191
  해로운 반응 172, 200
- 해부학적 구조 60, 88, 110, 111, 118, 119, 135, 257
  해부학적인 부분들 56, 57, 60, 63, 69, 81, 91, 94~96, 98, 102, 103, 107, 109~111, 116~118, 120, 130, 135, 141, 142, 145, 152, 155, 164, 165, 174, 211, 212, 227, 237, 249, 267, 311, 313, 314, 316, 317, 326, 334
- 해탈 28, 30, 58, 63, 82~84, 144, 145, 192, 193, 329, 331
  해탈에 이르게 하는 통찰 28, 252, 325
- 해태와 혼침 244, 263, 266, 267, 327
- 행복 94, 127, 128, 188, 189, 192, 193, 218, 237, 238, 249, 282
- 행선 → 걷기 명상
- 현명하거나 통찰적인 주의 (yoniso manasikāra) 305, 306
  현명한 사용 51
- 현상(들) 74, 78, 79, 171, 231, 235, 299, 302, 314
- 현재 순간 경험 156, 176, 324
  현재 순간의 알아차림 64, 99
- 혐오(감) 96, 103, 105, 107, 130, 131, 170, 171, 207, 217
- 호흡 54, 59, 61, 115, 118, 119, 124, 149, 150, 152~155, 157, 258, 314, 316
  호흡 과정 118, 135, 312, 335
- 화 72, 74, 76
- 환상 33, 135
- 훈련되지 않은 마음 177, 192
- 흙 123, 129~131, 133, 134, 136, 145, 163, 164, 183
  흙의 요소 114, 115, 117, 118, 129
- 희열[喜] 272, 273, 285, 287~289, 294, 296, 297
- 힘줄(들) 88, 101, 102, 140, 145

마음챙김 수행의 가장 중요한 면은
현재 순간에 머무는 것이다.
마음챙김의 확립 명상은 과거의
어떤 것을 기억하는 것에 관한 것이 아니라,
현재 순간에 온전하게 존재하는 것에
관한 것이다.

아날라요 비구의
마음챙김 확립 수행
Satipaṭṭhāna Meditation:
A Practice Guide

2019년 8월 5일 초판 1쇄 발행

지은이 아날라요 비구(Bhikkhu Anālayo) • 옮긴이 김종수
발행인 박상근(至弘) • 편집인 류지호 • 편집이사 김선경
편집 이상근, 양동민, 주성원, 김재호, 김소영
디자인 쿠담디자인 • 제작 김명환 • 마케팅 허성국, 김대현, 최창호, 정승채, 이선호 • 관리 윤정안
펴낸 곳 불광출판사 (03150) 서울시 종로구 우정국로 45-13, 3층
　　　대표전화 02) 420-3200 편집부 02) 420-3300 팩시밀리 02) 420-3400
　　　출판등록 제300-2009-130호(1979. 10. 10.)

ISBN 978-89-7479-679-2 (93220)

값 20,000원

이 도서의 국립중앙도서관 출판예정도서목록(CIP)은
서지정보유통지원시스템 홈페이지(http://seoji.nl.go.kr)와
국가자료공동목록시스템(http://www.nl.go.kr/kolisnet)에서 이용하실 수 있습니다.
(CIP제어번호: CIP2019028603)

김 종 수

법륜 김종수는 학부에서는 영어영문학을, 대학원 석사과정에서는 영어언어학과 철학을, 대학원 박사과정에서는 철학을 공부했다.(박사학위 논문「禪定(jhāna)에서의 止·觀(samatha-vipassanā)의 상보적 관계 연구 – 빠알리 니까야(Pāli-Nikāya)를 중심으로 –」)

수십 년 동안 여러 가지 수련과 명상 수행을 했고, 미얀마 국제파욱숲속명상센터의 우레와따 반떼에게 선정(jhāna)을 지도받았다. 상좌부 불교의 필수 교과서『아비담맛타 상가하』의 '최고' 해설서인 아누룻다 스님의『아비담마 종합 해설』을 국내 최초 완역하였으며 미얀마의 대표적인 지성 멤 틴 몬 박사가 지은『붓다 아비담마』를 번역했다. 아비담마,『청정도론』,「대념처경」,「들숨날숨에 대한 마음챙김 경」,「초전법륜경」,「무아의 특징 경」,「법구경」,『디가 니까야』,『맛지마 니까야』 등을 강의했다.